Developmental Psychology of Emotion Regulation

情動制御の
発達心理学

上淵 寿／平林秀美 [編著]

ミネルヴァ書房

ま え が き

　私たちは，日頃から状況に応じて自分の気持ちを抑えたり，あるいは強く表に出したりする。たとえば，怒りを経験しても，怒ることが相応しくないような厳粛な儀式ではぐっと怒りを堪えるだろう。だが，会議で議論がダラダラと続いて収拾がつかないようなとき，怒ることで局面の打開を図ろうとするかもしれない。

　このような気持ちに変化をつけることを，本書では「情動制御」（emotion regulation または emotional regulation）と呼ぶ。この呼び名については，様々な議論があるのだが，それは序章や第2章等に譲ることとする。ともかく，情動制御が私たちの日常に必要な働きであることは間違いない。

　この情動制御の研究は，近年，心理学の様々な領域で盛んである。認知，社会，神経，生理，発達など，多様な研究が展開されている。海外では *Handbook of emotion regulation*（Guilford Press）という書籍も刊行されている。

　しかし，日本では，情動制御に関するまとまった本は現在のところ出版されていない。上記のように情動制御は大変広い分野にわたって研究が行われているので，本書では発達心理学の視点から，情動制御に関する研究を概観することとした。

　だが，「情動制御の発達」と一口に言っても，研究の焦点となる発達期や年齢だけでなく，研究者の立場やパースペクティブ，アプローチも様々である。このために，本書ではあえて立場やアプローチを統一することはせず，ハンドブックのように，多種多様な考えを各章で展開することをむしろ推奨することとした。情動制御の発達研究が素晴らしい発展を遂げ，まさに百花繚乱であることを味わって欲しい。

　本書の企画は，2015年の日本発達心理学会大会で開催された「情動制御の発達」に関するシンポジウムにまで遡る。このシンポジウムをご覧になったミネ

ルヴァ書房の丸山碧さんが，編者に「この企画で本を書かないか」と勧めてくださったのが，本書のそもそものきっかけである。あれから 6 年も経ってしまったが，その間辛抱強くお待ちくださり，編集過程でご苦労を賜った，丸山さんに厚く御礼を申し上げたい。

　最後に，本書の執筆者の皆さんには，本書刊行のために力を尽くしてくださったことに御礼を申し上げる。

　　2021年 8 月

編者を代表して　上淵　寿

目　　次

情動制御とは何か

上淵　寿

1　情動制御をめぐる状況

　情動制御（emotion regulation または emotional regulation；略称 ER）の研究は，非常に多い。その一方で，この用語をどう訳すかについては，残念ながら，見解が全く統一されていないのが現状である（第1章，第2章参照）。訳語は，たとえば，情動調整，感情調節，感情制御，感情調整等々，研究者や文献によってバラバラである。それぞれの研究者等の強い思い入れや訳語の微妙なニュアンス，対応する概念の僅かな違いもあって，到底1つに絞れそうもない。これは研究を進めるうえで障害となる可能性もあるだろう。また，研究者間のコミュニケーションを阻害する原因にもなりかねない。だからといってすぐにまとめられるわけではないので，便宜上，本書では「情動制御」と訳して紹介することとする。

　さて，情動制御については，過去10年近くにわたって，毎年1,000を超える研究が生み出されている。

　しかし，"emotional regulation" がアメリカ心理学会（American Psychological Association）のデータベース APA PsycINFO の専門用語（term）に導入されたのは，2007年であり，それほど以前のことではない。つまり，情動制御研

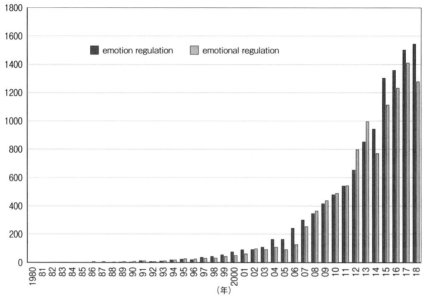

図序 - 1　情動制御に関する文献の年ごとの刊行数

究は比較的最近になって心理学研究としての地位を獲得したということができる。

　実際，"emotional regulation" と "emotion regulation" をキーワードとして，APA PsycINFO を使って文献数を調べると，ここ10年ほどで急激に数が増加していることがわかる（**図序 - 1**）。

　こうして文献数は増えてきたが，情動制御の実証研究史で特に重要なのは1989年前後と考えられる。"Developmental Psychology" 誌の第25巻 3 号で特集 "情動制御の発達" が組まれた。それには，たとえば，コップ（Kopp, 1989）の乳幼児の情動コントロールの手段の発達に関する論文や，ゴットマンら（Gottman & Katz, 1989）の夫婦間の不和が子どもの仲間関係に与える影響についての論文や，何よりもキャンポスら（Campos et al., 1989）の機能主義的情動観の提唱を行った論文等が掲載された。

　このような出来事がきっかけとなって情動制御の研究は勢力を増していった。

ゆえに，情動制御研究は発達研究として始まったということもできるだろう（上淵，2012）。

　次節以降では，そもそも情動や感情とは何かについて，整理することから始めて，より詳細に情動制御の内容を検討する。その際，よく知られているという理由から，便宜的にグロスらのモデルに拠ることとする（Gross，1998b，2008，2014；Gross & Thompson，2007）。

2　情動や感情の性質

　以下の内容は，伝統的な立場にしたがっている。ゆえに主観的な原初的感情状態であるコア・アフェクトに多様な要素（情動制御もその1つ）が組み合わされて感情エピソードが構成される，というコア・アフェクト説（Russell，2003）や，具体的な経験に対応して構成される感情的事例から感情概念がまとめられて，情動経験を可能にする情動概念が構成されるという，バレットの構成主義（Barrett，2017）などのような，最近の理論からすれば書き換えられる可能性があることを予め指摘しておく。

（1）心理現象としての感情の特徴

　心理現象としての感情（affect），特に後述する情動は，状況や刺激の評価を中核とする概念と考えることができる。刺激評価（stimulus appraisal）は，内外の刺激や状況との相互作用から，一定の規準（例：快か不快か，有害か有利かなど）によって価値づけをすること（上淵，2008），すなわち感情価（valence）をもつ評価を指す。ただし，感情と後述の情動とを同一概念とみなす立場も非常に多い。

（2）感情の下位分類

　一般に感情は，ストレス（stress），気分（mood）と情動（emotion），衝動（impulse）または欲求（desire）に分かれる（**図序 − 2**；遠藤，1996；Gross，

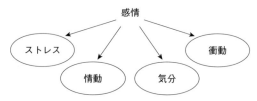

図序-2　情動と関連する感情プロセス

出所：Gross & Thompson，2007 より作成

1998b）。

　これらはいずれもその概念を区別する特徴を有するが，これらはいわばプロトタイプであり，各々は緩やかに関係している。特に気分と情動の違いは，生理的興奮の強度，持続時間，明確な目標の有無，特定の行為傾向（action tendencies）の有無，の4点である。

　情動は生理的興奮が強く，気分は弱い。情動の持続時間は短く，せいぜい数分程度である。気分はより長く，数時間続くこともある。また情動は明確な目標をもち，その目標に向けて生起するが，気分の目標は明確ではない。情動は特定の行為傾向を伴う。たとえば，個別の情動ごとに，特有の顔面表出があることは有名である（Ekman，1993）。一方気分では，特定の行為傾向は曖昧である。

　衝動や欲求は心身を動機づける激しい興奮である。たとえば食欲，睡眠欲，性欲等である。

（3）情動固有の性質

　先述した気分との対応だけではない，情動固有の性質を検討すると，次のようなことがいえる（上淵，2008）。

　情動は，先にも述べた刺激や状況評価を含め，情感，行為が構成する心理現象と捉えることが可能である。人は状況や刺激を選択し，それによって主観的経験としての情感（feeling）が生じていく。これは，複雑な刺激や状況に対する評価や意味づけとして機能し，対処としての行為を準備する役割をもつ。先述の行為傾向は刺激評価の結果に対する対処方略である。　行為傾向は，情動

がその目的に応じて行為自体を制御することといえるし，また行為によって状況を制御することとも解釈できる。たとえば怒ることで行為を攻撃的なものに制御できるし，攻撃行動によって状況を自己にとって妨害物のない状態に制御できる。

　さらに，情動は心理的特徴だけでなく，多様な心身全体の現象とみることが可能である。つまり，神経生理的活動の結果でもある。怒りで震えたり，恐れで体がこわばったりすることを考えれば了解できるだろう。こうした現象は多様な心身のシステムの働きから構成されているに違いない。

　また，情動に特に当てはまると考えられるが，感情は可変性（malleability）が高い現象だと考えられる（Gross & Thompson, 2007）。つまり，状況等に応じて変化しやすい性質をもつ。ゆえに，感情は制御の可能性を有するともいえる。

　このような情動の性質からみて，情動制御はどのように定義できるだろうか。

3　情動制御の定義

　情動制御の定義は研究者によって多様である（Stifter & Augustine, 2019）。そこで，いくつかの代表例を取り上げる。

　たとえば，特に発達研究において重要な役割を果たしているトンプソン（Thompson, 1991）によれば，情動制御は「情動反応，特に強度と時間的特徴についての，モニタリング，評価，修正に関わる外的・内的プロセス」である。

　彼によれば，情動制御プロセスは，情動が動機づけたり方向づけたりする行動プロセスに柔軟性をもたらすだけではない。遂行を促進する範囲内で内的興奮を維持することで素早く効果的に反応を変化させるように，有機体ができることも含まれる。

　だが，その一方で，モニタリングや修正を強調するなど，情動の「自己制御」という範囲を超えていないことも指摘できるだろう。

　このような定義をさらに発展させて，トンプソン（Thompson, 1994）は，次

5

のように述べている。「情動制御は情動喚起を抑制するとともに，情動喚起を維持し促進する。情動制御は，情動の獲得された自己管理の方略だけではなく，情動を制御する外的影響も含む。情動制御は，時に個人が経験する個別の情動に影響する。より一般的には情動の強度や時間的特徴に影響する。情動制御は機能的と考えられなければならない。つまり，特定の状況での制御者の目標に沿うものである」。

　この定義に至って，情動制御は自己制御の面がさらに強調されただけでなく，外的制御の側面も有することになった。

　より年代が下って，コールら（Cole et al., 2004）は，情動制御を「活性化した情動に関連する変化」とする定義を提唱した。この定義では，「情動に関連する変化」として，情動制御の機能を幅広く捉えているのが特徴である。また，情動がいったん生起した後でのプロセスに対しての関わりを情動制御とみなしている。それに対して，キャンポスら（Campos et al., 2004）は，情動と情動制御は切り離せないとした。そして，情動制御を「情動生起システムでのあらゆるプロセスの修正」と捉えた。この内容は，トンプソンも主張している（Thompson, 1990, 1994）。つまり，情動は思考等によって制御されるだけではなく，行動や思考を制御するエージェントでもあるのだ。

　なお，トンプソンは，生物学的要素だけではなく文化的要素にも目配りをして，情動や情動制御について，次のように述べている（Thompson, 2011）。「文化的要請に適合し制御プロセスを吸収するために，情動の構成要素は発達とともに漸次的に統合していく」。

　こうした定義やその他の指摘等から重要な原理を提案する動きもある（Stifter & Augustine, 2019）。次のようなものである。

1．情動は制御され，制御するものである。
2．情動は良くも悪くもない。
3．情動制御は負の情動の低下に限定されない。
4．情動的行動の直近の文脈的要請を超えて，文化的期待は発生する情動，

図序 - 3　情動制御と関連するプロセス
出所：Gross & Thompson, 2007 より作成

制御方略の選択，そして情動生起プロセスの流れに方略が適用される時期
に影響する。

　本章では，情動制御を幅広く捉えるために，上記の原理を採用するとともに，
「情動生起システムでのあらゆるプロセスの修正」を情動制御の定義とみなす
ことにする。

4　各感情カテゴリーに対応する制御

　感情とその下位分類に対応して，その制御が存在する。順に，感情制御，
コーピング，情動制御，気分制御，防衛である（図序 - 3）。

　感情（affect）のもつほとんどすべての目標指向行動は，快の最大化または
不快の最小化と解釈できる。この機能は，事実上感情制御と解釈できるため，
感情は広い意味で制御に影響を与えている。さらに**図序 - 3**に示す第 2 レベ
ルの 4 つのプロセスの種類を調べて，具体的に焦点を絞ることも重要だろう。

　コーピングは，ネガティブな影響を減らすことに重点をおいていることと，
はるかに長い期間に重点をおいていること（たとえば，愛する人の喪失に対処
すること）の両方によって，情動制御とは区別される。前述のように，気分は
通常，持続時間が長く，感情よりも特定の対象への反応を伴う可能性が低く
なる（Parkinson et al., 1996）。情動制御と比較して，明確に定義されていない
行動反応傾向により，情動行動よりも情動経験の変化に関わっている（Larsen,
2000）。コーピングのように，防衛は通常，攻撃的または性的衝動の制御と，

図序 - 4 情動の「モーダルモデル」

それに関連する負の情動経験，特に不安に焦点を当てている。防衛は，通常非意識で自動的であり（Westen & Blagov, 2007），安定した個人差として研究されている（Cramer, 2000）。

5 情動の生起プロセス

　情動の生起に関して先に示した情動固有の各性質は，それらが主要な影響を及ぼす情動生成過程の各段階と対応する。

　これらの特徴は，グロスが情動の「モーダルモデル」と呼んでいるものを構成している（Gross, 2014）。すなわち，状況に注意し，それが個人に特別な意味を与え，協調的でありながら柔軟性があり，進行中の情動プロセスと状況との相互作用に対応する多重システムを生み出すモデルである。このモーダルモデルは，感情への日常的直感に比較的合致する。また，必ずしもすべてではないが，情動に関する研究者間の意見の共通点を表すと考えられる。

（1）情動のモーダルモデル

　図序 - 4 は，情動のモーダルモデル（状況と反応の間に，有機体の「ブラックボックス」が置かれている）を示す。このモデルは，高度に抽象化，単純化した，状況―注意―評価―反応系列を示す。この系列は，まず心理学的に関連のある状況から始まる。状況は，外的で物理的に特定可能なことが多い。しかし，心理的に意味のある「状況」もある。これらは内的であり，心的表象に基づいている。外的にせよ内的にせよ，状況は様々な方法で処理され，その状況の熟知度，価値観，関連性など，個人の評価を構成する評価が生まれる。研究者によって様々な異なる評価段階や評価次元が仮定されており，これらの評価プロ

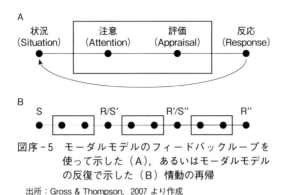

図序 - 5　モーダルモデルのフィードバックループを
　　　　使って示した（A），あるいはモーダルモデル
　　　　の反復で示した（B）情動の再帰
出所：Gross & Thompson, 2007 より作成

セスは発達的に変化するが，情動反応を引き起こすのはこうした評価であると
いう点では大筋で一致している。すでに述べたように，評価によって生じる情
動反応は，経験的，行動的，神経生物学的反応系の変化を伴うと考えられてい
る。

（2）情動モデルの再帰性

　情動反応は，最初に反応を引き起こした状況を変えることがある。感情のこ
の再帰的な側面を図に示した（図序 - 5 A）。つまり，情動プロセスには，状況
にフィードバックし，状況を修正する反応がある。再帰を表現する第 2 の方法
を図序 - 5 B に示す。ここで，横軸は時間を表している。そして，図序 - 5 A
を縮小した 3 つのプロセスは連続している。この再帰の概念をより具体的にす
るために，状況 S（叱る）で反応 R（泣き出す）をする 2 人の親と子を想像し
てみよう。この情動反応は，対人関係の状況を大きく変え，状況 S '（泣いた
ばかりの人との相互作用）に変える。この状況では，新しい反応 R '（謝罪）が
生成され，状況 S "（謝ったばかりの人に関わること）を生み出す。この状況で
は，さらに別の反応，R "（恥じらい）などが起こる。再度指摘するが，図序
- 5 A と図序 - 5 B で鍵となる考え方は，情動は再帰的な側面をもっているこ
とだ。つまり，情動は環境に変化をもたらし，結果として，その情動が後に起
こる確率を変える効果をもつ。

図序 - 4 にしたがえば，情動の発生プロセスは大きく分けて 4 段階である。順に，状況，注意，評価，反応である。次に，それに対応して，情動制御のモデルを詳細に検討する。

6　情動の生起プロセスに対応する制御 ─────────

　情動制御を考える際の課題の 1 つは，日常生活で遭遇する無数の形態の情動制御を整理するのに役立つ概念的なフレームワークを見つけることである。感情のモーダルモデル（**図序 - 4**）は，感情生成に関与する一連のプロセスをわかりやすく示している。各プロセスは，潜在的な制御の対象にもなる。　また，**図序 - 6** にモーダルモデルを再度描いて，個人が情動を制御できる 5 つのポイントを強調してみた。状況選択，状況修正，注意の方向づけ，認知的変化，反応調整である（**図序 - 6**）。

　わかりやすくするために，グロスは概念間の違い（たとえば，認知的変化と反応調整の違い）に焦点を当てている。しかし，より上位の共通性も存在する。たとえば，最初の 4 つの情動制御概念は，評価が本格的な情動反応傾向を生起させる前に生じるという点で先行焦点型と考えられ，反応が生じた後に生じる反応焦点型情動制御（Gross & Munoz, 1995）と対比される。

（ 1 ）状況選択

　第一のタイプの情動制御は状況選択である。これは**図序 - 6** の一番左に示したものである。人がおかれている状況に影響する。状況選択とは，人が望んでいる状況になる可能性を高め，自分が望んでいない情動を引き起こすような状況になる可能性を低めることだ。たとえば，どの約束を守るべきか，どこで昼食をとるべきか，誰と一緒に時間を過ごすべきか，仕事の後に何をするべきかといった事柄である。

　「状況の選択」は，未来の情動反応を考慮して行われることがある。たとえば，会いたくない人との対面を避けるように努力したり，感情を発散したり，

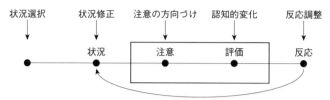

図序 - 6　5種類の情動制御方略を強調した情動制御のプロセスモデル
出所：Gross & Thompson, 2007 より作成

ポジティブな情動を共有する機会が必要なときに，友人と会えるような状況を
積極的に探したりする。

（2）状況修正

　動揺して思わず失言をしたり，好きな番組が始まる直前に家のテレビが壊れ
たりするなど，日常でネガティブな情動反応につながることは避けられない。
結局，そうしたとき，人は自分の失敗を冗談にするか，テレビを見る代わりに
ゲームをプレイしたりする。状況修正とは，このような情動的影響を変えるた
めに状況に直接関わることだ（図序 - 6）。
　ストレスとコーピング研究では伝統的に，このタイプの情動制御は「問題焦
点型コーピング」（Lazarus & Folkman, 1984）または「一次的コントロール」
（Rothbaum et al., 1982）と呼ばれる。
　「状況」という語の曖昧さを考えると，状況選択と状況修正の間に明確な線
引きをするのは難しい場合がある。これは，状況を修正しようとすると，新
しい状況を呼び出す可能性があるためだ。また，状況は人の外部でも内部で
もよいことを以前に強調したが，ここでいう状況修正は外部の物理環境の修正
に関係している。後の認知的変化に関する節では，「内部」環境（つまり，認
知）を修正する努力を検討する。つまり，状況修正は認知的変化とも深いつな
がりがある。

（3）注意の方向づけ

　情動制御の状況選択と状況修正は，どちらも人がさらされる状況を形づくる

のに役立つ。しかし，実際に環境を変えることなく情動を制御することも可能
である。状況には多くの側面がある。ゆえに，注意の方向づけとは与えられた
状況の特定の面に注意を向けることで情動反応に影響を与えることである。こ
のように，注意の方向づけは状況選択の内面版であり，注意を用いて，多くの
選択可能な「内的状況」の中からどれを活性化するかを選択することだ。**図序
−6**では，注意の方向づけは，感情の軌跡における状況修正の後に起こること
になっている。

　注意の方向づけは，乳児期から成人期まで，特に自分の状況を変えたりする
ことが不可能なときに使われる（Rothbart et al., 1992）。たとえば，すぐには
もらえない報酬を待っている子どもが使う。注意の方向づけを自発的に使えば，
それは満足の遅延の成功に大きく影響する（Mischel et al., 1989）。注意の方向
づけには，注意の物理的な遮断（たとえば，目または耳をふさぐ），注意の内的
な方向転換（たとえば，気を散らす），および注意の外的な方向転換（たとえば，
空腹の子どもに親が面白い話をする）などがある。注意の方向づけで最もよく研
究されているのは，気晴らしと反すうである。

　「気晴らし」とは，乳児が過度に強い情動的相互作用（Stifter & Moyer,
1991）の間に視線を移すなど，状況の情動的側面から注意をそらすか，または
状況そのものから注意をそらすことである。気晴らしには，人が望ましくない
情動状態に陥ったり，矛盾する考えや記憶を思い起こしたりする場合に，内面
への注意を変えることも含まれる。気晴らしは，しばしば痛みとの関連で研究
されてきた。これは認知的コントロールと関連する脳の部位（前頭前野など）
の活性化を導き，痛みの生起と関連する部位（島など）の活性化を減じるもの
である（Ochsner & Gross, 2005）。

　「反すう」とは，情動を誘発する出来事に関連する考えや感情に固執するこ
とを指す。悲しい出来事または怒った出来事の反すうは，ネガティブ情動の
持続期間および強さを増大させ（Bushman, 2002；Morrow & Nolen-Hoeksema,
1990；Ray et al., 2008），より高いレベルの抑うつ症状と関連する（Nolen-
Hoeksema et al., 1993；Spasojević & Alloy, 2001）。気晴らしとは異なり，反す

うでは情動を誘発する刺激に継続的に集中する。別の相違点は，気晴らしは外向き，競合する刺激または内向きの思考に向けられた注意という形をとるが，反すうは典型的には内向きの注意であり，柔軟性がないことである。

（4）認知的変化

　情動を誘発する可能性のある状況が発生し，それに注目しても，情動は必ず続くわけではない。情動には，さらに状況に意味を与えることが必要だからである。つまり，異なる評価は異なる情動につながる（Scherer et al., 2001）。認知的変化（**図序‐6の左から4番目に示される**）とは，状況そのものや，その状況がもたらす要求を管理する能力についての考え方を変えることによって，評価を変化させることを指す。

　特に注目されている認知的変化の一形態は再評価（Gross, 2002）である。「再評価」とは，状況に対する情動的な反応が変化するように，状況の意味を変えることだ。たとえば，知人に挨拶を無視されて傷ついたり怒りを感じたりすることもあるだろう。この場合，認知的変化としては，知人は気が散っていたのだというように考える，あるいは本人の問題に気をとられているように考えることもできるかもしれない。客観的に正しいかどうかはおいておくとして，そのような状況の解釈は，その後の情動反応の質（どのような情動が）だけでなく，量や強さ（どれだけの情動が）にも大きな影響を与える。

　これまで再評価の研究は，情動の量的変化，特にネガティブ情動の減少に焦点を当ててきた。これらの研究（Dandoy & Goldstein, 1990；Gross, 1998a）は，再評価がネガティブ情動経験と表出行動の減少につながる証拠を提供した。再評価はまた，驚き反応の低下（Dillon & LaBar, 2005；Jackson et al., 2000），神経内分泌反応の低下（Abelson et al., 2005），および自律反応の低下（Stemmler, 1997）をもたらすことが示されている。

　これらの行動的および生理学的所見と一致して，情動の下方制御（情動を低下させる）での再評価は，認知制御と関連した背外側および内側前頭前野における活性化の増加や，皮質下情動生成領域（島や扁桃体など）における活性

化の減少と関連している（Levesque et al., 2003；Ochsner et al., 2002）。情動の上方制御（情動を上昇させる）に再評価を用いると，同様の前頭前野が活性化されるが，この状況では，扁桃体（Ochsner & Gross, 2004；Schaefer et al., 2002）などの情動生成構造の活性化が減少するのではなく増加する。

　もし再評価が感情生成過程の初期に起こるなら，再評価の使用は他の進行中の認知過程に干渉しないだろう。一連の研究でこの予測は，確実なものとなった（Richards & Gross, 1999, 2000, 2006）。この種の研究では，再評価中に提示された情報について，再評価後にその記憶が損なわれているかどうかを検証した。研究では，スライドやフィルムを使用して情動を引き出し，様々な手法を用いて偶発的記憶を調べた。その結果，参加者が再評価を行っている間に提示された資料の記憶が，再評価を使用しない場合と比較して損なわれていないことがわかった。また，互いに未知の参加者のペアが社会的に相互作用した場合，２人組のうちの１人にその相互作用の間に認知的再評価に従事するようひそかに指示しても，社会的混乱の徴候はないことがわかった（Butler et al., 2003）。まとめると，再評価は感情生成過程の初期に介入し，認知的コストを負担することなく，情動反応の経験的，行動的および生理的要素を変化させるのである。

（5）反応調整

　図序 - 6 の右端に，最後の情動制御概念である反応調整を示した。この配置からわかるように，反応調整は，情動反応が始まった後の情動生成過程の後期に起こる。「反応調整」は，比較的直接的に生理学的，経験的，または行動的反応に影響を及ぼす。たとえば，運動とリラクゼーションは，ネガティブ情動の生理学的および経験的側面を減少させるために使用される。

　反応調整の最も研究されている形態の一つは「表出抑制」である。これは進行中の情動表出行動（Gross, 2002）を減少させる試みを指す。上司に対する怒りを隠そうとする努力，面接で感じる不安など，抑圧の例はたくさんある。

　表出抑制に関する神経科学的研究（Goldin et al., 2008）は，以下のようである。参加者に強いレベルの嫌悪を誘発する15秒間のフィルムを提示し，その間

に進行中の情動表出行動を抑制するように依頼した。これらの知見は，抑制が認知制御と関連した背側および内側前頭前野の活性化，ならびに扁桃体のような情動発生領域の活性化の増加をもたらすことを示した。情動制御のプロセスモデルが予測するように，これらの活性化は情動発生の後期にみられた。参加者が各フィルムの過程を通して発生した各情動衝動を懸命に管理しようとしたとき，抑制が進行中の認知活動と関連することを示唆した。

　この表出抑制研究が正しければ，再評価とは異なり，抑制には明らかな認知的・社会的コストがかかることが予想される。記憶の研究において，情動を制御しない場合と比べて抑制は，抑制期間中に現れた材料（Richards & Gross, 1999, 2000）の記憶を悪化させることが，繰り返し見出されてきた。実際，抑制に関連する記憶障害の程度は，参加者に情報の提示中にできるだけ気を散らすように指示した場合と同程度であった（Richards & Gross, 2006）。実験室での社会的相互作用の研究でも，抑制は大きな社会的コストと関連していることがわかっている。抑制者のパートナーは，相互作用の相手との快適さや安らぎが少ないと報告しているのである（Butler et al., 2003）。

（6）意図的コントロールと自動的情動制御

　情動制御の例の多くが頭に浮かぶが，この章でこれまでに述べた例の大部分は，ネガティブ情動を下方制御する努力的で意識的な試みである。しかし，ある情動制御のエピソードが比較的努力的で意識的であるか，比較的自動的で非意識的であるか（Bargh & Williams, 2007；Mauss, Bunge & Gross, 2007）についての研究も，増加している。ここで「自動」とは何を意味するのか？　現代の二重プロセスモデルは，「自動的」（「非意識的」「潜在的」「衝動的」とも呼ばれる）プロセスと「熟慮的」（「コントロール」「意識的」「顕在的」「反省的」）プロセスを対比する（Strack & Deutsch, 2004など）。意図的なプロセスは注意の資源を必要とし，意志と意識があり，目標主導型であるのに対して，自動プロセスは注意も意図も必要とせず，意識の外で発生し，刺激主導型である。しかし多くの研究者は，これらの過程が意識的で努力を必要とする制御から無意

識的で努力を必要としない自動制御へと連続していると考えている（Shiffrin &
Schneider, 1977）。

　情動制御のような比較的高度な自己制御過程が自動的に行われるという考え
は，直感に反しているように思えるかもしれない（Bargh, 2004）。しかし，自
動目標追求の研究（Bargh, 2004）は，目標を追求するような「上位レベル」
プロセスは意図的にしか起こらないという考えに対抗するものである。目標設
定から目標の完了までの一連の目標の追求は，意識的な覚知の外で進むことが
できるようである。

　情動制御も自動的に作動するかどうかを見るために，グロスら（Mauss,
Cook & Gross, 2007）は，乱文再構成課題（Bargh et al., 1996；Bargh et al.,
2001；Srull & Wyer, 1979）を使って，情動制御あるいは情動表出をプライミ
ングすることにより，自動的な情動制御を操作した。この課題は，参加者に情
動制御または表出に関連する単語を目立たずに提示し，それによって潜在的に
（プライミング）関連概念および目標を活性化した。その後，参加者は「無愛
想」で「傲慢」な実験者から，退屈ではあるが認知的に負担のかかる作業を繰
り返すよう指示された。

　予想通り，ほとんどの参加者は課題中に怒った。しかし，情動コントロール
でプライムされた参加者は，情動表出でプライムされた参加者よりも怒りを報
告しなかった。この結果は，情動制御の潜在連合検査を用いた個人差研究によ
り確証された。この研究では，情動コントロールとの正の潜在的関連を有す
る参加者は，怒りを誘発されたときに，あまり怒りを感じず，より大きな交
感神経活性化，より大きな心拍出量，およびより低い総末梢抵抗（Mauss et al.,
2006）を特徴とする，適応反応を示した。

　これらの研究は有望ではあるが，自動的な情動制御のすべての形態が良性ま
たは有用であると結論するのは時期尚早であろう。不安を意識から遠ざけよう
としてもがいているような，ある種の自動的な情動制御は，適応障害を引き起
こす可能性があるという問題も指摘されてきた（Malivoire et al., 2019）。自動
的な情動制御を理解するうえでの課題の一つは，多様な自動的な情動制御プロ

セスを評価し，操作する方法を開発することである。この課題は困難であるが，この分野での研究は，自動的な情動制御プロセスのタイプとタイミングを明らかにするために必要である。

　また，近年，心理学の知見の再現可能性の問題が噴出し，バージら（Bargh et al., 1996）の研究が問題とされている（Young, 2012）。この点からも，自動的な情動制御に関する研究は慎重であるべきだ。

7　従来のプロセスモデルの問題

　グロスらのプロセスモデルについては，批判もある。たとえば，榊原（2017）は，注意の方向づけ，認知的変化（特に再評価）の意味が具体性を欠き，そのためにこのモデルを拠り所とする測定が，研究間でバラバラだという。この指摘は的を射ているといえよう。

　さらに，情動制御，特に再評価が無前提に適応的とみなされていたり，その他の各制御方略が，適応的・不適応的と予め決められていたりするのは，必ずしも正確とはいえない，という指摘も正しい。

　一方で，榊原が代替的に取り上げているガルネフスキー（Garnefski, O.）らの認知的情動制御は，どうだろうか。ガルネフスキーのモデル（Garnefski & Kraaij, 2007）では，9つとかなり多い制御方略を取り扱っている。その中には，自責，破局的思考など，適応的とは言い難い方略も含まれる。ゆえに，幅広い情動や感情への関わりを検討することができる。実際，彼女らのいう認知的情動制御とは，「情動的に喚起した情報の吸収量を認知的，意識的に対処すること」（Garnefski et al., 2001）である。この定義からわかるように，ガルネフスキーのモデルは，意識的，顕在的な制御に限定されている。自動的，潜在的な制御には焦点があてられていない。また，取り上げられている多くの情動制御方略が，どのようなプロセスで生じるのかについて，特に説明はされていない。

　余談だが，後にガルネフスキーらは，行動的方略も扱うようになり，Behavioral Emotion Regulation Questionnaire（BERQ）を開発している（Kraaij

& Garnefski, 2019）。

　上記の問題は，一方が問題を孕み，もう一方がその問題を解決している，という図式ではなく，一方が規範的，一般的な理解モデルであり，他方が具体的な応用，特に適応を目的に適したモデルだ，というように両者が異なる目的をもったものと考えるのが適当ではないだろうか。

8　情動制御に関する概要と本書の構成 ───────────

　情動制御は，情動に関わり変化をもたらす影響を指し，それは情動の生起プロセスごとに見ても，様々な方略が関係している。

　また，情動制御は必ずしも意識的，顕在的な働きに限られるものではない。さらに，情動と情動制御は切り離せるものではなく，情動による制御も情動制御の一部とみなすことができる。

　このように多様な意義をはらむ情動制御を発達という観点から，本書はみていくことにする。

　本書は，情動制御を生涯発達的視座から検討するという意味で，画期的な書物である。まず，前半は第Ⅰ部として，各発達期における情動制御の特色と情動制御の発達的変化について検討する。これが，第1章（乳児期），第2章（幼児期），第3章（児童期），第4章（青年期），第5章（成人期），第6章（老年期）に相当する。

　続いて，第Ⅱ部では，情動制御と特徴的な心理機能や心理現象の発達との関係について検討する。ここで取り上げた心理機能や現象は，実行機能（第7章），アタッチメント（第8章）である。そして，終章では，総括として，生涯発達を通じた情動制御について検討を行う。

　情動制御は，多様なシステムから構成される複雑な機能，現象である。ゆえに，各システム（たとえば神経，生理，表情，認知その他）からの発達的概観も必要かもしれない。これらは今後の課題としたい。

　ともかく，情動制御についてあまり知らない初心者はもちろんのこと，よく

知っている熟練した研究者にも，新たな知見や視点を提供できれば，望外の喜
びである。

第Ⅰ部

情動制御の発達

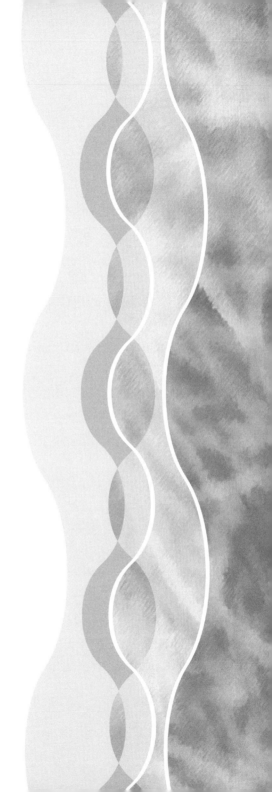

第1章

乳児期の情動制御

篠原郁子

1 乳児期の特徴：泣く子は育つ

　本章では，乳児期として0，1，2歳頃の情動制御の様子と育ちについてみ
ていく。まず，乳児の情動そのものについては，誕生時から肯定的な情動であ
る快と，その反対の不快という情動を感じている。日々の生活には，乳児に
とって心地よい事柄もあれば，何とか脱したいと思う事柄もあるだろう。様々
な出来事と，それに対して自らの内に沸き起こる感覚を味わいながら，生後9
カ月頃には，喜び，悲しみ，怒り，恐れ，驚きといった，原初的で基本的な情
動を体験すると考えられている。さらにその後，1歳半から2歳頃にかけて，
恥ずかしさ，誇らしさといった，より複雑な二次的情動も経験するようになり，
幼い乳児の心は豊かに彩られる（Lewis, 2000）。
　このように幅広い情動を体験している乳児であるが，それ以降の発達状態に
比べると，まだ十分に自分で自身の情動なるものを扱い，調整することは難し
い。大人からの様々な手助けを得ながら気持ちを整える「外在的」な情動制御
を日々，体験しつつ，自分自身で「内在的」に整えることも上達させていく
という育ちが，乳児期から幼児期にかけての特徴であろう（Gross & Thompson,
2007）。そこで乳児の情動制御の舞台はまず，大人との相互作用の中となる。

大人には，家族や保育者など様々な人が含まれるが，誕生後からの緊密な関係を作る相手として本章では特に，養育者を取り上げる。発達早期の制御を要する情動の表れとして，最も顕著かつ日常的なものは「泣き」であろう。子どもの泣きを見ていて興味深いのは，言葉のかけらを使いだす1歳頃から，「ママー」と泣くことである。「エーン」なり「ウワーン」なり，泣き声と呼べそうな発声ではなく，頭から「ママー」と泣くのである。その姿には，発達早期の子どもが経験して体得した「泣きの収め方」が反映されているように思われる。つまりどうやら泣きの収まりには，ママが必要なのだ（もちろん，時と場合に応じて父親も祖父母も先生も呼ばれる）。乳児は日々，元気よく泣き，その都度に養育者とのやりとりの経験を重ねて，次第に自分自身の情動制御の力を伸ばしていく。支えてくれる養育者がいれば，まさに「泣く子は育つ」である。

　本章で扱う情動制御という言葉と内容について少し整理しておこう。コールらは（Cole et al., 2004）情動制御の定義や現象が実に幅広いことを指摘したうえで，「情動そのものの変化」（emotion as regulated）と「情動が引き起こす変化」（emotion as regulating）とに整理している。グロス（2014）でも「情動の制御」と「情動による他の機能への制御」という二つの制御があげられている（序章，第2章参照）。前者（制御の対象としての情動）に関しては，個人内の情動の強度や持続期間の変化，個人の情動を他者が変化，修復させたりするような個人間の制御がある。後者（情動による制御）としては，個人内の情動喚起が生理的反応や行動，他の心理的プロセス（記憶や社会的相互作用）に変化をもたらすといったことがある。また，金丸（2014, 2017）は emotion regulation に抑えるという意味の「制御」よりも整えるという「調整」の意味をあて，それが快・不快を含む様々な情動を押さえ込んだり，なくしてしまうのではなく，純粋な情動を感じること，なおかつ，周囲の環境に合う程度にその情動を状況に応じて柔軟に表現すること，必要あるいは環境に応じて情動を鎮めたり，呼び起こしたり，維持することと説明している。そして情動調整は「自分の内面的な状態を調整するだけではなく，他者との関係をも調整するという，自他に影響を及ぼす心の機能」であるとしている。この章では上記のよ

うな定義と整理に依拠しつつ，狭義の制御ではなく調整の意味を含むものとして「情動制御」の用語を用いながら，乳児期にみられる情動とその制御に関する特徴的な姿や発達について概観する。

2　乳児なりの制御の試み

　乳児は養育者に支えられて情動を制御することが多いのだが，それでは幼い乳児自身は自らの内にわき起こる情動の波にただ揺られているだけなのかというと実はそうでもない。乳児はよく，指しゃぶりをする。身体の感覚を味わう遊びや楽しみとしても乳児は自分の手や足を触り，吸うことがあるが，一方でそうした行動は乳児なりに気持ちを落ち着ける「自己慰撫的行動」としても行われる（Crockenberg & Leerkes, 2004）。移動運動能力を獲得していない乳児は情動の根源となる事象から遠ざかることも，根源を取り除くこともできない。そこで生後2，3カ月頃の乳児は，目をつぶったり，指を吸ったり体を触ったりする自己慰撫的行動をみせる。頭部や首を動かすことができるようになると，否定的情動の根源から視線を外すこともする。反射的行動ではあるが，結果的にそれらは不安や恐怖などの情動の強度を和らげたり調整したりすることにいくらかの有効性をもっており，コップ（Kopp, 1982）はこの時期を「神経生理学的調整」と呼んでいる。

　生後3～9カ月頃には，「感覚運動的調整」と呼ばれる時期が続く。乳児の感覚と身体能力の発達に伴い，乳児の行動は反射だけでなく随意的，意図的なものへと拡大する。そして，玩具をつかむ，持つ，離すといった行動を通して，自身の否定的情動が和らいだり，楽しさを味わったりすることを経験する。なお，コップによると二つの調整（modulation）の時期は，乳児自身による情動を喚起した状況の意味の認識，意識や意図を伴っていないという意味で，1歳以降に想定されている制御（control）とは異なるものであるという。

　乳児なりの情動の調整行為について具体的な実験をみておこう。スティル・フェイスパラダイムと呼ばれる実験（Tronick et al., 1978）では，養育者に乳

児と普段通りの自然なやりとりを数分間してもらった後，乳児の発声や動作に
あえて応じず，顔は無表情（スティル・フェイス）で数分間を過ごしてもらう。
乳児は養育者の変化に敏感に気づく。そこで乳児は，声を出したり，笑いかけ
たり，手を伸ばしたりして何とか養育者にやりとりの中に戻ってきてもらおう
とする。これは，やりとりを修復しようという乳児の試みである。それでも養
育者が無反応を続けていると，乳児には悲しさ，怒り，苦痛などが喚起されて
くる。そして興味深いのが，乳児がやがて養育者から目をそらしたり，指しゃ
ぶりをしたり，身体を揺すって遊んでみたり，部屋の中の別のものを眺めたり
といった行動をみせることである。これらはやりとりに応じてくれずにいる養
育者から注意をそらし，あるいは，他のものに積極的に注意を向けることで，
悲しさや苦痛の原因から離れて気持ちを和らげようとする，原初的ながらも意
図的な情動制御の試みであると考えられている。

　また別の研究では，乳児に面白い玩具を見せるのだが，腕の動きを制限した
り，衝立をはさんだりして玩具に触ることはできないようにして乳児を「怒ら
せる」，あるいは，リモコン操作のおもちゃで乳児を「怖がらせる」などして，
乳児の情動を活性化させた後の様子を観察している。6〜18カ月児の観察結果
によると，乳児はおもちゃから目をそらす，指しゃぶりをするなどして，気を
紛らわせるような行動をみせるという。そうした行動は怒りをいくぶん和らげ
ることに効果的であるが，恐れの情動を調整する効果は十分ではないようであ
る（Buss & Goldsmith, 1998）。

　こうした乳児の行動観察や実験から，乳児が発達早期から乳児なりに注意を
そらしたり，自己慰撫的行動によって否定的情動を調整しようとしたりするこ
とが示されている。これらはラザラスら（Lazarus & Folkman, 1984/1991）に
よると情動焦点型の対処とされ，情動をいくらか軽減したり和らげたりできて
いるものの，情動を引き起こした原因を解決しようとするものではない。情動
の原因除去に関しては養育者の力に頼っており，また実際のところ，必ずし
も情動の原因が解決されなくても，自身による注意そらし等に加えて養育者に
抱っこしてもらったり身体をさすってもらったりすることで，泣き止んだり機

嫌が良くなったりすることも多い。より上手な情動制御はこの後，時間をかけながら発達していく。その発達に大きく影響している経験の一つが，乳児が養育者と一緒になって情動に向き合うことである。実は乳児が示す初期的な情動制御の主な行為には，注意そらしや自己慰撫に加えて，養育者への接近があげられる。幼い乳児にとって，情動の調整や制御は一人で行うというよりも，養育者とのやりとりの中で経験されるという側面が大きい。そこで次に，乳児期における養育者との情動を介したやりとりについてみていこう。

3　情動を介した親子のやりとり

（1）親子間のアタッチメント

　乳児が泣き，養育者が泣く乳児を抱き上げ，話しかけ，乳児がまだ泣くと，また養育者が話しかけ，乳児の泣きが収まり，二人で微笑み合う。日常的なこのプロセスは乳児の情動状態の崩れを乳児と養育者の関係性によって制御するという表現に合致するが，実はこの「一者の情動状態の崩れを二者の関係性によって制御する」システム（Schore, 2001）として説明されるのが，アタッチメントである。ボウルビィ（1969/1982）によって提唱されたアタッチメントの中核的な意味は，乳児が危機的状況において不安や恐れを抱いた際に，特定の他個体（養育者）に近接することで，安心感を回復しようとする傾性であるという（遠藤，2007；第8章参照）。アタッチメントは乳児の情動制御の希求そのものを指しているように考えられるが，一方で，アタッチメントは親子間に形成される特別で強い情緒的な絆を指して使われる。ここで，その絆がどのようにして特別で強いものとして存在するに至ったかを考えると，乳児の誕生後から絶えず繰り返され，日々積み上げられてきた，親と子という二者関係における子どもの気持ちの取り扱いの歴史を無視することはできないだろう。アタッチメントと情動制御については後の第8章に学ぶこととし，以下では，乳児と養育者の間で，情動がどのようにやりとりされているのかを取り上げる。

（2）乳児―養育者関係における情動調律

　生後まもなくから，親子の間では見つめ合い，微笑み合い，といった形でや
りとりが始まる。この「私とあなた」の関係は二項関係と呼ばれ，その後生後
9 カ月頃になると『「わたし」と「あなた」で一緒に「玩具」についてやりと
りする』，というような三項関係やりとりへと広がっていく。トレヴァーセン
（Trevarthen, 1979）は，親子の間で情動などそれぞれがもっている主観的な状
態をお互いにわかりあうことを相互主観性（intersubjectivity）と呼び，二項関
係で起こる「楽しいね」「うれしいね」という気持ちの共有を第一次相互主観
性，三項関係で起こる「この玩具って面白いね」というような共有を第二次相
互主観性としている。情動は，誕生後すぐから始まる親子のやりとりの中で交
わされ，共有される主たるトピックであるといえるだろう。

　生後まもなくから始まる親子を観察していると，面白いことに気づく。乳児
が楽しそうに高い声を出すと養育者もそれを真似るように声の調子を上げ，口
を開け，眉を高く上げる。反対に乳児がむずかるように声を低くすると，養育
者も声を低くし，眉を下げて，肩を落として応じるのである。スターン（Stern,
1989/1985）は，養育者が乳児の情動や情動の変化に応じて自身も情動的反応
を示す様子を「情動調律」（affect attunement）と呼ぶ。多くの養育者が無意識
的に乳児の情動にマッチした応答をし，それに続いて今度は養育者の情動状態
に子どもの情動状態が重なってくるような，関係の中での情動の共有と調整
がなされる様子を描いている。情動調律は，楽しさや嬉しさの共有的な経験の
みならず，苦痛や悲しみなどに対しても行われる。負の情動に対する調律的
応答において重要なのは，乳児の苦痛を養育者が理解して一緒に抱えながらも，
養育者自身はその苦痛に引き込まれてしまわずに落ち着きを保ち，「大丈夫だ
よ」と表情や穏やかなトーンの声かけで伝えていくことで，今度は子どもが養
育者の情動状態を受けとりながら落ち着いて穏やかな気持ちになっていくこと
を支える点である。養育者による調律的な応答は，乳児の情動がまず共有され
つつ，今度は養育者の情動によって乳児の情動の調子や強さが調整される経験

を生んでいると考えられる（Gallese et al., 2007）。

（3）養育者による乳児の情動の「映し出し」

　親子間の情動のやりとりに関して，フォナギーらは「映し出し（mirroring）」と呼ばれる養育者の行動を重視している（Fonagy et al., 2002, 2007）。たとえば乳児は楽しさや心地よさを表情や声で表すが，乳児に向き合う養育者はその時，乳児と同じように微笑み，心地よい声を出し，「気持ちいいねぇ」「楽しいねぇ」と乳児の心の状態を言葉にして話かける。まさに「鏡」のように，乳児の情動状態を養育者が自身の顔に，声に，言葉に映し出して示す（mirroring）のである。そうして「映し出された」母親の顔や声に，乳児は己の（潜在的）情動状態の表れを見て取ることになる。

　フォナギーらは社会構成主義の立場から，発達早期の乳児は自分自身の情動をはじめとする心的状態を十分に理解できていないと仮定している。そして，養育者が表情や言葉によるラベルづけをしながら乳児に映し出して見せるという社会的フィードバックを通して，結果的に，乳児は自分自身の中に情動といった主観的な心的状態が存在することに気づくと論考している。さらに映し出しは，子どもが母親のわかりやすい映し出しの表現を，もともとは自分の中にあった心的状態を表す表象として内在化することを促し，心の状態を考えたり扱ったりする（自分の心的状態の二次的表象をもつことができる）ようになることの発達を促進するという。そして，自分の情動を表象し，考えることができることは，情動は整えたり変化させたりすることが可能であることの理解の前提になると考えられている。つまり養育者の映し出しは，主観的な経験として存在する情動そのものへの気づきと，情動を扱うという意味での制御の育ちの基礎を支えている可能性がある。

（4）何をどう映し出すか

　フォナギーらの社会的フィードバック仮説では，映し出しという行為における養育者の教育的スタンスに一定の重きがおかれていることに触れておきたい。

養育者による映し出しが乳児の情動とその制御についての学びを真に促すものとなるには，「乳児の情動に正確に合致していること」と「映し出しているの・・・・・が母親の情動ではなく乳児の情動であることのわかりやすさ」の2点が重要だという（Gergely & Watson, 1999）。

　「正確な合致」について，もし，乳児の情動状態と養育者の映し出す内容が異なるものであれば，それは乳児の主観的状態と合致しないものになり，正しい情動理解の発達にはつながらない。これはスターン（Stern, 1989/1985）の情動調律においても，（非意図的な）誤調律として描かれており，乳児の感情状態と養育者の読み取った感情のずれや，応答の仕方のずれ，あるいは乳児の感情状態と同じものを養育者自身が感じることができない，共有して抱えることができない様子などに表れるという。一方，映し出しにおける「わかりやすさ」については，乳児とアイコンタクトをとったり，少し表情や仕草を誇張したり，乳児の調子に合わせて抑揚を強調して話しかける，つまり，「あなたは，・・・・今，こんな状態なのね」と乳児にわかりやすく明示的に教え示すようなサイン（Ostensive Cue）を伴う映し出しが，乳児に感情について教えるコミュニケーションにおいて肝要だとされる。

　乳児の状態に合致しているが，乳児の感情を映し出していることがわかりにくい場合，乳児にはあまり好ましくない影響が及ぶ可能性が懸念されている（Sharp & Fonagy, 2008）。たとえば養育者の悲しみの表現が，乳児の悲しみの映し出しではなくて，本当に養育者自身が悲しくなっているのだと乳児に伝わってしまうと，乳児は「養育者の本当の」悲しみにさらされることで，自身のもともとの悲しさが受け止められるどころか一層深いものとして蓄積され，加えてその悲しみの扱い方を学ぶ機会も与えられないままになる。乳児の悲しみへの応答として「あなたは悲しいのね」と養育者が言ってくれるのならば，乳児は悲しみが世界を覆う絶対的なものではなく，「今」の「自分」の状態として理解し，悲しみに飲み込まれているのではない養育者との間で悲しみに向き合い，調整や修復の手立てを学ぶことにつながり得るのだろう。

　こうした理論的説明に対して，乳児の情動表出に対してそもそも養育者が

実際にはどのような応答をしているのかを微細に観察した研究がある。蒲谷（2013）によると，乳児がポジティブ情動を表出している際は養育者のマッチする表情の表出，さらには乳児の感情状態の言語化がかなり高い割合で観察され，調律的応答や映し出しが行われることが示唆されている。一方，乳児のネガティブ情動の表出に対して養育者がマッチした表情を返すことは実際にはごく少なく，また，養育者が誇張した表情で応答することはほとんど観察されなかったという。「わかりやすさ」を伴う映し出しの実際の生起は少ない，もしくは文化差や子どもの月齢によって様相が異なる可能性があるのかもしれない。蒲谷（2013）の観察で興味深いのは，乳児のネガティブ情動表出に対して，母親はむしろ笑顔を浮かべ，かつ，乳児の情動を言語化して応じていたという観察結果であろう。母親は乳児のネガティブな情動に巻き込まれずに，しかし同時に，乳児のその情動状態を言葉で示して返すという，共感的，調律的な応答を行っていることが示唆される。

（5）養育者の情動表出を利用した行動の調整

　上では，情動調律や映し出しなど，子どもの情動に合わせて養育者が情動を表出することの重要性を示した。一方，養育者自身の情動を子どもに向けて示すことも，子どもの行動を調整する点で独自の重要な意味をもつ。生後9カ月以降，先述の三項関係やりとりが成立することになると，乳児には社会的参照と呼ばれる行動がしばしば観察される。これは，どうすればよいかわからない曖昧な状況において，乳児が養育者の顔を見て（参照し），自分自身の行動を調整するという振る舞いである（Campos & Stenberg, 1981）。

　具体的な実験場面をみてみよう。視覚的断崖装置と呼ばれるテーブルのような高さのある大きな台の上に乳児を乗せて行動観察をするのだが，台の手前（乳児がいる側）は普通の床面であるのに対し，台の向こう側半分は透明なガラス面になっている（図1-1）。ガラス面の側に玩具を置いて乳児の行動を観察した実験では（Sorce et al., 1985），乳児がまるで，どうすればよいのかを伺うように，ガラス面の向こう側に立っている母親の顔を見るという。実験に参加

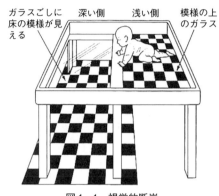

ガラスごしに床の模様が見える　深い側　浅い側　模様の上のガラス

図1-1　視覚的断崖

出所：Walk, 1966；小沢, 1996をもとに作成

した12カ月児たちは，母親が恐怖の表情を示した場合，ガラス面を渡ることはなかった。一方，母親が楽しそうなや興味の表情でいるとガラス面を渡り，また，母親が怒りや悲しみの表情を示した場合はガラス面を渡ることが少なくなる，というように，母親の表情が乳児の行動に影響している様子が報告されている。

　このように，乳児はどう行動すべきかがわからないとき，養育者の顔を見て問い合わせるような振る舞いをする。そして養育者の顔や声に浮かぶ情動を情報として，眼前の対象や状況が安心できるものなのか，回避すべきものなのかを素早く学び，自分の行動を決定，調整する。社会的参照は，たとえば養育者の恐怖の表情を参照することで乳児が実際に痛い目にあわずとも危険を回避できることを可能にしており，きわめて有効な学習メカニズムだと考えられる（Tomasello et al., 1993）。この学習と行動調整を支えているのは，養育者自身がその対象や状況に対して行った評価としての情動の表出である。

　なお，乳児は必ずしも最初から情動という情報を得ようとして，養育者の顔を積極的に参照するわけではないという（Baldwin & Moses, 1996）。しかし，乳児から視線を向けられた養育者の方はむしろ積極的に「怖くないよ，大丈夫だよ」とか「危ないよ」といった情報を提供しているだろう（小沢・遠藤, 2001；遠藤・小沢, 2001）。たとえば子どもにとっては初対面の人，見知らぬ場所，はじめての食べ物，経験などに出会った際，養育者の様子をまず伺うものである。日常的なこうした場面で，養育者自身の本当の情動が表現され，子どもにとって利用可能であることは，子どもが情動という情報から学び行動調整を行う経験につながっていく。

4 心身の発達と情動の拡がり ─────────────

（1）移動運動能力の発達

①乳児の情動の変化

　乳児の情動制御に関する実験で多く用いられる手法に，乳児の手や腕の動きを制限して人為的に乳児を怒ったり悲しんだりさせて，その際の乳児の様子を観察するというやり方がある（例：Buss & Goldsmith, 1998）。逆に言うならば，乳児は自分の興味の対象を触ったり掴んだり操作できることに，楽しさや喜びを感じるということになる。乳児の情動の経験は，自分自身の身体運動と密接につながっている。

　乳児の誕生時の身体運動能力はきわめて未熟で，乳児の生活は基本的に寝た姿勢でスタートする。それでも乳児は目で物の動きを追って楽しみ，手足を動かしたり，やがては手で大きくものを掴んだり引っ張ったりして，驚き，楽しみ，怒ったりする。その後，首が座り，寝返りをし，お座りができるようになると「見たい」と思う対象に頭や身体を向けて見ることができるようになり，座ることによって自由になった両手で，さらに物の操作を楽しむようになる。そして9カ月前後であろうか，いわゆるハイハイの始まりで自分の意思で行きたいところに移動ができるようになる。移動開始は，情動制御という点からすると不快の源から乳児自身が移動して遠ざかるといった，より能動的な調整の行動が可能になることを指す。より幼い時期の，目を閉じたり注意をそらしたりする行為は主に視覚的刺激の遮断に有効であるが，移動運動によって聴覚，嗅覚，温度などの刺激から距離をとることができるようになるという自由は大きい。また，社会的参照による行動調整においても，近接や回避を自身の移動能力によって行うことができるようになる。

　一方，キャンポス（Campos et al., 1978, 1992）らは乳児の移動開始によって環境に対する興味や関心が広がることに加え，同じ現象に対しても乳児がそれ

までとは異なる情動を経験し始めるという可能性を指摘している。先述の視覚的断崖装置を用いた実験によると，乳児は生後2カ月くらいから，ガラス面のところにさしかかるとその先へ向けてハイハイをするのをやめてしまう。ガラス面の部分では台の底が透けて見えるために高さを感じてハイハイをやめるのだと考えられる。面白いことに，このガラスの床にさしかかったとき，移動運動能力の獲得前の生後6カ月児は心拍数が低下するのに対し，移動運動が始まる頃合いの9カ月児は心拍数が増加する。心拍数の低下は興味や関心を，心拍数の増加は高さへの恐れを反映しているのではないかと考えられている。日常生活の中でハイハイをすることで，乳児はつまずいたり，高さのあるところから落ちそうになったりという経験をしていると考えられる。意図的，主体的な移動が可能になり，それに伴い危険も経験したことで，視覚的断崖装置のような高さを知覚した際に起こる情動に変化が生じると考えられる。日常生活でも，今までなんともなかった場所で急に乳児が怖がったりむずがったりすることが出てくるが，その背景にはこうした育ちが関係しているのだろう。

　さらにハイハイの後，1歳前後になると，つかまり立ちから歩行へと運動能力が高まっていく。水平方向だけでなく，垂直方向にも行動範囲が広がり，乳児の好奇心，触ってみたい，見てみたいという動機も同時に高まって，乳児の情動経験はより豊かになってくる。情動制御行動としても，1歳以降は情動を引き起こしている源や状況から移動してその場から離れたり，自分の力で注意をそらしたりする行動が観察されている（Mangelsdorf et al., 1995）。

②移動を始めた乳児に向き合う養育者の変化

　移動開始によって乳児の情動経験に変化が認められるが，キャンポスらは，この時期，乳児だけでなく養育者にも変化がみられることを鋭く指摘している。乳児がハイハイを始めると，養育者の傍らに乳児が自ら近寄ってきたり，玩具をめがけて養育者と追いかけっこをしたりと遊びのレパートリーが広がって親子ともに楽しくなる。それと当時に，乳児は養育者を追いかけて台所にもお手洗いにもついて行くし，「何か面白そうだぞ」と思えば窓辺にもヒーターに

も近づいていく。こうして言わずもがな，養育者は「危ない！」「そっちはダメ！」「触らないの！」と怒ることがぐんと増えてしまう。

　乳児は動きたい欲求や好奇心をこれまで以上に強くもち自由に自己を表現するようになり，一方，養育者は乳児という一人の人間の情動と表現に向き合いつつ，安全確保の点からは乳児の気持ちを調整，統制する必要性が増してくる。危ない物や触ってほしくない物への子どもの興味や接近に対しては養育者の注意や禁止の口調も厳しくなりやすく，子どもの気持ちの切り替えや調整が難しい場面が増えやすい。また，上述のように歩行の始まりも乳児の情動経験と結びついており，この時期も，親子間における情動のやりとりと調整，葛藤の経験と解決が大きな主題となりやすいものである（坂上，2010）。移動運動能力の獲得は，単に身体的発達だけではなく，乳児の心と親子のやりとりにも変化をもたらす，乳児期の大きな出来事の一つである。

（2）自己感の発達と二次的情動への拡がり

　乳児期には，めざましい運動能力の発達に加え，乳児の自己に対する感覚，自己感の発達も進むのだが，これもまた，乳児の経験する情動と密接に関係している。ナイサー（Neisser, 1988）によると，発達の早期から乳児は，「生態学的自己」と呼ばれる自身（の身体）とそれ以外の物理的環境の区別の感覚や，「対人的自己」と呼ばれる対人的やりとりの中で主体として振る舞う感覚を有していると考えられている。そしてさらに，1歳半頃になると自己に対する評価や，自己意識を伴った概念的自己という感覚が備わり始めるという。

　自己意識の発達に伴い，子どもが経験する情動にも広がりがみられる。それまでにも経験してきたいわゆる喜怒哀楽，驚き，興味などの一次的情動に加え，他者の視点にさらされた自分や評価を意識したりすることが関わる二次的情動が経験されるようになる（Lewis, 2000）。二次的情動は自己意識的情動と呼ばれることもあり，照れ，羨ましさ，誇り，恥，罪悪感といったものが含まれる（第2章参照）。経験する情動の広がりを受けて，たとえば恥ずかしさという情動の調整が必要となる場面も出てくるし，また，たとえば「やってしまった

なぁ」という子どもなりの罪の意識が，子ども同士の友達関係の調整につなが
るといった様子もみられるようになる。このように乳児期は，乳児が経験する
情動自体も変化したり広がったりしながら，同時に，その情動とのつきあい方，
扱い方，整え方も学んでいくことになる。

（3）感情を表す言葉の発達

　1歳半頃，子どもの感情経験には「言葉の使用」という新たな表現や理解の
仕方が加わってくる。養育者による情動の言語化は，親子のやりとりにおいて
日常的，継続的に行われている。そうした経験と学びの積み重ねを通して，い
よいよ子ども自身が，情動や自分の内面にわき起こる心の動きを言葉で表し始
め，情動を表す語彙は幼児期にかけて増加していく。

　感情語を含む心的状態語などと呼ばれる語彙が親子の間でどのように使用さ
れるのかを調べるため，筆者は乳児が生後6カ月時から4歳になるまで，母子
を縦断的に観察した。約40組の母子の自由遊び場面を10分間観察し，母親と子
どもの双方が，子どもの感情や欲求，思考などを言葉で表した回数（感情語や
心的状態語の使用回数）を数えた。生後6カ月時は当然，母親が子どもの感情
等を言葉にして表しており，平均約10回程度の心的状態語の使用が認められた。
その後9カ月時も同様であったが，18カ月時になると子どもが1～2回程度，
自分の感情を言葉で表現し始めた（イヤダ，スキ，スキジャナイ，など）。さら
に3歳時，4歳時と子どもが成長するにつれて，感情語による直接の感情表現
に加えて，「～ダトオモッタ」など，子ども自身による心的状態語の使用が増
加した。そしてそれに応じるように，母親が子どもの心的状態を言語化するこ
とは減少していった。筆者にとって興味深かったのは，心的語彙の使用者が，
最初は母親であり，徐々に子ども自身が話し始めると母親による言語化が減る
というようにバランスを変えながら，どの観察の時期でも10分間に平均約10回
という総量はほぼ変わらずに，子どもの心的状態を表す言葉が親子のやりとり
の中に認められたことである（篠原，2013）。

　筆者が観察をした母子間でも実際にはかなり幅広い差はあるのだが，平均し

て 1 分に一度，子どもの気持ちが言葉として表現されていたように，子ども自身は毎日，かなりの頻度，心を表す言葉に触れていると想像される。心的状態語は，目に見えない，つかみ所のない心の状態へのラベルづけ，子どもの状態の確認，明確化に加え，その感情の理由を探ったり，整えたりするためにも使用されていた。このような日常の経験が言葉の学びにつながっており，1歳時点での家庭内での感情語や心的語彙の使用の多さは，2歳時の子どものこうした語彙の使用の多さを予測するという知見もある（Dunn et al., 1987；Taumoepeau & Ruffman, 2006）。そして 2 歳の終わり頃の子どもは，幅広い感情状態を言語で示す（Bretherton & Beeghly, 1982）。さらに子どもは，今現在の感情状態だけでなく，過去に感じていた感情状態やその理由を話したり，また，他者の感情を質問したり説明したりもする。感情を言葉で表すこと，言葉で感情について養育者と話し合うことは，感情について考え，整理し，自他の間で比較することや，感情を整えたり変化を追ったりすることになり，感情の扱いを学ぶ経験となると考えられる。

（4）歩行開始期における情動制御の育ち

これまでみてきたような，移動運動能力，自己意識，言語使用と理解，さらに記憶や表象能力など様々な発達，さらにはそれらすべてに関わる神経的基盤の発達が進む 1 歳半から 2 歳終わり頃の時期は歩行開始期（toddlerhood）等と呼ばれるが，情動の発達においても重要な時期として注目されている。この年齢の頃，子ども自身の情動や心と身体の発達もありながら，一方で養育者からの要求や介入，行動の抑制や禁止も増える。各種の発達と，親子間の葛藤や解決の経験も重なりながら，情動制御が親子共同の形から子ども自身による自己制御へと，また，より早期の情動焦点型から情動の根源を解決しようとするような問題焦点型（Lazarus & Folkman, 1984/1991）へと移行していくと考えられている（坂上, 2010；Kopp & Neufeld, 2003；Gross & Thompson, 2007；Thompson, 2014）。

たとえば歩行開始期の子どもは，お菓子が入っている瓶のふたが開けられな

いとき，抱っこなどでは到底なだめられず，ふたを開けるために試行錯誤し，養育者に開けてほしいと言葉などで要求し，（時には養育者に「おかしは 1 つだけだよ」と言われてさらに憤慨し）それでも何とかふたを開けてもらおうと交渉の末，お菓子を手に入れてやっとご機嫌になる。一方，養育者の側も葛藤場面では葛藤的ではない場面よりも子どもの情動状態に敏感になったり，提案や決まりを示すことで枠組みを与えながらやりとりを構成したりして，子どもの葛藤の解決を支えている（金丸・無藤，2004）。乳児期の後半は，このように子ども自身が問題焦点型の対処を目指し始め，それが養育者の支えで実現される経験を経ながら，徐々に子ども自身の力で主体的な情動制御へと移行していく育ちが進むと考えられる。

　また，養育者は直接的，具体的に子どもの情動制御の手助けをしてくれるだけではない。グローニク（Grolnick et al., 1996）は，2 歳児を対象にプレゼントやお菓子をもらえるのを待つ（しかもその魅力的な箱やお皿は，子どもの手は届かないが見ることができる棚の上にある），あるいは母親との短い分離という葛藤場面を実験的に設定して，子どもの情動表現と情動制御行動を観察している。待機や分離は 2 歳児にとって辛い時間だが，苦痛の表現は子どもが一人でいる条件で最も多く，実験者や母親が傍らにいる条件や，特に母親が子どもとやりとりをする条件において，子どもの苦痛表出はより少ないものであった。また，待機場面や分離場面で，他の玩具で遊ぶことで気を紛らわしたり，「私はもうお姉ちゃんなんだから（待てるわ）」と話すなど認知的に自分を落ち着かせようとする自発的な情動制御の生起は，子どもが一人で過ごす条件よりも実験者や母親が一緒にいる条件，さらに母親が子どもとやりとりをする条件で多く認められた。この時期の自発的な情動制御の力は，養育者がそばにいる，やりとりをしてくれるという社会的サポートがある状況においてより発揮されやすいと考えられる。

5　養育者と子ども双方の特徴が表れる情動制御 ──────────

（1）子どもの個人的特徴

　ここまで情動制御やそれに関わる乳児期の発達をみてきたが，一人ひとりの子どもについては個人差が非常に大きい。また，その子どもに向き合う養育者側にも個々の特徴がある。親子の間の情動制御には，その子ども側と養育者側双方の特徴が表れている。そこでまず，子ども側の特徴として気質についてみていく。

　気質とは，活動性，情動性，注意，自己制御などに表れる生得的で比較的一貫した個人の傾向を指す。気質は生物学的，遺伝的要因に規定されているが，環境からも影響を受けるという見方もある（Shiner et al., 2012；草薙・星，2017）。少なくとも乳児には誕生時から，食事や睡眠などの規則性，新奇刺激への反応性などにおいて個々の特徴があり，そこには行動だけでなく情動の個人差も含まれている（Goldsmith et al., 1987）。気質の捉え方や考え方には複数あるが，特に乳児の気質的特徴と情動制御との関連では，情動の活性化や強度などの反応性の個人差と，そうした情動の強度や持続性の調整や制御における個人差が注目される。

　たとえばケイガン（Kagan, 1999）は，子どもの気質的特徴として行動抑制，すなわち新奇で不確かな状況や人に対する怖がりやすさ，恐れやすさ，引っ込み思案に個人差があることに注目している。さらにフォックス（Fox, 1994）は，行動抑制には新奇場面に対する怖がりやすさに加えて，その恐れ情動の調整の不得手さがあると指摘している。実際に，子どもによって新奇な場面での恐怖の強度が異なり，また，怖がりやすさは心拍変動などの生理的指標とも関連している。さらに，生後4カ月児に苛立ちやすいと評定された乳児は，そうでない乳児と比較して，生後9カ月時に右側の前頭前野活動に違いがあり，14カ月時には新奇刺激に対する抑制的行動が多い（Calkins et al., 1996）。右側の前頭

前野の活動は，否定的な情動の表出や引っ込み思案な傾向と関連しており，気質的特徴における情動経験や表出の個人差について脳神経基盤に着目した研究も多く行われている。

　ロスバートら（Rothbart & Derryberry, 1981；Rothbart & Bates, 1998；Rothbart et al., 2000）は気質を反応性と自己制御の2次元の個人差としており，この自己制御は情動の強度や持続性の調整にも関連する。彼女らが乳児の気質測定のために開発した養育者記入式の質問紙尺度（Infant Behavior Questionnaire（IBQ）；Rothbart, 1981）の改訂版（Revised Infant Behavior Questionnaire（IBQ-R）；Gartstein & Rothbart, 2003）には，乳児期の気質の下位次元が14示されている（中川・鋤柄, 2005も参照）。そこには笑顔などの肯定的情動と負の情動の表出のしやすさ，感じやすさ，なだめやすさや不機嫌からの回復のしやすさなどが含まれており，乳児期から個々の子どもに，情動の感じ方，表出，情動からの回復などにおいて豊かな個人的特徴があることが示唆される。

　なお，ロスバートらによる幼児期の気質研究では，注意や行動を子どもが自発的，意図的に調整するエフォートフル・コントロールという側面が注目され，情動制御との関連を問う議論や研究も展開されている（Rothbart et al., 2001；第2章を参照）。なお，能動的，意図的に注意や行動，そして情動を切り替えたり抑制したりする力は，実行機能と呼ばれるものと深く関連している。実行機能と情動制御の関連については第7章を参照されたい。

（2）養育者の個人的特徴

　養育者の側にも，乳児の情動の読み取り，共感，応答，子どもへの表現の仕方といったそれぞれの側面において大きな個人差がある。たとえば養育者による乳児の表情の読みとりに基づく映し出し，特に「正確な」映し出しには，自分と他者の心の状態，情動の経験やその調整のプロセスについて考えるという内省機能（Reflective Function；Fonagy & Target, 1997）をどれほど，あるいはどのように養育者が有しているかが影響すると考えられている。また，そもそも養育者が，乳児は情動をはじめとする豊かな心の動きを経験している，幼い

乳児も大人と同じような心をもっていると考えるか否かによっても，乳児との情動を介したやりとりの様相が変わってくる。養育者がもつ，このような傾向はマインド・マインデッドネス（mind-mindedness（以下 MM）；Meins, 1998）と呼ばれ，乳児の心を気遣う傾向を意味し，乳児の母親の間でも個人差があること（Meins et al., 2001；篠原, 2006），MM をより高くもつ母親は乳児の心についての会話をしやすく，その子どもは感情理解能力が高いこと（篠原, 2011）が示されている。

　また，乳児の社会的参照行動の始まりにおいて，養育者は積極的に乳児に情動という情報を与えやすいと述べたが，子どもに対する情動表出のしやすさ，仕方にも個人差がある。養育者が乳児にとって利用可能な情動を表出し，同時に乳児の情動状態を読みとりながらやりとりの構築に活かすという特徴は，情緒的利用可能性（emotional availability（EA）；Biringen et al., 2014）と呼ばれている。なお養育者の EA の一側面として，子どもの主体的活動を侵害しない，非侵入性があげられている。子どもが欲求不満となりそうな状況で（しかしまだ子ども自身が行動することに先んじて）先回り的に介入してしまう母親の子どもは，そうでない母親の子どもよりもかえって不快情動を大きく示すという研究があるのだが（Calkins & Johnson, 1998），EA という視点から考察してみると面白いかもしれない。親の非侵入性とは，子どもが情緒的関わりを必要としているときに応答することは重要だが，同時に，子どもの自律的行動を尊重し，子どもが必要としていないときには関わらないことが肝要という考え方である。養育者の先回り的行動は，一見すると子どもの情動状態への敏感さともみえがちであるが，侵入的行為にもなってしまう。子どもの情動制御とは子どもの不快を先んじて封じ込めるのではなく，子どもが当然その状況で感じるだろう情動を正当に経験し，子どもがそれを表現したことに対して，養育者が受け止めたり，必要に応じて整えるための手助けを提案したりするという順序が大切だと考えられる。

（3）親子それぞれの特徴と情動制御

　ここまで，子ども側の気質，養育者側の情動の読みとりや表出に関する特徴
をみてきたが，親子間で行われる情動調整には，子どもと親の双方のもつ特徴
が表れながら，それぞれの親子の姿で展開されていると考えられる。たとえ
ば金丸・無藤（2004）では，2歳児と親が遊んでいる玩具の片付け場面を観察
すると，葛藤に対する子どもの反応には個人差があり，不快情動の「継続型」，
「非表出型」，不快情動がやがて鎮まる「沈静型」などのタイプがあることを見
出している。さらに，「継続型」の子どもは片付けられた玩具を取り出そうと
するなど不快情動の原因を解決しようとすることが多く，またその母親は子ど
もを説得することが多いこと，「沈静型」の子どもは身体慰撫行動が多く，そ
の母親は子どもの注意をそらすことで情動を調整しようとする関わりが多いこ
となど，母子それぞれの情動調整行動との関連が示されている。
　親子それぞれの特徴が，その親子の情動制御の姿に表れると考えられるが，
そこにはサメロフ（Sameroff, 2010）のいう相互規定的作用モデル（transactional
model）が当てはまると思われる。現状では，ある観察，実験の1時点におけ
る親子それぞれの特徴による双方向の影響が検討されている研究は多いが，今
後，養育者が子どもの情動調整の行動や方略に，あるいは子どもの特徴が養育
者による子どもの情動調整の支え方に影響を与えながら，時間軸上で親子とも
に変化をしていくという過程までを実証的に検討する試みが期待されるところ
である（Calkins & Hill, 2007）。

（4）子どもが自分で作り出す，心の杖

　情動制御には，子どもと養育者双方の個人的特徴が反映すること，また，乳
児期には養育者による調整の手助けが大きいことを示してきたが，最後に，子
ども自身による子どもなりの情動の支え方に一役買っていそうな現象を紹介
する。0歳の赤ちゃんでも，お気に入りの毛布やぬいぐるみが決まっている
子どもがいる。また，1歳，2歳の子どもが肌身離さずにいつも同じぬいぐ

るみやタオルを握りしめて持ち歩いていることがあるが，これらは移行対象と呼ばれている（図1-2）。イギリスの小児科医，精神分析家であるウィニコット（Winnicott, 1953/2015）によると，移行対象は子どもが自分で作り出すもので，肌触りがよく温かさを感じられ，馴染みのにおいも落ち着かせてくれるなど，子どもにとっては不安や怖さなどを軽減してくれる，すなわち，自分の情動の調整を支えるものになっているという。何が移行対象になるか，

図1-2　移行対象

あるいは移行対象の有無には個人差も文化差も大きいのだが，日本では3〜4割程度の子どもが移行対象をもつようである（遠藤，1990, 1991）。移行対象を所有している子どもにとっては，唯一無二の大切な物であり，お出かけや就寝などで養育者と離れるときも，お気に入りのそれがあれば大丈夫，というように子どもの気持ちを支えてくれる心の杖となっている。

　2歳，3歳頃になると，「空想の友達（イマジナリーコンパニオン：imaginary companion，以下 IC)」がいる子どももみられる。移行対象としてのぬいぐるみの中には，名前がつけられたり簡単な性格（寂しがり，など）が与えられたりすることで子どもにとって友達のように扱われている場合があり，IC と重なるものもある。一方，移行対象をもっていなくても IC をもつ子どもがおり，さらに IC にはぬいぐるみや人形など目に見える物が友達になることもあれば，子どもには見えるが大人には見えない空想の友達がいることもある。北米では3〜7歳の子どもの約半数が何らかの IC をもっているようだが，日本の幼児では3〜4割が見えるタイプの，1割程度が見えないタイプの IC をもつようだ（Moriguchi & Shinohara, 2012）。さてこの IC も，子どもにとっては（空想の）遊び相手であるのみならず，寂しいときや不安なときに自分のそばにいてくれて，話し相手になり，状況の解決策を一緒に練ってくれる心強い味方となる。あるいは「悪いことをする IC」もいる。「こんなところに牛乳こぼしたのだれ!?」と母親に怒られたとき，「ぼくじゃない，タマネギマンがやったんだよ！」と，IC であるタマネギマンのせいにするという事例もある。叱責を受

ける，強い罪悪感や恥の経験など，情動的負荷が大きい場面で登場する IC は
「他者のせいにする」ことで一時的に子どもの気持ちの緩衝材となりつつ，タ
マネギマンをやっつけたり説得したり反省させたりすることで，結果的には子
ども自身による情動制御の問題解決を支えていると考えられる。

　移行対象も空想の友達も，大人にとっては「意味のないもの」として子ども
から引き離そうとしたり，寂しさや人間関係の経験が不足しているのではない
かといった心配の種になったりもしがちである。しかしこれまでの研究からは，
必ずしもそうした心配には及ばないこと，そしてむしろ，これらは子どもの情
動経験を豊かにし，多少の不安やストレスがあってもそれを和らげて整えてく
れる機能を担っていることが示されている（遠藤，1990）。

6　赤ちゃん時代を超えて ─────────────

　以上，本章では，0，1，2歳頃の情動制御について，初期の情動焦点型対
処から，親子間における情動についてのやりとりの蓄積，乳児期に進む身体的，
認知的，言語的発達とそれに伴う情動経験の拡がり，養育者の助けを得ながら
の主体的な問題焦点型への移行，といった育ちの様子を概観した。情動制御と
して，本章の冒頭ではそれが情動そのものの調整と情動によるその他の機能
の調整を含むものであること，また，情動には不快情動も快情動もあることを
示した。しかしながら，乳児期に関する研究の多くは，恐れや怒りといった不
快情動をいかに整え，落ち着きを取り戻すかという情動制御を扱っており，本
章で取り上げた内容もそうしたテーマが多くなった。日常的によく泣く乳児期
においてこれは生態学的妥当性の高いテーマではあるが，金丸（2017）が指摘
するように，親子やりとりにおける快情動の共有，快情動の調整，あるいは快
情動による行動や関係性の調整など，快情動に着目した研究の展開が進むこと
で，乳児期の情動制御についても新たな側面がみえてくる可能性は大きいだろ
う。また，乳児の情動状態が養育者を，あるいは養育者との関係を調整すると
いう情動調整も日常的に生起していると考えられるが，そうしたプロセスに着

目した実証研究も今後，発展が期待される。

　さて，家庭でも，保育園等でも，0歳，1歳，2歳のいる部屋にはよく泣き声が響いているものだが，不思議なことに（あるいは本章で示した発達を踏まえれば同然の結果かもしれないが），3歳ともなると，とたんに泣くことが少なくなる。彼ら曰く「もう赤ちゃんじゃないんだから」，泣かないし，自分で頑張るのだ。泣いてもいいよ，自分だけで頑張らなくてもいいよ，という大人の思いを飛び越えて，颯爽と幼児に変化していく。生後数年のわずかな乳児期であるが，そこで培った他者と気持ちを分かち合える経験，気持ちを支えてもらう経験を通した他者への信頼感，自分の気持ちと向き合える自信が土台となって，幼児期，そしてその先も続く情動制御の育ちが進んでいくであろうことを確認し，本章を結びたい。

第 2 章

幼児期の情動制御

中道圭人

1　幼児期の心理的・社会的な世界の広がり

　幼児期は，日本では1歳半頃から6歳の小学校入学前までの期間を，欧米ではトドラー期（1〜3歳）と就学前期（3歳〜小学校入学前）を合わせた期間を主に指す。幼児期の子どもたちは主体的に探索しながら，この世界についての理解を深め，ふりやごっこの中で現実に縛られないイメージを作り出せるようになり，自らの心理的な世界を広げていく。さらにこの時期，多くの子どもたちが幼稚園・保育所等で同世代の仲間との集団生活を開始し，他者との社会的な関わりを増加させていく。この社会的な世界の広がりに伴い，乳児のとき以上に，子どもたちは自らの情動を適切に制御しながら行動することを求められるようになってくる。

　このため，幼児期の「情動制御（emotion regulation）」は，発達心理学分野だけでなく，教育学分野でも注目されている。たとえば，現行の幼稚園教育要領（文部科学省，2017）では「道徳性・規範意識の芽生え」などの幼児期の終わりまでに育ってほしい資質・能力の一部として，また OECD（2015）が提唱する社会-情動的スキルの一部として，情動の制御に関する内容が述べられている。

　幼児期の子どもたちの多くが家庭だけでなく，幼稚園・保育所などで長い時間を過ごすようになり，養育者以外の大人や同年齢の仲間と多く関わるようになる。この社会的な世界の中で，幼児期の子どもたちの情動の制御では，乳児期までの「養育者が子どもの情動をなだめる」といった外在的な側面でなく，「自分（子ども）自身がどのように情動を制御するか」といった内在的な側面が問われるようになる。そこで本章では，アイゼンバーグ＆スピンラッド（2004）やブレア＆ダイアモンド（2008）の考えに基づいて，内在的で意識的な情動制御を中心に，幼児期の情動制御の発達研究について紹介していく。

2　幼児期の情動制御に関する研究の概観

（1）幼児期の「自己制御」研究から「情動制御」研究へ

　幼児期の情動制御の発達は，伝統的には「自己制御（self-regulation）」に含まれる形で検討されてきた。たとえば，ルリア（1961）は，行動の自己制御における言葉の重要性に着目し，大人の言語的な教示によって行動を制御する段階（2歳頃）から，3歳頃からみられる「外言」（子どもの自分自身に対する言語的教示）によって行動を制御する段階を経て，4〜5歳頃までに「内言」（子どもの心の中での教示）によって行動を制御する段階に至るといった発達過程を想定していた。

　また，コップ（1982）は自己制御の初期発達のモデルを提案した。このモデルでは，特に子どもに対する親の社会化に着目し，行動の制御が外的なものから内的なものに移行していくことを想定していた（Kochanska et al., 2001）。第1章でも紹介されているように，生後3〜9カ月頃の子どもたちは周囲の出来事や刺激に反応して自発的に行動を行う「感覚運動の調整」段階にあり，生後12〜18カ月頃に，養育者の指示や社会的な期待・要求に気づき，それに応えるために自らの行動を開始したり抑制する「コントロール」段階に進む。その後，養育者などがいない状況でも社会的な期待・要求に沿って意図的に行動したり，

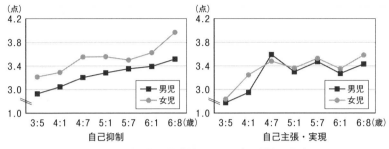

図 2-1　幼児期の社会的場面での自己制御の発達

出所：柏木, 1988に基づき作成

我慢できるような「自己統制」段階（24カ月以降〜）へ，そして最終的に，状況の中で変わりゆく期待・要求を満たすために柔軟に行動できるような「自己制御」段階（36カ月以降〜）へ進んでいく。

　このような国外での発達研究の進展を受け，日本でも研究が進められてきた。日本の自己制御の発達研究は，柏木惠子による一連の研究に由来するものが多い。柏木（1988）は，幼稚園・保育所における幼児の自己制御を「自己抑制（自分の欲求や行動を抑制する）」と「自己主張・実現（自分の意志や欲求を明確に持ち，それを適切な形で表出し，実現する）」の 2 側面に分けて検討した。たとえば，自己抑制は「遊びの中で自分の順番を待てる」「仲間と意見の違う時，自分の意見だけを押し通そうとしない」「悲しいこと，悔しいことなどの感情をすぐに爆発させずに抑えられる」など，自己主張・実現は「嫌なことは，はっきりいやと言える」「遊びたい玩具を友達が使っている時，“貸して”と言える」「他の子に自分の考えやアイディアを話す」などの行動である。

　図 2-1 は，3 〜 6 歳クラスを担当する保育者に，担当する幼児それぞれの自己抑制と自己主張・実現を 5 段階で評定してもらった結果を示している。自己抑制の評点は 3 〜 6 歳で増加するとともに，いずれの年齢でも女児で高くなっていた。一方，自己主張・実現の評点は 3 歳過ぎから 4 歳半頃までは増加するが，それ以降は横ばいになるようであった。

　日本では，この柏木（1988）による自己制御の二側面（自己抑制，自己主張・実現）に基づき，仮想課題を用いた自己制御行動に関する幼児の認識や，その

認識と実際の行動の関連を検討した研究（伊藤ら，1999；長濱・高井，2011；鈴木，2005），養育者・保育者評定による幼児の自己制御能力と親の養育態度の関連を検討した研究（中道，2013；西野，1990）などが展開されてきた。

　上記のような幼児期の自己制御研究では，情動・欲求の制御を含むものの，主に行動の制御や社会化の影響に焦点を当てていた。しかし，近年の発達研究では行動だけでなく，認知や情動といった内的要因も自己制御の一部として考えている。たとえば，ブレア＆ダイアモンド（2008）は自己制御について「ポジティブな社会的関係・生産性・達成そして肯定的な自己意識に反映されるような，ポジティブな適応・順応の助けとなる情動的・動機的・認知的な覚醒レベルを個人が維持するための，主として意思に基づく認知的・行動的なプロセス」と述べている。このように幼児期の発達研究では，自己制御研究に始まり，現在では情動に関わる自己制御，つまり情動制御を検討するようになってきた。

（2）幼児期の発達研究における情動制御の定義

　幼児期の発達研究において，より狭義での「情動制御」はどのように定義されるのであろうか。ここでは，成人の研究で多く用いられているグロス（Gross, J. J.）の考え方をもとに，幼児期の情動制御の定義を紹介していく。

　グロス（1998）は，情動制御を「個人がいつ，どのような情動を有し，その情動をどのように経験し表出するかに影響を与えるプロセス」と定義し，情動の生起に対応した5つのステップ（状況選択，状況修正，注意の方向づけ，認知的変化，反応調整）からなる情動制御プロセスを提案している。また，情動制御の特徴（Gross, 2014）として，「内在的な制御（例：自分に生じている情動に自分自身で対処する）」と「外在的な制御（例：悲しい情動が生じている際に，他の人に慰めてもらう）」や，「顕在的で意識的な制御（例：不安な場合に，必死に落ち着いて見えるようにする）」と「潜在的で意識的でない制御（例：潜在的に不快な刺激から素早く目を逸らす）」などを想定している（Gross 理論の詳細は序章参照）。

　幼い子どもたちにとって，内在的・外在的な制御の両方が適応的に生活する

ために重要になる。このため，トンプソン（1994）は情動制御を「個人の目標を達成するために，集中的・一時的な特徴を持つ情動的な反応をモニターし，評価し，修正することに関与する外在的あるいは内在的なプロセス」と定義し，外在的な要因による制御を明示している。実際，2～3歳頃の子どもたちはネガティブな情動が生じる場面で，養育者や保育者による支援を受けながら，自らの情動に対処することも多い（金丸・無藤，2004, 2006；田中，2013）。さらに発達研究者の中でも，情動を制御することだけでなく，情動が自分の内的状態や他者・外的環境に与える影響といった「情動による制御」を含む立場もある（Cole et al., 2004）。

　一方，アイゼンバーグ（Eisenberg, N.）は，情動制御の内在的で意識的な側面を強調する。たとえばアイゼンバーグ＆スピンラッド（2004）は，情動制御あるいは情動に関連した自己制御（emotion-related self-regulation）を「感情に関連した生物的あるいは社会的な適応を成し遂げる，あるいは個人的な目標を達成するために，内的な気分状態，情動に関連した生理的反応，注意過程，動機づけ状態，そして情動に附随した行動的反応の，生起・形態・強度あるいは持続期間の，開始，回避，抑制，維持あるいは調整の過程」と定義している。

　このアイゼンバーグの情動制御の定義は，気質の発達研究で行われてきたエフォートフル・コントロール（effortful control）の概念と深く関連する。エフォートフル・コントロールは，気質に由来する意識的な自己制御能力のことで，「計画を立て，エラーを検出するために，優勢な反応を抑制し，非優勢な反応を活性化させるための能力を含めた，実行注意の効率性」（Rothbart & Bates, 2006）と定義され，必要に応じて注意をシフトさせたり，焦点化することや，情報の統合やプランニングに関わる能力を含んでいる。また，このエフォートフル・コントロールは，新奇な状況・刺激に対する恐れや不安によってもたらされるような，わりと自動的な行動抑制（Kagan, 1989）とは区別される。

　情動やそれに関連した行動の自動的（無意識的）な制御は有効な側面もある。しかしながら，幼児期の発達研究では，エフォートフル・コントロールのよう

な意識的で柔軟な制御と，自動的で素早く反応する制御を区別することも必要
となる。たとえばアイゼンバーグら（2014）は，従来の発達研究を概観し，3
つの制御タイプ（過剰制御タイプ，制御不足タイプ，適切な制御タイプ）を提示し
ている。「過剰制御タイプ」は，衝動性が低く，新奇な状況を怖がるなどの自
動的な行動抑制が強く，意識的な制御能力が低い子どもたち，「制御不足タイ
プ」は衝動性が高く，自動的な行動抑制や意識的な制御能力の乏しい子どもた
ち，そして「適切な制御タイプ」は最も柔軟かつ適切に意識的な制御を行える
子どもたちを意味する。過剰制御タイプは，見かけ上，行動を制御できている
ようにみえる。しかしながら，制御不足タイプが外在化問題行動を示しやすい
一方で，過剰制御タイプは内在化問題行動を示しやすい。このため，幼児期の
適応という観点からすると，意識的で柔軟な制御（エフォートフル・コントロー
ル）と，自動的で無意識的な制御を区別することが重要になる。

　上記のように，幼児期の発達研究では情動制御に関わる複数の定義が提案さ
れており，その定義のコンセンサスはまだ得られていない。特に，国内の発達
研究では，「emotion regulation」の訳語（情動制御，情動調整，等）も統一され
ていない。現時点では，自己制御に端を発する研究や内的・意識的な側面を
対象とする研究は「制御」という用語を，養育者や保育者といった外在的な要
因やトドラー期の子どもを対象とする研究は「調整」という用語を用いること
が多いようである。国内での研究の進展のためにも，研究者間でのコンセンサ
スが必要であろう。

3　幼児期の情動制御の発達

　幼児期の情動制御の発達は，大きく「実験的場面での幼児の行動・表情の観
察や生理的指標の測定」「遊び場面での幼児の行動・表情の観察」「幼児の情動
制御の養育者・保育者による質問紙評定」によって検討されてきた。本節では，
それぞれの測定方法や得られた知見について説明していく。

（1）情動に関連した行動の制御の測定

　幼児期の情動制御を測定する手法の一つは，子どもたちに何らかの情動・欲求が生じる場面を設定し，その際の幼児の行動を観察するパラダイムである。代表的な測度の一つは，ウォルター・ミシェルが幼児を対象に行った満足の遅延課題，通称「マシュマロ・テスト」である（Mischel, 2014/2015）。

　マシュマロ・テストでは，まず幼児にマシュマロを含むお菓子のうち，どれが好きかを尋ねる。その後，実験者は幼児の好きなお菓子（例：マシュマロ1個）を机の上に置いて退室するが，その際，実験者は「私が戻ってくるまで待つことができれば，より良い報酬（例：マシュマロ2個）をもらえる」ことを幼児に伝える。そして，このような状況に直面した幼児がどれくらい我慢できるのかを観察する。ある実験では，我慢の仕方などを教えない場合，15分以上我慢できた4歳児はいなかった。また別の実験では，我慢できた平均時間は幼児で6分25秒，小学3年生で11分25秒であった。特に年少の幼児にとっては，目の前のお菓子を食べたい欲求を抑制することは困難なようであった（第7章参照）。

　また類似の測度として，誘惑抵抗課題（Kochanska et al., 1996；Lewis et al., 1989）がある。この誘惑抵抗課題では，子どもたちはその場での誘惑・衝動にかられずに別の作業を行うことや，禁じられた行動を抑制することを求められる。たとえば，実験者は子どもに魅力的な玩具を提示した後，その玩具に触らずに部屋に一人で待つよう指示し，子どもが一人で待っている間に禁止された行動を行うかなどを観察する。ある実験では，このような状況で5分間触らずに待つことのできた子の割合は4歳で47%，5歳で67%であった（Carlson, 2005）。日本で実施された研究でも，通過率は異なるが，幼児期を通しての発達が確認されている（鈴木, 2005；氏家, 1980）。この誘惑抵抗課題は，「特定の行動が禁止されている」「現在と将来の利益の葛藤がない」などの点で満足の遅延課題とは区別され，より他者による抑制と関わる側面を測定している。

（2）情動に関連した表情の制御の測定

　満足の遅延課題や誘惑抵抗課題は，情動・欲求に関連した行動の抑制を主に測定している。これに対して，情動の表情による表出に注目した測度もある。表情表出に関する代表的な測度が，期待はずれのプレゼント課題（Cole, 1986；Josephs, 1994）である。この課題では，複数のプレゼントの中から幼児が最も欲しい物や欲しくない物を事前に尋ねておき，調査者は面接の最後に，幼児が最も欲しくない物をプレゼントする。その際に，幼児がどのような表情を表出し，どのように行動するかを観察する課題である。社会的な表示規則（例：プレゼントをくれた人の気持ちを考慮して，嫌な顔をしない）に沿って，自分の表情や行動を制御できるかを測定している。

　期待はずれのプレゼント課題を用いた研究では，4～5歳頃までにはネガティブな表情や発言を抑制し，ポジティブな情動表出を行えること（Cole, 1986；Josephs, 1994）や，ネガティブな表情を表出したり，ネガティブ情動に関連した行動（例：無礼な発言をする）を行う幼児は，養育者・教師によって「社会的コンピテンスが低い」と評価され（Cole et al., 1994），仲間からの人気がない（Liew et al., 2004）ことが示されている。日本でも，期待はずれのプレゼント課題において適切に情動制御できる幼児は，そうでない幼児に比べて仲間から受容されていることが示されている（Nakamichi, 2017；中澤・竹内, 2012）。

　また，特定の情動語に応じた表情の表出や，物語の主人公の情動を表情で表出することを求めることによって，子どもの意図的な表情表出能力を測定する課題もある。子どもたちは，3歳から「喜び」「驚き」の表出を，4歳ではより多様な表情を意識的に表出できるようになる一方で，5歳頃でも悲しみの表出には困難さをもつことが示されている（Gosselin et al., 2011；Lewis et al., 1987；枡田, 2014）。

　さらに，情動を喚起させる刺激を与え，その際の表情を測定する手法もある。たとえばコールら（Cole et al., 1996；Zahn-Waxler et al., 1995）は，ポジティブな出来事（例：主人公が遊園地に行く）やネガティブな出来事（例：主人公が

デパートで迷子になる）を複数含んだ映像刺激（MISC：Mood Induction Stimulus for Children）を幼児に視聴させ，その際の幼児の表情や生理的指標を測定した。その結果，この MISC の視聴時に表情表出が過度に少ない子や過度に多い子は，表情表出が適度な子より，日常生活での問題行動が多かった。

　上記の研究のように，幼児の情動制御を表情によって捉えることは有効な手法のようにみえる。しかし，日本の子どもの場合，特定の情動を表情で表出しないこと（無表情）や，表情の表出までの潜時が長くなる（表情を抑制しようとする）ことも多い。たとえば中澤（2010）では，日本と米国の幼児を対象に，MISC を視聴しているときの表情を比較したところ，米国の幼児に比べて，日本の幼児は表情での情動表出が少なかった。また，期待はずれのプレゼントを受け取る際，日本や中国の幼児はアメリカの幼児に比べて，ネガティブな表出が少なく，ニュートラルな表情をすることが多く（Ip et al., 2021），そのような傾向は次子より長子の幼児で強い（中道・佐藤，2016）。そのため，日本の幼児の表情の測定には，より注意が必要となる。

（3）幼児の情動に関連した生理的側面の測定

　いくつかの研究では，幼児の情動制御を測定するために，コルチゾールといった交感神経や内分泌活動を反映する指標や，心拍数，血圧，呼吸性洞性不整脈（RSA：Respiratory Sinus Arrhythmia）といった自律神経システムを反映する指標を用いている。たとえば，新奇な状況に対して恐れやすく，行動抑制傾向が強い子どもたちは，そうでない子どもたちと比べて，実験状況等のストレスフルな出来事に対して交感神経が興奮しやすいため，コルチゾールの分泌が多くなる（Kagan et al., 1987）。また，前述の MISC のような情動を喚起する刺激映像を視聴している際の，全体的な心拍数の高さや特定のエピソードに対する急速な心拍数の低下は，養育者によって評定された共感や向社会性の高さと，全体的な心拍数の低さは攻撃や回避の高さと関連することなどが示されている（Cole et al., 1996；Zahn-Waxler et al., 1995）。

　さらに，少数だが，脳波計や近赤外分光装置（NIRS）を用いて，情動制御

に関連する脳活動を検討した研究もある。たとえば，養育者によって恐れやすいと評価される幼児ほど，怒り表情を提示された際に前頭皮質の N2 と呼ばれる事象関連電位の振幅が大きく，潜時が短い，つまり敏感に反応する（Lewis et al., 2007）。また，前述のマシュマロ・テストのように，「大きな報酬（例：シール4枚）を得るために，すぐに得られる報酬（例：シール1枚）への欲求を制御する」場面において，幼児でも外側前頭前野の活動が強くなる（Moriguchi et al., 2018）。

（4）遊び場面での幼児の情動制御の測定

　幼稚園・保育所での自由遊び時間といった自然な遊び場面での観察や，子どもにゲームなどの一定の遊びを行ってもらい，その際の様子を観察する構造的な遊び場面での観察を用いて，幼児の情動制御を測定した研究もある。たとえば，自由遊び時間に他児との葛藤などによってネガティブな情動が生じた際，そのネガティブな情動を制御せずに表出している幼児ほど，教師から「友達をうまく作れ，社会的に適切な行動ができる」と評価され，同じクラスの幼児から友達として選択されやすい（Denham et al., 2003；Fabes & Eisenberg, 1992）。また，「パズルなどの特定の活動に対して取り組んでもらう」といった構造的な遊び場面の観察において，子どもが一人で活動に取り組む持続性の長さは，養育者によって評定される外在化問題行動の少なさと関連する（Eisenberg, Cumberland et al., 2001；Eisenberg, Gershoff et al., 2001）。

（5）養育者・保育者による幼児の情動制御の評定

　幼児の情動制御に関する代表的な評定尺度は「子どもの行動調査票（CBQ：Children's Behavior Questionnaire）」である（Ahadi et al., 1993；Rothbart et al., 2001）。CBQ は，3〜7歳児の気質を測定するために考案された195項目からなる質問紙で，「外向性／高潮性（extraversion/surgency）」「ネガティブな情動性（negative affectivity）」「エフォートフル・コントロール（effortful control）」といった，気質の3つの側面を想定している。「外向性／高潮性」は，強い刺

激への好み・活動水準・衝動性などの下位次元から構成され，主にポジティブな情動に関わる。「ネガティブな情動性」は，不快さ・怒り／フラストレーション・悲しみ・なだめやすさ／反応性の低さといった下位次元から構成され，主にネガティブな情動に関わる。「エフォートフル・コントロール」は注意の焦点化・抑制的なコントロール・注意の転換などの下位次元から構成され，主に自己制御に関わる。CBQ はその日本語版（Kusanagi, 1993）や日本語短縮版（草薙・星，2017）なども作成されており，気質の3つの側面の存在が様々な文化・社会において確認されている。

4　幼児期の情動制御に関わる諸側面の発達 ─────────

　情動を適切に制御するためには，感じている情動の内容やその状況でどのような情動を表出する必要があるかについて理解することや，効果的に情動を制御するための方略が必要とされる。本節では，それらの情動制御と関連する諸側面の発達を説明する。

（1）幼児期の情動とその理解の発達

　情動制御は，情動の生起プロセスと相互に関連する（Gross, 1998, 2014）。また，自分自身や他者の情動を理解することは，情動に適した対処方略を選択・実行することや，ある状況で適切に行動することにつながる（Saarni, 1999/2005）。

　ヒトは乳児期から様々な情動を経験・表出している。たとえばルイス（Lewis, 2016：図2-2）によれば，誕生時から1歳になるまでに，子どもたちは「喜び」「怒り」「興味」「恐れ」「嫌悪」「悲しみ」といった基本的な情動を示す。その後，1歳半〜2歳頃に自己意識が成立し，自己と他者の区別が明確になるとともに，他者から見た自分を意識することで生じる「恥ずかしさ」，自分と他者を比較して生じる「羨望」，他者の情動への気づきから生じる「共感」といった情動を示すようになる。さらに，2歳半〜3歳にかけて，基準・ルール

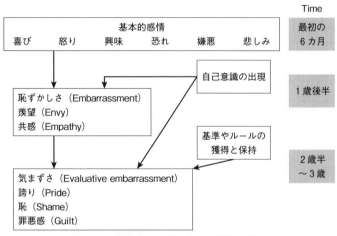

図2-2　誕生後3年間における情動の発達

出所：Lewis, 2016に基づき作成

の理解に伴い，その基準・ルールと自己を比較して生じる情動を示すようにな
る。たとえば，自分の行動が他者の注目や非難を浴びてしまう状況で生じる
「気まずさ」「恥」「罪悪感」，自己や他者の考えていた基準に達していた場合に
生じる「誇り」などの情動である。

　このように幼児期までに，子どもたちは様々な情動を経験・表出するよう
になっているが，この情動の生起には個人差が存在する。幼児期の情動の個
人差に影響を与える要因の一つは，生得的な気質である（Posner & Rothbart,
2007/2012）。たとえば，「新奇な人物・事物などに対して臆しやすい」といっ
た気質的な行動抑制傾向の個人差は生後4カ月からみられ，乳児期の行動抑制
傾向の高さは，幼児期はもちろん，児童期や青年期における馴染みのない状況
でのネガティブな情動の強さなどと関連する（Kagan et al., 2007）。

　この自己の情動経験とともに，自他の情動理解も進んでいく。たとえば，子
どもたちは2歳頃から「嬉しい」「悲しい」「怒っている」といった感情語・心
的状態語に対応する表情を同定することが可能になり始め，5歳頃までにそれ
らの情動語と自己や他者の表情をかなり正確に対応させることができる（菊池,
2004；櫻庭・今泉, 2001）。また，子どもたちが喜び・怒り・悲しみ・驚き・恐

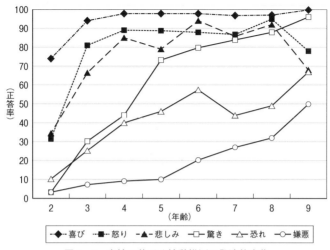

図 2 - 3　表情に基づく情動推測の発達的変化

出所：Widen, 2013に基づき作成

　れ・嫌悪それぞれの表情が表している感情を同定するよう求められた場合，3
～ 4 歳頃までに喜び／怒り／悲しみの感情を，それらに加えて 5 歳頃までに驚
きの感情を同定できるようになる（Widen, 2013；図 2 - 3 ）。そして，5 歳頃に
は「状況や文脈」（菊池, 2006；Pons et al., 2004；笹屋, 1997）や「姿勢」（中道,
2019；Nelson & Russell, 2011）といった表情以外の手がかりに基づいて他者の
感情を推測できるようになり始める。

　さらに，これらの幼児の情動理解は，彼らの現実場面での情動制御と関連し
ている。たとえば，情動に関する理解の高さは，自由遊び場面でのネガティ
ブ情動の少なさや仲間との関係の良さ（Denham, 1986；Denham et al., 1990），
そして期待はずれのプレゼントを受け取った際に失望を隠す行動と関連する
（Carlson & Wang, 2007；Hudson & Jacques, 2014）。

（ 2 ）表示規則や「情動を隠すこと」に対する認識

　ある状況でどのような情動を表出するかは，それぞれの文化・社会である
程度の合意がある。その文化・社会における情動表出の適切性を決定してい

るルールは，表示規則（ディスプレイ・ルール）と呼ばれる。第３章（児童期）でも紹介されているように，この表示規則に関する代表的な発達研究として，サーニ（1979）は，6，8，10歳の子どもを対象として，「期待はずれのプレゼント」を貰うなどの物語を提示し，その際の主人公の本当の情動や表出する情動を尋ねた。その結果，6，8歳児より10歳児での課題成績が良かった。

　また，ポンスら（2004）は，表示規則に関する課題を含めた TEC（Test of Emotion Comprehension）と呼ばれる情動理解に関するバッテリーを３〜11歳に実施した。その結果，大きく３つの発達段階が見出され，5歳頃から「過去を思い出すことによって情動が喚起されること」を，7歳頃から「信念や欲求によって生起する情動が異なること」や「ある状況では本当の情動を隠す場合があること」を，9歳頃から「情動を制御する方略」や「情動の多重性」を多くの子どもが明示的に理解していることが示された。前述のように，幼児期の子どもたちは現実場面において行動や表情を制御しているものの，彼らがメタ認知的な知識を明確にもつのは，もう少し後のようである。

（3）「情動制御の方略」に対する認識とその発達

　われわれは，ネガティブな情動をもたらす状況あるいはストレスフルな状況に直面したとき，その状況に対処するために様々な方略（コーピング方略）を用いている。たとえば，その状況での問題を解決する，気持ちを落ち着けるように自分に言い聞かせる，気を紛らわせる，その場から立ち去るなどのコーピング方略を用いることは，ネガティブな情動を低減させ得る。子どもたちは，2歳頃から自己への慰めや身体的な心地よさを得るために探索を行い，3歳頃にはエフォートフルな注意の再方向づけ（例：意図的に自分の気を紛らわせる）を行い始め，5〜6歳頃には思考や目標を変えるといった認知的変容に関わる方略を使用する（Cole et al., 2011；Davis et al., 2010；Graziano et al., 2011；金丸・無藤, 2006）。さらに，このようなコーピング方略は，その後の成人期までの長期にわたり発達する（表2-1）。

　また幼児期を通して，子どもたちはこれらのコーピング方略のレパートリー

表 2 - 1　コーピング方略の発達的な変化

年齢時期	問題解決	慰め	気紛らわし	逃避	情報探索
乳児期 (誕生-18カ月)	・努力する ・反復する ・練習する	・養育者への懇願 ・近くの探索 ・身体的な自己慰め(例：指しゃぶり，体をなでる)	・魅力的な対象の注視 ・養育者による気紛らわし	・視線回避 ・養育者に合図する	・社会的参照 ・観察する
就学前期 (2-5歳)	・手段的行為 ・手段的援助の要請	・行動を伴う自己慰め(例：ブランケットを持つ) ・慰めを求める	・行動的な気紛らわし(他のことをする)	・その場から離れる(行動的な離脱)	・情報を尋ねる
児童期中期 (6-9歳)	・戦略を練る ・別の心的手段 ・修正／修復する	・言語的な励ましを通した自己への慰め	・認知的な気紛らわし(他のことを考える)	・心理的な離脱	・他者の経験から学ぶ ・社会的比較
青年期前期 (10-14歳)	・プランニング ・自己調整学習(勉強する，リハーサルする)	・ポジティブな未来の状況を考える	・気を紛らわす活動を計画する	・潜在的なネガティブ状況を避ける	・情報の自立的な探求(例：本を読む)
青年期 中期-後期 (14-22歳)	・予防する ・多数の活動を調整する	・視点を広げる ・下方に向けての社会的比較	・瞑想(寛いだ状態を導く)	・どの状況へ関与するかを決める	・多数の情報源からの情報の統合

出所：Zimmer-Gembeck & Skinner, 2011に基づき作成

を拡大させ，それらを柔軟に使用できるようになっていく。たとえば，3歳児に比べて4歳児は欲求不満時に幅広い様々なコーピング方略を使用し(Stansbury & Sigman, 2000)，3～4歳児より5～6歳児は多くの方略の選択肢をあげることができる (Sala et al., 2014)。そして，幼児でもこれらのコーピング方略をある程度柔軟に変更することができる (Parsafar et al., 2019)。

　さらに，これらのコーピング方略の理解は，行動上の情動制御とも関連する。たとえば，誘惑抵抗課題の際に，実験者が幼児に情動制御方略(例：玩具から目を逸らすこと，気を紛らわすこと，「触ってはダメ」と自己教示すること，など)を教授することは，違反の回数を減少させたり，我慢する時間の増加をもたらす (Mischel, 2014/2015；光富，1991；氏家，1980)。また，3，4歳児において，悲しみ・怒りに対する効果的な方略の理解の程度は，「玩具が入った箱が開かない」といった怒りを誘発する場面での取り組みへの持続性の長さや別の対処

方略の産出と関連する（Cole et al., 2008）。

5　幼児期の情動制御を可能にする基盤

　前述のように，幼児期には情動自体やその対処方略などの認識が発達し，内在的で意図的な情動の制御が徐々にできるようになっていく。本節では，この情動制御の発達を可能にしている基盤について説明する。

（1）実行機能

　実行機能（executive function）は，ある目標を達成するために思考・行動を制御する能力で，「抑制機能」「ワーキングメモリ」「切り替え」といった，3つの側面をもつ。実行機能については第7章で詳細に説明されるが，ここでも特に幼児期の情動制御に関連する点を紹介する。「抑制機能」は，目標達成と関係のない不適切な情報や衝動的な反応を抑制する能力である。「ワーキングメモリ」は，ある情報を処理しながら，必要な情報を覚えておく能力である。「切り替え」は，思考や行動を柔軟に切り替える能力である。近年では，この実行機能が認知的な制御（Cool-EF）だけでなく，情動的な制御（Hot-EF）にも関わると想定されている（Zelazo & Carlson, 2012；Zelazo & Müller, 2002）。

　実行機能の3つの側面は，それぞれ異なる課題によって測定される。まず抑制機能に関する代表的な測度はストループ様課題である。たとえば昼-夜課題（Gerstadt et al., 1994）では，「太陽」の絵や「月」の絵を幼児に提示し，それぞれの絵とは逆さまの言葉を言うように幼児に求める（例：太陽の絵に「夜」，月の絵に「昼」と言う）。幼児がこの課題に正しく反応するためには，それぞれの絵から喚起される情報を抑制しなければならない。

　次にワーキングメモリに関する典型的な測度の一つは，数字あるいは単語の逆唱課題である。この課題では，調査者が読み上げた数列・単語を，読み上げた順番とは逆の順番で答えるように幼児に求める（例：調査者が「3，5，7」と言った場合，「7，5，3」と答える）。幼児は正しい反応のために，必要な情

表2-2　実行機能課題の通過率

	3歳前半	3歳後半	4歳前半	4歳後半	5-6歳
昼-夜課題	50%	47%	48%	68%	—
		(昼-夜課題での通過基準：正反応が16試行中12試行)			
数字逆唱	9%	17%	37%	69%	
			(数字逆唱での通過基準：3桁以上)		
DCCS	10%	25%	48%	76%	—
		(DCCSでの通過基準：正反応が3試行中3試行)			

出所：Carlson, 2005に基づき作成

報を覚えておくと同時に，求められた情報の処理を行うことが必要になる。

　さらに，切り替えの測度として DCCS（Dimensional Change Card Sort ; Zelazo et al., 1996）課題がある。DCCS 課題では，色と形の組合せが異なる事物（例：「黄色の車」「緑色の車」「黄色の花」「緑色の花」）が描かれたカードを幼児に提示する。最初は，カードをいずれかの属性（例：色）に基づいて分類してもらう。そして途中で分類の仕方（ルール）を変更し，カードを異なる属性（例：形）に基づいて分類してもらう。この課題では，幼児がルールに従って，柔軟に反応を切り替えることができるかを測定している。

　表2-2は，上記3つの課題の遂行の発達的変化を示している。表2-2の数値は，各課題の通過基準を満たした幼児の割合（通過率）である。各課題の通過率が示すように，幼児期を通して実行機能の能力は向上していく。また，これらの課題は幼児期の終わり頃には天井効果を示す場合も多いため，近年ではより長期的に発達を検討できるツールも開発されている（Zelazo et al., 2013）。さらに文化比較の研究では，日本と米国の幼児の抑制制御課題の遂行（風間ら，2013）や，日本とカナダの幼児の DCCS 課題の遂行（Moriguchi et al., 2012）に違いはないことなどが示されている。

（2）エフォートフル・コントロールと実行的注意

　ロスバートらは，エフォートフル・コントロールの基盤として「実行的注意システム」を想定している（Posner & Rothbart, 2007/2012）。実行的注意システムは「対立する反応が求められる場合でも，目標に沿った行動の継続性を保

つ」(Posner & Rothbart, 2007/2012) ための注意システムであり，乳幼児期で
は主に空間葛藤課題やフランカー課題によって測定される。

　空間葛藤課題 (Rothbart et al., 2003) では，子どもたちは画面上の左右いず
れかの側にターゲット刺激（例：リンゴの絵やミカンの絵）を提示され，右手
側・左手側それぞれのボタン（例：右手側に「リンゴの絵のあるボタン」，左手側
に「ミカンの絵のあるボタン」）のうち，ターゲット刺激に一致するボタンを押
すよう求められる。この際，ターゲット刺激とボタンが同じ側にある場合（一
致試行：たとえば，ミカンの絵が画面左側に提示される）と，ターゲット刺激とボ
タンが異なる側にある場合（不一致試行：たとえば，リンゴの絵が画面左側に提
示される）がある。このため，不一致試行において子どもたちはターゲット刺
激と同じ側のボタンを押すことを抑制し，絵の内容に基づいて反応することを
求められる。この空間葛藤課題は主に2～3歳の子どもたちに用いられ，2歳
児は不一致試行で特に誤った反応を示すが，3歳児はかなり適切に反応できる
ようになる（2歳児の正答率：一致試行＝69.1％，不一致試行＝53.9％；3歳児の
正答率：一致試行＝90.1％，不一致試行＝80.3％）。

　フランカー課題 (Rueda, Fan et al., 2004；Rueda, Posner et al., 2004) では，
子どもたちは画面中央に一列に並んだ魚5匹を提示され，その中央にいる魚
が左を向いているか，右を向いているかを答えるよう求められる。その際，中
央の魚と周りの魚がすべて同じ方向を向いている場合（一致試行）と，中央の
魚と他の4匹が逆の方向を向いている場合（不一致試行）があった。この課題
では，4歳から7歳にかけて急激な遂行の向上がみられ，10歳児の遂行は成人
と同程度であることが示されている（一致試行の正答率：4歳＝89.4％，7歳＝
94.6％，10歳＝98.7％，成人＝99.5％；不一致試行の正答率：4歳＝77.1％，7歳
＝93.9％，10歳＝96.6％，成人＝97.9％）。

（3）実行機能とエフォートフル・コントロールの共通点・相違点

　実行機能が認知的側面に加えて情動的側面を含むようになったこと，エ
フォートフル・コントロールの概念やその実験的な測定方法が実行機能の概

念・測定方法と類似していることなどから，発達研究において両者の概念の混同が起きている（森口，2015）。たとえば，実行機能とエフォートフル・コントロールは「目標に達するための注意を管理し，プランニングやエラー検出に関与する」「前頭葉に生理学的基礎を置く」「抑制制御を含む」などの共通点をもつ。その一方で，それぞれの研究の歴史的な背景に加え，「実行機能と比べ，エフォートフル・コントロールは『情動の調整』を基盤的な要素と見なす」「実行機能はワーキングメモリの要素を含む」「実行機能と比べ，エフォートフル・コントロールは副交感神経系の役割を想定する」などの相違点がある（Eisenberg & Zhou, 2016）。今後の幼児期の発達研究では，これらの概念的な違いを踏まえた研究の展開が期待される（両者の関連の詳細は第7章を参照）。

6 幼児期の情動制御と適応

　幼児期の情動制御は，幼児期の適応はもちろん，小学校就学以降の適応とも関連している。本項では，幼児の情動制御と適応の関連を説明するとともに，その情動制御の発達をどのように支えるかについて説明していく。

（1）幼児期における情動制御と適応の関連

　幼児期の情動や情動に関わる行動の制御は，同時期の適応と関連する。たとえば欧米の研究では，情動制御能力の低さが，幼稚園・保育所や家庭における外在化問題行動や内在化問題行動の多さと関連することが示されている（e.g. Eisenberg, Cumberland et al., 2001；Eisenberg, Gershoff et al., 2001）。欧米と同様に日本でも，幼児の情動や欲求を制御する能力は幼稚園・保育所での仲間からの受容（Nakamichi, 2017；中澤・竹内，2012）や問題行動（大内ら，2008）と関連する。たとえば，養育者によって評定された幼児の情動的な抑制能力の低さは，保育者によって評定された園での攻撃行動や不注意・多動行動の多さと関連する（大内ら，2008）。

　このような幼児期の適応と情動制御の関連を捉えるうえで，クリック＆ドッ

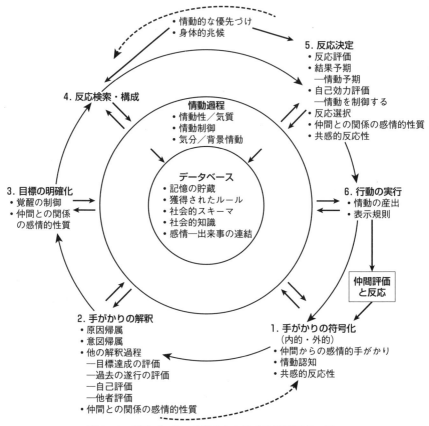

・情動的な優先づけ
・身体的兆候

5. 反応決定
・反応評価
・結果予期
　―情動予期
・自己効力評価
　―情動を制御する
・反応選択
・仲間との関係の感情的性質
・共感的反応性

4. 反応検索・構成

情動過程
・情動性／気質
・情動制御
・気分／背景情動

データベース
・記憶の貯蔵
・獲得されたルール
・社会的スキーマ
・社会的知識
・感情―出来事の連結

6. 行動の実行
・情動の産出
・表示規則

3. 目標の明確化
・覚醒の制御
・仲間との関係
　の感情的性質

**仲間評価
と反応**

2. 手がかりの解釈
・原因帰属
・意図帰属
・他の解釈過程
　―目標達成の評価
　―過去の遂行の評価
　―自己評価
　―他者評価
・仲間との関係の感情的性質

1. 手がかりの符号化
（内的・外的）
・仲間からの感情的手がかり
・情動認知
・共感的反応性

図2-4　情動プロセスを統合した社会的情報処理モデル

出所：Lemerise & Arsenio, 2000に基づき作成

ジ（1994）の社会的情報処理モデルや，そのモデルに情動プロセスを統合した
レメリス＆アセニオ（2000）のモデルが参考になる（図2-4）。このモデルに
基づけば，ある社会的な状況（問題）に直面した子どもたちは，最初にその状
況内の社会的な手がかり（他者の表情，声の大きさ，等）を「符号化」（ステップ
1）し，その得られた手がかり情報を「解釈」（ステップ2）した後，その解釈
に基づいて，その状況でどのような解決を行うかの「目標の明確化」（ステッ
プ3）を行う。そして，子どもたちはその目標達成のために適切な反応を長期

記憶の情報の中から「検索・構成」（ステップ4）し，その検索された情報の中から最も有効で実行可能な反応を選択して「決定」（ステップ5）して，最終的に選択した反応を「実行」（ステップ6）する。

　さらに，それらのすべてのステップにおいて，その状況で喚起されている情動やその制御，そして相手との感情的なつながりなどの情動的な要素といった情動過程が関わる。つまり，ネガティブな情動の喚起されやすさやその情動を制御できないことは，いずれかのステップ，あるいは複数のステップでの不具合をもたらし，結果として不適応的な対人行動や仲間関係における問題につながっていると想定されている。たとえば，仲間からの人気が低く，教師によって攻撃的と評価された子どもは，ネガティブな情動を喚起された場合に，「相手が敵意をもって行動した」と解釈しがちで，相手に対して攻撃的な反応を選択することが多い（Dodge & Somberg, 1987）。また，ポジティブな情動の制御も日常生活での適応には必要とされ（例：静かにする場面で，友人がふざけた顔をしたときに，笑いをこらえる），ポジティブな情動の生じやすさやそれを制御できないことは，学齢期での注意欠如傾向や問題行動とも関連する（Forslund et al., 2016）。

（2）幼児期の情動制御の就学以降の適応への影響

　近年，幼児期の情動制御が注目されている理由の一つは，それらが後の適応を予測する要因であるようにみえるためである。前述のミシェル（Mischel, 2014/2015）は，マシュマロ・テストに参加した幼児が青年・成人になるまでを追跡調査した。その結果，幼児期のマシュマロ・テストで我慢できた時間の長さは，青年期や成人期の様々な認知的・社会的な能力や適応状態を予測した。たとえば，幼児期に我慢できた時間の長かった人は時間の短かった人と比べて，米国の大学進学適性試験（SAT）において平均で210点高かった（英語・数学の2教科で1600満点）。また，幼児期により長く我慢できた人は，成人期での対人的な適応性があり，肥満指数も低かった。さらに，アイゼンバーグによる一連の研究によれば，幼児期のエフォートフル・コントロールが後の学齢期の外在

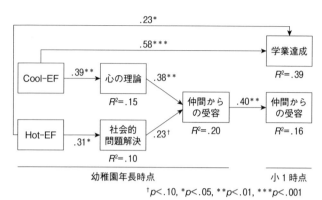

図2-5　幼児期の認知的・情動的な制御が小学校1年生時点での
学校適応に及ぼす影響

出所：Nakamichi et al., 2021aに基づき作成

化問題行動や内在化問題行動を予測し（Eisenberg et al., 1997；Eisenberg et al., 2005；Eisenberg et al., 2004），4〜8歳時点のエフォートフル・コントロールの高さは，6〜10歳時点の外在化問題行動の低さを介して，10〜14歳時点の学業達成の高さと関連した（Valiente et al., 2011）。

　これらの欧米の多くの研究が，幼児期の情動的な制御が後の適応に及ぼす影響を示している。日本でも，幼児期の情動制御が後の適応に及ぼす影響に関する研究が徐々に進められている。筆者らの研究（Nakamichi et al., 2021a）では，幼稚園の年長時点での認知的な制御（Cool-EF），情動的な制御（Hot-EF），心の理論，社会的な問題解決それぞれが，同時期や後の適応に及ぼす影響を検討している。心の理論の能力は「他者の行動の背後にある心的状態を推測する能力」，社会的問題解決の能力は「対人場面において，その状況に適した行動を選択する能力」のことである。たとえば，幼児期の認知的・情動的な制御は心の理論や社会的問題解決を介して，同時期の仲間関係の適応（仲間からの受容）を予測するとともに，小学校1年生時点での学業達成を直接的に予測した（図2-5）。さらに，それら幼児期の認知的・情動的な制御は，小学校4年生時点での学業達成へのポジティブな間接効果を有していた（Nakamichi et al., 2021b）。

　これらの研究は，日本でも幼児期の情動に関わる制御能力がスクール・レディネスの一つになっていることを示している。しかしながら，欧米に比べて日本での研究は少ない。幼児期の情動制御が後の適応に及ぼす影響に関する，さらなる研究が求められている。

（3）幼児期の情動制御の発達の支援

　子どもたちが適応的に生活できるように，幼児期の情動制御の発達をどのように促し，支えるかが教育的な課題の一つとなる。モンテッソーリ教育（伝統的な教育カリキュラムの一つ）や Tools of the Mind（ヴィゴツキー理論に基づく，遊びを中心とした教育カリキュラム）などを含めた，いくつかの教育実践は，情動制御を含めた自己制御の発達に効果的である可能性が示されている（Diamond & Lee, 2011）。また，そのような教育実践は以下のような特徴を含んでいる（Diamond, 2012）。①実行機能を働かせるのを手助けし，より高いレベルへの挑戦を促している。②保育室・教室内でのストレスを減らしている。③人前での恥ずかしい思いを子どもにあまりさせない。④子どもの喜び，プライド，自信を培っている。⑤能動的で実用的な取り組みを行っている。⑥活動の進捗度合いの異なる子どもに余裕をもって対応している。⑦学業的能力の向上だけでなく，人格形成も重視している。⑧話し言葉を重視している。⑨子ども同士で教え合いをさせている。⑩社会的スキルや人との結び付きを育成している。

　また，幼児期の情動制御の発達は，教育実践だけでなく，「家庭の情動的雰囲気（例：養育者がポジティブな情動を表出する）」や「情動が引き起こされた経験について子どもと養育者で共に語ること」といった，家庭での活動によっても支えられている（久保, 2010）。そのため，情動制御のつまずきを示す幼児に対する支援は，保育者・教師による教育実践とともに，対象の子ども自身や養育者に対する介入を含めた，包括的なアプローチが効果的になる。

　たとえば，情動制御のつまずきを含めた問題行動（例：攻撃，ルール違反，反抗的態度）を示す乳幼児や児童への治療・介入のために開発された IY トレー

ニング（Incredible Years Training Series）では，養育者，子ども，保育者・教師それぞれに対するプログラムを用意している（Webster-Stratton, 2005）。養育者対象のトレーニングは，「子どもとの遊び方」「子どもの励まし方，ほめ方」「子どもへの指示の与え方」「問題の解決方法の子どもへの教え方」「親自身の感情のコントロールの仕方」「教師との協働の仕方」といった内容を含む。また，子ども対象のトレーニングは「自分や他者の感情への気づき」「問題解決の方法」「親切にする方法」「友達と話す方法」等の，保育者・教師対象のトレーニングは「クラスでの行動上の問題の予防や軽減の方法」「子どもとのポジティブな関係の作り方」等の内容を含んでいる。

　もちろん，これらの教育実践や介入プログラムの効果の大きさや持続性はさらなる検証が必要であるし，すべての内容が日本文化に適するわけではない。また，情動制御を含めた自己制御がその子どもの適応に重要な役割を果たすとはいえ，それだけを幼児期に育めばよいわけではない。しかしながら，それらの限界を踏まえつつ，保育者・教師が自分の教育実践を見直し，幼児やその養育者を支援することは，幼児期の子どもたちが心地よく日常を過ごし，その後により適応的に生活していくための一助となるであろう。

第 3 章

児童期の情動制御

平林秀美

　児童期では子どもは学校で過ごす時間が長くなり，抽象的思考などの認知的
発達と，仲間関係の維持や集団・社会のルールを守る規範意識などの社会的発
達の両方の側面が成長する。仲間からだけではなく，養育者や教師などの大人
からの影響も幼児期に引き続き見られる。この章では，まず児童期の子どもが
情動制御についてどの程度理解しているのか，子どもが実際にどのように情動
制御を行うのかについてみていく。次に，情動制御の発達と関連する要因につ
いて検討し，そして児童の情動制御を育む方法について考えていく。

1　児童期の情動制御の発達

　児童期の子どもは，情動制御をどの程度理解しているのだろうか。また，児
童期の子どもは，実際に自分自身の情動の制御をいつ頃からどのように行うの
だろうか。この節では，児童期の情動制御に関する研究についてみていく。

（1）情動制御の理解

①社会的表示規則（情動制御）の理解
　幼児期から児童期にかけて，子どもの社会的表示規則（ソーシャル・ディス
プレイルール）の理解が進み，社会的文脈に合わせた情動制御を行うようにな

る。社会的表示規則とは，文化や社会と結び付いたものであり，ある場面でど
のような情動を表出すべきなのか，あるいは表出すべきではないのかのルール
のことである（Saarni, 1984）。子どもの社会的表示規則（情動制御）の理解を
調べる方法として，情動制御が必要となるような状況（仮想場面）を子どもに
提示し，その場面の主人公がどのような表情をするのか，その表情をするのは
なぜか（理由）を尋ねる研究がある。

　児童期の情動制御の理解の研究のさきがけとして，サーニの研究がある。6
歳・8歳・10歳の子どもを対象に面接を行い，「期待はずれの誕生日プレゼン
トを受け取る」場面や「スケートが上手なことを自慢していたら，転んでし
まった」場面など4つの場面を子どもに提示し，主人公が示す表情とその理由
を尋ねた（Saarni, 1979）。6歳・8歳よりも10歳の子どものほうが，主人公は
「がっかりしたのを隠して微笑む」や「平気なふりをする」など，より多く情
動を制御すると回答した。情動制御の理由としては，関係性の維持（「プレゼ
ントをくれたおばさんの気持ちを傷つけたくない」），自尊心の維持（「スケートを
自慢した後に痛い様子を見せるのは，バカみたいだから」），さらなるトラブルや悪
い結果の回避，役割の制約や規範の維持があげられた。この結果から，児童期
の後半（10歳頃）になると，子どもは情動制御を理解していることがわかる。

　また，本当の情動を制御して別の情動を表出することがあることを，子ども
が理解しているかについて調べた研究もある。他の子どもにからかわれた場面
で微笑んだ主人公が本当はどのような情動であったかを選択してもらったとこ
ろ，課題の正答率は3歳5％，5歳50％，7歳65％，9歳80％，11歳95％で
あった（Pons et al., 2004）。この研究から，児童期中期になると，子どもは本
当の情動を隠して別の情動を表出することを理解していると考えられる。

②情動制御の理由（動機）の理解

　情動制御の理由（動機）の理解の発達について検討したグネップとヘスの研
究をみていく。小学1年生，3年生，5年生，高校1年生を対象に，情動制
御の理由（動機）が異なると想定される場面を提示し，子どもの理解を調べ

た（Gnepp & Hess, 1986）。情動制御の理由（動機）は，相手との関係の維持
や行動規範を維持するための「向社会的動機（prosocial motives）」と，自分に
とって否定的な結果を避け，自尊心を維持するための「自己保護的動機（self-
protective motives）」の 2 つに分け，4 場面ずつ提示した。情動制御の理解の
発達は，学年が上がるにつれて進むことはわかったが，小学 5 年生と高校 1 年
生には発達差がみられなかった。また，児童には向社会的動機に基づく情動制
御のほうが，自己保護的な動機に基づく情動制御よりも早くから理解されるこ
とが明らかになった。

　この結果に対して，場面を統一して情動制御の理由（動機）の部分のみを変
えたシナリオを使用すると，「向社会的動機」と「自己保護的動機」の理解に
は発達的に差がないという研究もある。6 ～ 7 歳児と10～11歳児のいずれも，
両者の動機の理解に違いがないことがわかった（Gosselin et al., 2002）。つまり，
情動制御の理由（動機）にかかわらず，児童期には情動制御の理解が発達する
と考えられる。

③情動の種類による情動制御の違い

　情動の種類によって，情動制御の理解は異なるのだろうか。幼児期ではネガ
ティブな情動の制御のほうが，ポジティブな情動の制御よりも子どもの理解が
早いことが明らかになっている（e.g. Harris et al., 1986 ; Josephs, 1994）。

　児童期の子どものポジティブな情動の制御とネガティブな情動の制御の理解
について検討した研究をみていく。平林・柏木（1993）は，小学 3 年生・5 年
生・中学 1 年生を対象に，物語の主人公がポジティブな情動（うれしい）やネ
ガティブな情動（落ち込み，がっかり，怒り）を制御して，偽りの情動を表出す
るかどうかを尋ねた。子どもは，全体的にポジティブな情動を制御するより
も，ネガティブな情動を制御することが多いと考えていることがわかった。ネ
ガティブな情動制御については，すでに小学 3 年生で多く，小学 5 年生・中学
1 年生も同程度であった。ポジティブな情動制御については，小学 3 年生より
も小学 5 年生・中学 1 年生のほうが多かった。これらの結果から，小学校低学

年ではポジティブな情動制御よりもネガティブな情動制御の理解が早いことが明らかになった。

　さらに，児童期の情動制御について，情動の種類別に検討した研究がある。塙（1999）は，研究参加者と同年齢・同性の子どもが主人公で，様々な情動を経験する物語を作成し，「もし自分がその子だったとしたら，情動をみせるか，みせないか」について尋ねた。ネガティブな情動の種類として，怒り，悲しみを取り上げている。怒り，悲しみ（未知：相手が状況を知らないとき）とも，小学校低学年のほうが小学校高学年よりも情動を表出する（制御しない）ことが明らかになった。そして，怒りは低学年では男子のほうが女子よりも多く表出し（制御しない），悲しみは女子のほうが男子よりも多く表出する（制御しない）ことが示された。

　このように，小学校低学年よりも高学年のほうが情動制御を行うことを理解しているが，情動の種類によって情動制御の男女差がみられた。

（2）情動制御の実際

　子どもが実際に情動制御を行うのは，いつ頃からだろうか。

　小学1年生，3年生，5年生を対象に，調査に協力してくれたお礼としてプレゼントを受け取るときの子どもの様子を観察した研究がある（Saarni, 1984）。初回は魅力的なプレゼント（キャンディなどをきれいに包装したもの）を受け取るが，2回目は期待はずれのプレゼント（赤ちゃん用のおもちゃを包装したもの）を受け取る。プレゼントはその場で開けるように子どもに伝え，その様子を観察した。2回目の期待はずれのプレゼントをもらったときは，小学1年生よりも3年生と5年生のほうが，ネガティブな情動を制御することが多いことがわかった。また，女子は男子よりも，より多くポジティブな情動を表出していることが明らかになった。

　5歳と10歳の子どもを対象に，間違ったプレゼントを受け取るときの様子を観察した研究がある（Tobin & Graziano, 2011）。コール（Cole, 1986）の手続きと同様に，数種類のプレゼントに対して1番好きな物から好きではない物へ順

番をつけ，調査に協力したときのお礼としてプレゼントを受け取るときの子どもの様子を観察した。初回は，1番好きな物をプレゼントとして受け取った。2回目は，最も好きではない物を受け取るが，その後研究者がプレゼントを間違えたことを子どもに伝えて2番目に好きな物をプレゼントとして渡し，子どもの様子を観察した。ポジティブな情動の表出については，5歳と10歳では違いが見られなかったが，女子は男子よりも，より多くポジティブな情動を表出していることが明らかになった。また，ネガティブな情動の表出についても，5歳と10歳では違いが見られず，男女の違いも見られなかった。

　これらの結果から，子どもの情動制御の発達時期には研究によって違いがあるものの，幼児期後期から児童期にかけて情動制御は実際に行われていることがわかる。

　なお，子どもの日常生活での情動制御の測定には養育者や教師による評定も行われており，情動制御チェックリスト（Emotion Regulation Checklist：ERC；Shields & Ciccheti, 1997）が開発されている。ERC は24項目からなり，気分の波の大きさ（Lability/Negativity）や情動表出の適切さ（Emotion Regulation）などを4件法で評定するものである。

（3）相手によって情動制御を変える

　児童期には，相手によって自分の情動を表出したり制御したりを変化させていることが見受けられる。

　小学1年生・3年生・5年生を対象に，怒り・悲しみ・苦痛を感じたときに情動を表出するかどうかを検討した研究がある（Zeman & Garber, 1996）。子どもは，母親や父親に対して情動を表出し，仲間（友人）に対して情動を制御することが明らかになった。子どもは，母親や父親は仲間（友人）よりも情動表出を理解して受容してくれると考えていた。また，子どもが仲間（友人）に対して情動表出を制御する理由として，情動を表出するとネガティブな対人的相互作用が予測されることがあげられた。

　日本でも，塙（1999）は，小学校2年生から5年生を対象に，研究参加者

と同年齢・同性の子どもが主人公で，様々な情動を経験する物語を読ませて，「もしもその子が自分だったとしたら，相手（母親・父親・友人）にどの程度情動をみせるか」について尋ねた。喜び・悲しみの情動は，友人よりも家族（特に母親）に対して多く表出することがわかった。しかし，怒りの情動は，父親よりも友人に対して多く表出することがわかった。

　渡辺（2019）によると，小学1年生から中学3年生を対象に調査を行い，児童期から青年期にかけての家族に対する情動表出の程度を調べたところ，嬉しさ・悲しみ・怒りの情動を，家族に対してありのままに表出せずに隠すようになり（制御し），女子よりも男子のほうがこの傾向が強いことがわかった。家族に対して怒りの情動を表出する程度は，女子は小学3年生がピークであり，男子は小学5年生がピークであったが，男子は徐々に情動を制御することが明らかになった。しかし，女子はどの年齢でも家族に対して怒りを表出した。家族に対して悲しみの情動を表出する程度は，男子・女子ともに小学1年生がピークであり，徐々に情動を制御することが明らかになった。特に，男子は小学5年生以降，家族に対して悲しみを表出する程度が少ない。家族に対して嬉しさの情動を表出する程度は，男子は小学4年生，女子は小学3年生がピークであり，徐々に情動を制御することが明らかになった。ただし，怒りや悲しみに比べると制御の程度は小さいものの，特に男子は，家族に対して嬉しさを表出する程度が少なくなることがわかった。

　これらの研究結果から，情動の種類によって異なるが，児童期の子どもは家族よりも友人に対して情動を制御すること，また家族に対しても徐々に情動を制御するようになることがわかる。

2　児童期の情動制御の方略

　児童期になると，子どもが自分自身で情動の制御を行うようになる。その際の情動制御方略について見ていく。

（1）情動制御の方略の種類

　児童期の情動制御の方略として，情動表出を制御する場合と，情動そのものを制御する場合がある。

　まず，情動表出を制御する方略をみていく。エクマンとフリーセンによれば，情動の表出の仕方には4種類あり，「情動表出の強調化」「情動表出の最小化」「情動表出の中立化」「情動表出の代用」がある（Ekman & Friesen, 1975）。「情動表出の最小化」は，たとえば競争相手に勝ったときに，喜びを抑え，喜びの表出を少なくすることである。「情動表出の中立化」は，いわゆるポーカーフェイスのことであり，情動表出を抑えて平静を装うことである。「情動表出の代用」は，情動を他の情動に置き換えることによって，本当の情動を隠すこと（マスキング）である。これらは情動表出を抑制するものであるが，一方で「情動表出の強調化」のように情動をオーバーに「表出する」ことによって，情動表出を制御する場合もある。たとえば，プレゼントをもらって少しうれしいが，実際に感じた以上にうれしさを表す場合がある。

　また，グロスの情動制御のプロセスモデルでは，情動が生起した後にその情動表出を抑えることを「抑制（suppression）」と言い，反応焦点型情動制御の方略とされている（Gross, 1998）。たとえば，ネガティブな情動を感じた時に，それを表に出さないようにするなどである。

　次に，情動そのものを制御する方略として，反すう，気晴らし，問題解決，認知的再評価があげられる（Aldao et al., 2010）。

　反すうは，過去の出来事や情動に関する反復的思考である。つまり，ある対象に注意を向ける点と，持続的に繰り返し考える点が反すうの特徴である（松本，2008）。たとえば，否定的・嫌悪的な事柄を長い間何度も繰り返し考え続けることなどである（伊藤・上里，2001）。情動制御方略としての反すうは，情動の生起，強度，持続期間，表出に影響する認知・行動プロセスの一つである。したがって，反すうは「抑うつ気分を感じている時に，抑うつの症状，原因，意味，結果に対して，持続的に繰り返し注意が焦点づけられる情動制御方略」

として定義される（松本，2008）。

　気晴らし（distraction）は，不快な情動やその原因となる状況から注意をそらすための行動や認知的活動のことである。つまり，他のことを考える，別の活動を行うことによって，不快な情動や問題から注意をそらすことである。

　問題解決は，不快な情動やその原因となる状況を，意図的に変えようとすることであり，問題解決に向けた行動や認知的活動のことである。たとえば，友人に相談することや，自分で問題解決のための方法を考えることなどである。

　認知的再評価は，不快な情動の原因となる状況や物事の解釈をネガティブではないものとして捉え直すことである。グロスの情動制御のプロセスモデルでは，認知的再評価は，先行焦点型情動制御の方略とされている（Gross，1998）。児童期の認知的再評価については，後ほど取り上げる。

（2）情動制御の方略の自己評価

　情動制御方略について質問紙法を用いて自己評価を行う方法として，情動制御尺度（ERQ：Emotion Regulation Questionnaire；Gross & John，2003）がある。この尺度は，ネガティブな情動への反応として，抑制と認知的再評価について測定するものである。村山ら（2017）は，情動制御尺度（ERQ：Gross & John，2003）（日本語版として ERQ-J：吉津ら，2013がある）と認知的情動制御尺度短縮版（CERQ-short：Cognitive Emotion Regulation Questionnaire-short；Garnefski & Kraaij，2006）を参考に，小学校高学年・中学生用情動調整尺度（ERS-EM：Emotion Regulation Scale for Elementary and Middle School Students）を作成した。小学校高学年・中学生用情動調整尺度（ERS-EM）は，「反すう」（例：いやなことがあったとき，そのことが頭から離れなくなってしまう），「気晴らし」（例：いやなことがあったとき，友だちと遊ぶ），「問題解決」（例：いやなことがあったとき，どうしたらうまくいくかを考える），「認知的再評価」（例：いやなことがあったとき，考え方を変えることで，自分の気持ちをコントロールする）からなり，4件法「ほとんどない」「たまにある」「よくある」「ほとんどいつも」の中から1つ選んで回答してもらうものであった。小学4年生から中学3年生を対象に

調査をした結果,「反すう」「問題解決」「認知的再評価」は女子の得点が高い
こと,「気晴らし」は男子の得点が高いことがわかった。また, 学年が上の子
どもは, どの情動調整方略も得点が高く, なかでも「反すう」は女子のほう
が男子よりも学年が上がるほど得点の上昇が顕著であることがわかった。なお,
子どもの情動調整方略と抑うつとの関連を検討した結果,「反すう」の得点の
高い子どもは抑うつが高いこと,「気晴らし」「問題解決」の得点の高い子ども
は抑うつが低いことがわかった (村山ほか, 2017)。ネガティブな情動にかかわ
る児童期の情動制御方略としては,「気晴らし」「問題解決」が望ましいと考え
られる。

(3) 認知的再評価

　上述のように情動制御の方略としては,「気晴らし」と「問題解決」が望ま
しいと考えられるが, 必ずしもいつも「問題解決」ができるとは限らない。ま
た,「気晴らし」は, 一時的には情動制御に成功するものの, 長期的にみてよ
い方略であるかどうかは検討の余地がある。

　その点「認知的再評価」は, 問題そのものの解決にはならないものの, 問題
から注意をそらすことはなく, 問題に対する自分の認知や解釈を変えること
で, 情動制御を行うことができる。しかし, 児童期後半にならないと「認知的
再評価」を子どもが自発的に行うことは難しいと考えられており, 情動制御方
略について質問紙法を用いて自己評価を行う方法では, これまでは小学4年生
以降を対象に検討されてきた (村山ほか, 2017)。自発的に「認知的再評価」を
行うことが難しい児童期前半の子どもでも, 大人が認知的再評価への足場か
け (scaffolding) を行うことによって, 情動制御を促進する可能性がある。また,
質問紙による自己評価が小学校中学年頃からでないと難しいこともあり, 近年
は生理的指標を用いて, 児童期初めの子どもを対象に,「認知的再評価」によ
る情動制御について検討している。

　日本とアメリカの5歳から7歳の子どもを対象に, 写真を見せながら, そ
の写真についての説明を聞かせたときの子どもの脳波 (ERP：Event-Related

Potentials：事象関連電位）を分析した研究がある（Myruski et al., 2019）。ERP
は，刺激（事象）に対する認知的態度を反映する内因性の電位であり，特定の
潜時（刺激が与えられてから反応が生じるまでの時間）に特徴的な波形成分が出
現する（菅井，2013）。研究に参加したすべての子どもに対して，コップなど
のニュートラルな写真を見せながらニュートラルな説明を聞かせる場合，ヘ
ビなどのネガティブな写真を見せながらネガティブな説明を聞かせる場合
（例：このヘビは毒があって，とても危険です），ヘビなどのネガティブな写真を
見せながら再評価の説明を聞かせる場合（例：このヘビは安全です。歯もないで
す）を実施し，その直後の脳波の変化を測定した。脳波の LPP（Late Positive
Potentials：後期陽性電位）を分析し，子どもが情動制御を行うかどうかを検
討した。LPP は，刺激を提示してから200または300 ms 後に生じる正の事象
関連電位である。情動が生じるとその振幅が大きくなり，情動制御によって
LPP の振幅は小さくなる。

　なお，再評価の説明を聞かせる際に，子どもを次のいずれかの社会的状況
に割り当てた（Myruski et al., 2019）。社会的状況としては，子どもひとり状況
（子どもがひとりで写真を見て，スピーカーから流れる再評価の説明を聞く），養育
者一緒状況（養育者が子どもと同じ空間にいて，子どもは写真を見てスピーカー
ら流れる再評価の説明を聞く），養育者再評価状況（養育者が子どもと同じ空間に
いて，子どもは写真を見て養育者が読み上げる再評価の説明を聞く）の３つの状況
に分けた。

　日本とアメリカの文化のいずれの５歳から７歳の子どもでも，ネガティブな
写真を見せながら再評価の説明を聞かせる場合の社会的状況を比較したところ，
養育者再評価状況と養育者一緒状況は，子どもひとり状況よりも子どもの情動
制御が行われたことがわかった。つまり，養育者が子どもと一緒にいて再評価
の説明を聞く，あるいは養育者が再評価の説明をするなどの支援をすれば，児
童期初めの子どもでも「認知的再評価」の方略によって，情動制御を行うこと
が生理的指標から推察される。

3　情動制御の発達に関する理論と関連要因 ――――――――――

　子どもの情動制御の発達は年齢による違いだけではなく，個人による違いも大きい。この節では，情動制御の発達に関する理論として，情動知能と情動コンピテンスを紹介し，情動制御の発達に関連する要因についてみていく。

（1）情動制御の発達理論

①情動知能

　情動知能（EI：Emotional Intelligence）は，情動の知覚，情動による思考の推進，情動の理解，情動の制御の4つの能力を含むものである（Mayor & Salovey, 1997）。それぞれの能力については，次のとおりである。

　(a)情動の知覚：情動を正確に知覚し，評価し，表出する能力。自分の身体的状況や主観的感情や思考から自己の情動を認識することや，他者の言葉・音声・表情・行動などから他者の情動を認識することが含まれる。

　(b)情動による思考の推進：思考を推進する情動にアクセスするまたは発生する能力。重要な情報へ注意を向けることによって，情動が思考の優先順位をつける。また，情動状態は特定の問題へのアプローチを促し，たとえば幸福感は帰納的推論や創造性を促進する。

　(c)情動の理解：情動や情動的知識を理解する能力。複雑な情動を理解する能力が含まれ，たとえば愛と憎しみを同時に感じたり，恐怖と驚きの結合として畏怖を感じたりするなどである。また，情動の変化について認識する能力も含まれており，怒りから満足へあるいは怒りから恥へ変わるなどである。

　(d)情動の制御：情動や知能の成長を促すために情動を制御する能力。ネガティブな情動を調整し，楽しい情動を高めることによって，自己と他者の情動を管理する能力などである。

　これら4つの能力のうち情動制御の発達に関する能力は，(d)情動の制御が直接的な能力であり，(a)情動の知覚，(b)情動による思考の推進，(c)情動の理解が

情動制御の基礎となる。

②情動コンピテンス

　情動コンピテンスの要素は，情動を引き起こす社会的やりとりの際の自己効力感に必要なスキルである（Saarni, 1999）。情動コンピテンスには8つのスキルがあり，(a)自分の情動状態への気づき，(b)他者の情動を識別し理解する能力，(c)情動とその表出に関する語彙を使用する能力，(d)他者の情動経験に共感的に関わる能力，(e)内的情動状態と外的表出が一致しないことを理解する能力，(f)嫌な情動や苦痛な情動に，自己制御方略を使うことによって適応的に対処する能力，(g)人間関係の中での情動コミュニケーションへの気づき，(h)情動自己効力感の能力，である。

　これらの情動コンピテンスのうち情動制御に関するスキルは，(f)嫌な情動や苦痛な情動に，自己制御方略を使うことによって適応的に対処する能力である。しかし，他のスキルも情動の知覚や情動の理解に関連しており，情動制御の発達に必要なものである。

（2）情動制御の発達の関連要因

①子どもの要因

　情動制御の発達に関連する要因として，子どもの気質（temperament），実行機能（第7章参照），言語発達，他者の情動理解などの子ども自身の要因があげられる。

　子どもの気質と自己制御行動（情動制御を含む）との関連について，検討されている。水野（2018）は，7歳から8歳の第1子の子どもをもつ母親を対象に，ウェブ調査を実施し，子どもの気質と対人場面での自己制御行動（情動制御を含む）について，回答を求めた。ロスバートの児童用気質尺度（TMCQ：Temperament in Middle Childhood Questionnaire）を翻訳したものを用いて，子どもの気質を7件法で評定してもらった。子どもの対人場面での自己制御に関する尺度（18項目）は，子どもが自己制御行動をどの程度するかを4件法で評

定してもらった。子どもの自己制御行動は，「自己主張・自己実現的側面」「わがまま」「自己抑制的側面」の 3 つの下位尺度からなる。「自己主張・自己実現的側面」尺度には “うれしがったり悲しがったりの感情表現を大きく表す” という情動表出の項目が含まれており，「わがまま」尺度には “思いどおりにいかないと，かんしゃくを起こす” という情動制御がうまくいかない項目が含まれており，「自己抑制的側面」尺度には “嫌なことがあっても，感情を爆発しない” という情動制御の抑制の項目が含まれており，いずれの下位尺度にも情動表出とその制御に関する項目が含まれている。研究の結果から，自己抑制的側面（情動制御）と関連する子どもの気質として，抑制コントロール（Inhibitory Control）・活性化コントロール（Activation Control）・注意の焦点化（Attention Focusing）が高く，衝動性（Impulsivity）が低いことがわかった。また，情動制御がうまくいかないことと関連する子どもの気質として，衝動性が高く，抑制コントロール・注意の焦点化が低いことがわかった。情動表出と関連する子どもの気質として，主張性／優位性（Assertive/Dominance）・強度の高い刺激に対する喜び（High-Intensity Pleasure）・衝動性が高く，シャイネス（Shyness）が低いことが明らかになった。

　児童期には他者の情動理解が進み，他者が本当の情動を必ずしもそのまま表出するとは限らないことを理解できるようになる。そして，見かけの情動（表出した情動）が他者に誤った信念を抱かせることもわかるようになり，情動制御の表出的側面も理解する。溝川・子安（2008）は，小学校 1 年生から 6 年生までを対象に，「泣き課題」と二次的誤信念課題（林，2002）を含む質問紙を実施した。「泣き課題」は，課題Ａ：見かけの泣き・だましの意図無，課題Ｂ：見かけの泣き・だましの意図有，課題Ｃ：本当の泣きの 3 つの課題があった。たとえば，課題Ｂ：見かけの泣き・だましの意図有のストーリーは，「①ゴンタくんとヒロエちゃんは，お部屋で遊んでいました。②ゴンタくんは，いじわるをしてヒロエちゃんを困らせようと思い，ヒロエちゃんのおもちゃをこっそり隠してから，お外へ行ってしまいました。③少ししてから，ヒロエちゃんは，おもちゃを見つけました。ヒロエちゃんは，ゴンタくんに謝ってほしかったの

で，泣いているように見せることにしました。④そこに，ゴンタくんが戻って
きました。」であった。「泣き課題」のストーリーの後に，「信念質問：ゴンタ
くんは，ヒロエちゃんが泣いていると思っていますか，それとも，泣いていな
いと思っていますか」，「本当質問：ヒロエちゃんは，本当に泣いていますか。
それとも本当は泣いていないですか」を尋ねた。研究の結果から，見かけの泣
き課題（A，B）については，小学1年生でも大半の子どもが見かけの泣きを
理解できることがわかった。また，二次的誤信念課題については，小学1年生
から4年生にかけて理解が進むことがわかった。さらに，見かけの泣きの理解
と二次的誤信念の理解との間には，性別と学年を統制しても正の関連があるこ
とが示された。

②子どもと関わる人々の要因

　情動制御の発達に関連する要因として，養育者や教師などの大人や，子ども
の仲間など，子どもと直接関わる人の要因が考えられる。

　養育者は，子どもの情動制御に3つのメカニズムを通して影響する（Morris
et al., 2017）。メカニズムのうちの1つは，「養育者の情動制御についての子ど
もの観察」であり，たとえば，モデリング，社会的参照，情動伝染などである。
2つめは「情動に関連する養育者のしつけ」であり，情動のコーチングや子ど
もの情動への養育者の反応などである。3つめは「家族の情動的雰囲気」であ
り，アタッチメント（第8章参照），養育者のしつけスタイル，情動表出性，家
族関係などである。

　アタッチメントが安定している養育者と子どもの関係は，子どもがサポート
を受けていると感じることや，情動的に安全である（たとえば，情動表出が自
由である）と感じることを助け，効果的な情動制御の前提となる。あたたかく
サポーティブでポジティブな養育者のしつけは，明確なルールや制限を伴うこ
とが多いため，家庭の中で期待される情動表出を子どもが知ることを手助けす
る。たとえば，"怒りは OK だけれど，たたくのはダメ"のように，子どもが
社会的に受容される方法で情動を表出することを助け，子どもが何を期待され

ているのかを知ることによって，情動の安全性を増加させる（Houltberg et al., 2016）。一方，養育者の過度の厳しいしつけやコントロール，あるいは寛容な（permissive）しつけは，子どもが情動を制御することを難しくする可能性がある。

　ゴットマンらによる情動のコーチングは，養育者が子どもに情動を教え，問題を解決し，情動のラベルづけをし，子どもを慰めることにより，情動制御の成功を促すとしている（Gottman et al., 1996）。情動のコーチングの反対は，子どもの情動表出を無視したり中傷したり罰することによって，養育者が情動をなかったようにすることである。情動についてコーチングする養育者の子どもは，養育者がコーチングしない子どもよりも，上手に情動を制御する。

③子どもを取り巻く社会・文化の要因

　情動制御の発達に関連する要因として，子どもを取り巻く社会や文化の要因があげられる。子どもの生活している国や文化によって情動を制御する状況や方略が異なる可能性がある。また，同じ子どもであっても，社会的文脈の違いによって，情動制御の仕方を変えることもある。家庭の中や仲間との遊びの中では情動をそのまま表出するが，学校の教室の中では情動制御を行う場合などがある。

　学校の教室の中での子どもの情動表出と学級適応感について，検討した研究がある（利根川, 2016）。小学校 15 校 70 学級の小学 4・5・6 年生とその担任教諭を対象に質問紙調査を実施し，児童が情動表出をすることの効果と学級の情動的雰囲気の効果を同時に分析した。児童用質問紙では，教室の中での自分の情動（喜び，興味，怒り，悲しみ，恐れ）を，学級の中でどの程度表出するかを 4 件法で評定するように求めた。また，居心地の良さの感覚，被信頼・受容感，充実感の下位尺度から成る学級適応感尺度（江村・大久保, 2012）にも，4 件法で評定するように求めた。教師用質問紙では，担任教諭から見たときの学級の児童全体の教室での情動表出の頻度の評定を 4 件法で求めた。マルチレベル分析の結果，学級レベルの情動表出について，ポジティブな情動表出の頻

度が多いと教師が評定した学級では子どもの学級適応感が高く，ネガティブな情動表出の頻度が多いと教師が評定した学級では子どもの学級適応感が低いことが示された。このことから，学級の情動的雰囲気が子どもに影響を与えていることがわかる。また，児童レベルの情動表出について，ポジティブな情動表出の頻度が多い子どもほど学級適応感が高く，ネガティブな情動表出の頻度が多い子どもほど学級適応感が低いことが示された。さらに，児童レベルでは，ネガティブな情動表出の頻度が多い場合でもポジティブな情動表出の頻度が多い場合は，子どもの学級適応感は低くなりにくいことが明らかになった。また，ポジティブ情動をあまり表出しない子どもがネガティブな情動を表出している場合に，学級適応感は低くなることが示された。

　情動表出の頻度が少ないことが，情動制御を行っていることとは必ずしも同じではないが，学級の中でポジティブな情動を抑制することは，子ども自身にとっては適応的ではない可能性が考えられる。

4　児童の情動制御を育む

　児童期の情動制御の発達を促すために，家庭だけではなく小学校での子どもへの支援も試みられている。この節では，児童の情動制御を育む方法として，海外および日本での教育について紹介し，小学校におけるアンガーマネジメント・プログラムの例についてもみていく。

（1）社会性と情動の学習（SEL）

　児童の情動制御を育む方法として，社会性と情動の学習（Social and Emotional Learning：SEL）がある。

　社会性と情動の学習（SEL）とは，子どもや大人が社会性と情動の能力を獲得するために必要なスキル，態度，価値観を発達させる過程である（イライアスほか，1999）。また，小泉（2011）によると，社会性と情動の学習（SEL）は，「自己の捉え方と他者との関わり方を基礎とした，社会性（対人関係）に関す

るスキル，態度，価値観を身につける学習」である。そして，子どもが知識，責任感，思いやりを備えた人になるのを目指している。

　社会性と情動の学習（SEL）は，次の4つの領域に分類されている。①「ライフスキルと社会的能力」は，社会的スキル，セルフ・コントロール，ストレス・マネジメント，問題解決，適切な自己主張などの基礎的で一般的な能力である。②「健康増進と問題防止のスキル」は，薬物乱用防止教育，性教育，非行防止教育などである。③「人生移行，および危機のための対処スキルと社会的支援」は，中学校への進学，転居，死別，保護者の離婚等への対処などである。④「積極的，貢献的な奉仕活動」は，互いに支え合う活動やボランティア活動などである（小泉，2011）。児童の情動制御は，①ライフスキルと社会的能力の領域のセルフ・コントロール，ストレス・マネジメントなどで学習される。

　また，サロヴェイらの情動知能（EI）の概念に基づき，子どもの情動リテラシーを育むものとして，イエール大学のルーラー（RULER）プログラムがある（Brackett et al., 2015）。RULER は，「情動の認識」（Recognizing），「理解」（Understanding），「ラベルづけ」（Labelling），「表出」（Expressing），「制御」（Regulating）の5つのスキルを育むものである。具体的な教材例は，渡辺（2020）に紹介されているので参照のこと。

（2）日本における情動制御に関する教育

①情動制御を育む

　情動制御に関する教育を学校単位で行った例として，兵庫教育大学附属小学校の「人間発達科」の例をみていく。この小学校では，2002（平成14）年度から2007（平成19）年度まで文部科学省の研究開発校として，子どもたちの内省性・社会性・養護性の育成を目指す特設教科「人間発達科」を設置し，その教育プログラムの開発を行った。この「人間発達科」の学習のねらいの一つとして，"児童が様々な人と関わり，相手の感情を読み取ったり，自分の感情を表出したり，コントロールすることができる"があげられている（松村，2006）。

　松村（2006，2008）によると，「人間発達科」の第5学年の学習目標として，

"同年齢との関係では，感情をストレートに表出する乳児とは異なり，感情と表出行動が一致しないことがあることに気づく"，"社会性の発達を乳幼児の遊びの変化などから理解し，感情をコントロールする能力の発達が関与していることに気づく"をあげている。

　実践例として，「人間発達科」の第5学年のテーマ：「感情のひみつを探ろう」をみていく（坂本，2006）。まず，感情と表情とのつながりに気づくために，表情のスライドを見て，どのような気持ちなのかを考え，それがどこからわかるのかを考える。感情と身体反応や行為（表情・言葉・動き）とのつながりにも気づくようにする。次に，乳児の表情のビデオから感情を読み取るワークを通して，発達段階による感情表出の違いに気づかせ，感情の表出をコントロールする力（社会性）が発達していることを理解する。そして，乳児と自分たち（児童）との感情の表し方の違いについて話し合う。感情表出の仕方の違い（赤ちゃんは大きな声で泣くけれど，児童は感情を抑えて泣くことがある）だけでなく，児童は感情を表出する場面を選び，感情表出を我慢するときがあることや，感情を表出する内容の違い（現在の自分の感情のみではなく，想像や過去のことでも感情が生じて表出する）についても，意見が出された。さらに，自分（児童）の感情が強く動いた体験をもとに，感情の生じる理由・感情の種類・感情表出の仕方について考え，乳児と児童とを比較する。心身の成長に伴って，児童の感情をコントロールする力が発達していることを確認する。最後に，感情の表出をコントロールすることの大切さを理解し，大人の感情表出のよさを考えるために，自分たちが感情的になった場面で「身近な大人だったら，どのようにしただろうか」を考えるワークを行い，自分たち（児童）と大人の感情表出を比較する。

②アンガーマネジメント

　アンガーマネジメントは，海外では SEL に組み込まれていることが多い。日本では，アンガーマネジメント・プログラムを学級単位で実施し，その効果を検討している。

　稲田ら（2019）は，小学生に対する1次的支援として，すべての児童を対象としたアンガーマネジメント・プログラムを開発し，その実現可能性に関する実態調査を行った。

　稲田ら（2019）のアンガーマネジメント・プログラムの『いかりやわらかレッスン』は，小学3年生以上を対象として，小学校の授業5回分（1回45分）を想定して開発されており，教材として児童用のワークブックが作成されている（怒りやわらかレッスン作成委員会，2017）。プログラムの第1回：感情の理解では，自分のいろいろな気持ちに気づくことや，気持ちと顔の表情のつながりについて気づくためのワークを行う。第2回：怒り感情の理解とモニタリングでは，自分の怒りの気持ちに気づくためのワークを行う。第3回：怒りのコントロールでは，自分の怒りの気持ちをコントロールするためのワークを行う。第4回：敵意的帰属の修正では，他者が原因で自分に怒りの気持ちが生じたときに，別の考え方を見つけるワークを行う。第5回：アサーティブ・コミュニケーションでは，自分の気持ちや考えを相手にうまく伝えるワークを行う。

　稲田ら（2019）は，アンガーマネジメントの研修会に参加した小学校教員を対象に質問紙調査を行い，アンガーマネジメント・プログラムのニーズと，学級単位でのアンガーマネジメント・プログラムの実施可能性について検討した。アンガーマネジメント・プログラムのニーズは高く，学級全体への実施を希望する教員は約66％，特定の児童個人に対する実施を希望する教員は約87％であった。また，学級単位でのアンガーマネジメント・プログラムの実施可能な時間として，朝の会などの10分程度の時間，特別活動，道徳をあげる教員が多かった。学級単位でのアンガーマネジメント・プログラムの実施可能な時限数として，2時限（約42％）と3時限（約31％）をあげる教員が多かった。これらの結果から，稲田ら（2019）の開発した現在のアンガーマネジメント・プログラムのほかに，2～3回（1回45分）のプログラムや，1回が10分程度のプログラムを開発していく必要が示された。

5　児童期の情動制御の今後の研究 ────────────

　ここまでみてきたように，児童期になると情動制御の理解が進み，情動の種類や相手に応じて情動の制御を変えることや，ネガティブな情動制御への対処方略として問題解決や認知的再評価を行うようになる。

　しかし，児童期の情動制御の研究は，ネガティブな情動を制御することについて主になされており，ポジティブな情動の制御に関する研究は比較的少ない。また，本稿では情動制御の抑制的な側面に焦点を当ててきたが，表出的な側面に関する研究も必要であろう。久保（2018）も指摘しているとおり，情動表出の機能に対する理解の研究が進められつつある。たとえば，怒りの情動表出はネガティブなものではなく，主張的な意味をもち，建設的な機能をもっていることの理解に関する研究がある（平川，2014）。また，ポジティブな情動として捉えられている笑いには，攻撃的な側面があることを理解するようになるとした研究もある（伊藤，2012）。今後は，情動制御の表出的な側面やその機能などの様々な点についても検討していく必要があろう。また，児童の情動制御を育むための教育プログラムの開発とその効果の検証についても，今後のさらなる研究が必要である。児童全体に向けたプログラムに加えて，情動制御が難しい子どもへの介入についても検証を重ねていくことが期待される。

第 4 章

青年期の情動制御

石井佑可子

1 青年期の特徴と情動制御

(1) はじめに

　青年期は情動経験や情動制御の発達において重要な時期である (e.g., Maciejewski et al., 2015)。古典的には「疾風怒濤の時代」(Hall, 1904) と表されてきた青年期だが，この時期になると気分が変動しやすく，特にネガティブなものを中心とした情動経験が強く，多く，高頻度になり (e.g., Riediger & Klipker, 2014 ; Bailen et al., 2019)，情動制御方略が再構築されていく (e.g., Zimmerman & Iwanski, 2014 ; 2018) などのことが報告されている。

　これらは，青年期という発達段階の特徴と密接に結びついていると考えられる。この時期自体の理解を抜きにして青年期の情動制御を論じることはできないだろう。そこで本章ではまず，青年期の特徴について，情動経験および情動制御に関わる側面に焦点を当てて簡単に整理する。そして現在明らかになっている知見を紹介し，結びに代えて青年期の情動制御研究における課題と展望についてまとめたうえで実践介入への示唆についてもふれたい。なお，本章で情動制御とともに情動経験についても述べるのは，情動経験を含む情動的プロセ

スの変化全体を情動制御とみなす立場（Hollenstein & Lanteigne, 2018）や，情動制御と情動経験は不可分とする指摘（Kappas, 2011）があるためである。

（2）青年期：変化のとき

　青年期はあらゆる面で変化が生じる時期である。この時期は第二次性徴出現を指す思春期の到来によって開始するとされているが，第二次性徴を主に支配しているのは性ホルモンである。女子では女性ホルモンのエストラジオールが，男子では男性ホルモンのテストステロンが増加し，身体成熟をもたらす（e.g., 平岩, 2008）。このように，第二次性徴によって生殖のための生物学的な条件が整い始めるわけであるが，それ以外にも心肺や筋組織が成長し，顔つきも大人びたものになっていく（Coleman, 2011）。また，近年の脳神経科学研究の技術向上により，この時期の脳発達についても詳細がわかるようになってきた。サマービルら（2010）は，青年期には感情や衝動を司る扁桃体や腹側線条体などの辺縁系の皮質下が発達する一方で，認知的側面や衝動のコントロールに資する前頭皮質の発達は十分でないという不均衡状態が起きるとしている（Somerville et al., 2010）。そして，この不均衡によって，刺激希求性が高まるが，片や衝動の制御は効きにくくなり，危険な運転・過度の飲酒・無防備な性交渉・非行などといったリスク行動が増えると考えられている（e.g., Steinberg, 2007）。

　身体的な変化に追随して対人関係面にも変化が訪れる。その第一には，親子関係の変化があげられる。青年自身が身体的変化によって自分が大人に近づいていることに気づく一方で，親の側も子どもの性的発達に対して戸惑いや居心地の悪さを感じ，子どもをどう扱って良いか混乱するようになる（Paikoff & Brooks-Gunn, 1991）。これが親子間の葛藤につながった場合，親子双方で関係の再編を図る必要が生じる。そうした中で公平な交渉や議論の機会が多くなり，青年は親との心理的距離を調整し，自律性を獲得していくと想定されている（Coleman, 2011）。

　また，親からの分離・独立は友人への一時的な依存を通して可能になってい

くため，この頃は友人関係への没頭が生じる。青年期の友人関係はより親密に
なり，そのうちの多くが異性を交えた交友関係へと広がっていく。男女取り混
ぜた仲間集団は異性との関わり合いを促進し，青年期中期ではしだいに交際す
るカップル達を含んだより大きく多様で緩いつながりができ始め，後期になる
と排他性が増して，親密な少数の関係（異性関係を含む）に収束していくとさ
れている（総説として Coleman & Hendry, 1999 など）。このようにして青年期の
友人関係は徐々に異性との関わりを含むものになり，恋愛関係をはじめて結ぶ
ものも多くなる（Carver et al., 2003 ; Furman, 2002）。

　ただし，青年にとって，親との関係と友人との関係は単純に優先順位が入れ
替わるわけではない。確かに友人は青年にとってのサポート源となり，友人関
係は青年にとって非常に重要なものになっていくが，これは青年にとっての
親の役割が友人に取って代わられることを意味するのではなく（e.g., Lamb &
Lewis, 2011），そもそも親が子どもの友人関係に対して陰に陽に影響を与える
ことも指摘されている（e.g., Smetana et al., 2015）。そして，たとえ親子間で
の葛藤や意見の不一致が生じたとしても，青年と親との良好な関係がなくなる
ことはないとされている（Coleman, 2011）。また，もちろん友人は青年にとっ
て重要な存在ではあるが，なかには友人関係に不満や悩みを抱える者も存在す
る（e.g., 内閣府, 2019）。さらに，青年期に多くみられるリスク行動は友人関
係志向の強さがそれを促進し得るとの指摘もある（Steinberg, 2007）。

　この時期には個別の対人関係だけでなく，社会的生活の変化も生じる。青年
期になると学校環境が大規模になり，個人的サポートが少なくなることが多い
（Simmons et al., 1987）。これらの対人面・社会面の変化を通して，青年期に
おいては特にネガティブなライフイベントが増えるといわれている（Ge et al.,
1994 ; Larson & Ham, 1993）。

　その他，認知発達に関する側面に焦点を当てると，先述した脳発達の不均衡
はあるものの，青年期には前頭葉の成長に伴って児童期と比べて認知能力が大
きく発達すると考えられている（e.g., 小池, 2015）。ピアジェの発達モデルを
参照すると，児童期後期から青年期にかけては形式的操作期に入る段階で，抽

象的な思考が可能になり（Piaget, 1970/2007），それによって幼少期の自己中心性がなくなっていく（脱中心化）と考えられている。しかしその一方で，青年期（特に早期青年期）には，幼少期とは別の独特の自己中心性があることが指摘されている（Elkind, 1967）。エルキンドの主張に従うならば，青年期になると他者の思考を考慮できるようになるが，その際に青年らは他者が考えていることと，自身が意識していることとの区別をつけるのに失敗する。青年期には自分自身に関心が向かいやすいので，青年らは周りの人も彼(女)ら自身が思っているのと同じくらい，彼(女)の外見や行動を気にしていると考えてしまい，自分は注目の的になっていると感じる。そしてそれが早期青年期の自己意識の高さにつながると解釈されているのである。さらに，青年らは自身の気持ちについて特別視しており，自分自身が感じる気持ちは特別でユニークなものだとも考える。ただし，こうした青年期特有の自己中心性はこの時期の脆弱な自己を支えるものであり（Coleman, 2011），自他の思考を区別することができない傾向は形式的操作が堅固に獲得されていく15，16歳あたりになると消え，自身の気持ちの独自性を過度に見積もる傾向は，エリクソンが前成人期に定めた「親密性」の課題をクリアしていくうちに徐々に減じていくと考えられている。

2　青年期の変化に伴う情動経験・情動制御の特徴

　前節であげた様々な変化は，情動や情動に対する認知的側面へ影響を及ぼし，青年期特有の情動経験・制御傾向につながると考えられる。

（1）身体的変化・脳発達と情動経験・制御

　身体発達が情動経験に及ぼす影響について，青年らは自身の第二次性徴自体への直接的反応としてポジティブなものとネガティブなものが入り混じった気持ちを抱くようになると指摘されている（Paikoff & Brooks-Gunn, 1991）。

　また，性ホルモンとの関連について，エストラジオールを含むエストロゲ

ンが高レベルになると，女性において感情強調効果が現れるといわれている
(Walf & Frye, 2006)。一方，テストステロンは怒りや攻撃の一要因と考えら
れていたり (Kuepper et al., 2010)，男性において感情強調効果がみられたり
(Seidman et al., 2009) する。諸研究の知見は一致しないとの指摘もある (Shiota
& Kalat, 2011) が，性ホルモンは絶対数値ではなく個人内変化が感情に影響す
るので，ホルモンの変化が顕著な青年期において感情の動揺が起きると考える
のは妥当であろう。

　ホルモン分泌の程度を直接測定した研究ではないが，身体的変化に関して，
実年齢ではなく思春期の開始が青年期における情動経験の増加を予測すること
が報告されている (Forbes & Dahl, 2010)。また，バイレンらは10～19歳の青
年と，比較群としての成人期を対象とした研究を収集し，情動経験の頻度・強
度・不安定性・明瞭性についてレビューを行った (Bailen et al., 2019) が，そ
の際に思春期到来の早さ・性的発達の段階との関連についても検討した。それ
によると，まず全般的傾向として，成人期と比較した際，青年期ではポジティ
ブ・ネガティブともに強い情動をより高頻度で経験し，不安定性も高いことが
明らかとなった。性的発達との関連については思春期開始時点で情動が不安定
になることが複数の研究から示唆されている。情動経験の頻度・強度・明瞭性
については一貫した知見が得られていないが，たとえば性的発達がより進んだ
女子はネガティブな情動経験が低頻度になったり，悲しみの強さが男女ともに
性的成熟と関連したりするなどの報告がある（ただし，関連の仕方は研究によっ
て異なる）とまとめられている。情動制御は，制御対象となる情動が強いほど
困難になるという指摘 (Sheppes & Gross, 2012) があることを考えると，この
時期，身体的変化によって強められた情動経験が青年らの情動制御を難しくし
ている可能性も考えられるだろう。

　次に，脳発達との関連について，この時期に発達する大脳辺縁系は情動に関
わる情報を処理する部位なので，ここが大きく変化する青年期は過度に感情
的に，また不安定な情動状態になると指摘されている (e.g., Coleman, 2011 ;
Somerville et al., 2010)。また，前述した辺縁系の皮質下の発達と，前頭皮質の

不完全な成熟という不均衡状態によって感情に左右されやすくなると考えられる。ヘアらは，児童期・青年期・成人期を対象として，指定されたターゲット表情（恐れ顔・幸福顔・穏やかな顔のうちいずれか１つ）の際にはボタンを押し，それ以外の表情には反応しないように指示した go-nogo 課題を用い，課題中の脳活動を fMRI 画像から検討した（Hare et al., 2008）。その結果，青年期では，恐れ顔がターゲットになった課題中の扁桃体活動が児童・成人よりも有意に大きく，（児童期も同様ではあったが，）恐れ顔への反応の際，ボタンを押すまでの時間が成人よりも有意に多くかかっていた。また，青年期において扁桃体と前頭前皮質とのつながりが強いほど，扁桃体活動の馴化（扁桃体の活動が鈍くなる）を促進したことや，特性不安が低い青年であっても扁桃体の活動を鎮めるために前頭前皮質の活動が多大に必要だった（大人の場合は，それほど大きな活動をしなくても扁桃体の活動を抑えることができた）と報告している。筆者らは恐れ課題では，脅威に関連している（本来は回避行動を動機づける）はずの恐れ顔に対してボタンを押すという接近行為をとらなければならないので，情動シグナルに対して通常と逆の反応を強いているとしているが，そうしたある種の制御が必要な課題において成人よりも時間がかかるという結果が見出せたことは，青年期における情動制御の難しさを脳活動の視点から示したといえよう。

　青年期の脳機能と情動制御の関連について，より詳しくは，モレイラら（Moreira & Silvers, 2018）が情動制御を潜在的制御と顕在的制御に分けたうえで整理している。彼らによると，潜在的制御は意識を必要とせず，比較的努力を要しない制御過程である（例として，ハロウィーン用の衣装を店で買おうと物色する際，店内にびっくりするようなコスチュームがあったとしても恐怖を感じない，というような場合が当てはまるとしている。「自分が見た衣装はハロウィーンのお店で見ているものだ」という文脈に情動刺激をあてはめることで，はじめに起きる回避的評価が反射的に制御されるが，この過程は素早く起きて自覚を必要としないからである）。他方，顕在的制御は自身の情動状態を意識的に変化させようとする，故意で努力を要する試みと定義されている（不快な情動を感じるとわかっている文脈を避けるという「状況選択」，情動刺激から注意をそらすという「気晴ら

し」，情動経験を変えるためにそこに関連する刺激の意味を変化させる「認知的再評価」，情動表出を抑制するという「抑圧」などを指すという）。

　彼らはこのような分類に従い，潜在的制御・顕在的制御（ただし，認知的再評価のみを取り上げている）に関連する脳機能およびその発達的軌跡について現在わかっていることから各々の特徴を以下のように示した。まず，制御対象となる情動自体の生成に関わるのが扁桃体である。扁桃体の活動は成人期になると減少するが，青年期時点での扁桃体活動発達はどの制御に焦点を当てるかによって結論が異なっているようだ。モレイラらは，諸研究の結果から，潜在的制御を測定する課題の研究からすると扁桃体の活動は青年期にピークになるが，顕在的制御に当たる再評価から考えると線形に減少することが示唆されるとしている。次に，潜在的制御にのみ関連しているのは前頭前野腹内側部（ventromedial prefrontal cortex；vmPFC）であり，ここは情動価値の表象を更新するために文脈や記憶に関わる情報を使うのに重要な部位と考えられている。そして，前頭前野腹内側部が扁桃体の情動関連活動を調整する形で，扁桃体─前頭前野腹内側部回路が潜在的制御に関わっていることが明らかになっている。前頭前野腹内側部活動が発達段階に応じてどのように変化するのかは諸研究の知見が一致しておらず不明だが，この部位が青年期から成人期へかけての潜在的制御の変化に関わっていることは明らかだとされている。一方の顕在的制御は外側前頭前野（lateral prefrontal cortex；lPFC）と，背内側前頭前野（dorsomedial prefrontal cortex；dmPFC）が支えていることがわかっている。lPFC の中の，腹外側前頭前野（ventrolateral prefrontal cortex；vlPFC）と背外側前頭前野（dorsolateral prefrontal cortex；dlPFC）が多くのトップダウンコントロール過程に関わっており，情動刺激からの気晴らし，情動表出の抑圧，再評価の際に活動している。背内側前頭前野は無数の社会的認知過程に重大な役割を果たしており，再評価の間情動状態をモニターし，再評価の効果がうまくいっているかどうかを判断する役割を担っていると考えられている。顕在的制御の際は，情動刺激に注意がひきつけられた段階で，背外側前頭前野活動が活動して再評価内容や目標をワーキングメモリの中で維持し続け，腹外側前頭前

野活動が適切な再評価を選択するために活動する。再評価が選択されると背外側前頭前野が腹外側前頭前野に抑制されて一連の過程が終了する。そしてその間，背内側前頭前野は再評価過程の進行をモニターしていると考えられている。顕在的制御に関わる脳発達研究は少ないが，背外側前頭前野と腹外側前頭前野活動はともに発達に応じて上昇していくことがわかっている。また，予備的調査からすると背内側前頭前野は青年期にピークを迎えると推察されている。そしてその表れとして年長になるほど認知的な用語を多用して自身の情動を表現することができるようになり，それがより複雑な情動経験につながっていると考えられている。このように，種々の研究の結果から，腹外側前頭前野・背外側前頭前野・背内側前頭前野の成熟が再評価の発達を支えていると示されている。また，潜在的制御と顕在的制御の関係については，扁桃体―前頭前野腹内側部の回路の方が外側前頭前野と背内側前頭前野よりも早く発達するようだということがわかってきたため，潜在的制御が顕在的制御の足場かけになっている可能性が考えられるとしている。

　モレイラらは情動制御に関わる脳発達についてはここ20年の間に様々なことが明らかになってきたとしているが，一方で脳発達には個人差があることから今後は個人内の発達軌跡を捉える縦断研究が望まれるとも述べている。

（2）対人関係・社会的生活の変化と情動経験・制御

　先述のとおり，青年になると対人関係をはじめとして外界の状況が変化し，ネガティブなライフイベントも増加する。親との葛藤や，彼らにとって重要な友人関係に関する悩みは，怒りや不安を多く経験することにつながるかもしれない。実際，養育者との関係について，米国の高校でラテンアメリカ・アジア・ヨーロッパのバックグラウンドをもつ子どもたちを対象とし，9年生と12年生の2時点で，各2週間日誌法を用いた研究では，親との葛藤が民族や性別に関係なく情動的苦痛を予測することを報告している（Chung et al., 2009）。友人関係に関しては，ネガティブ情動の原因について問われた際，青年期では人間関係などのより社会的な理由をあげたと報告されているが，これは前青年

期がその場の状況要因を多くあげたのと対照的といえる（Larson & Asmussen, 1991）。つまり，対人関係（の変化）が青年らにネガティブな情動経験の増加をもたらしている可能性がある。しかし一方で同じ調査では，青年らの友人に関するポジティブな情動経験も前青年期より多く報告されていることが示されている。また，恋愛関係については，青年期の恋愛が失恋による抑うつというネガティブな意味でも,社会性の発達や自己定義への影響というポジティブな意味でも青年らの情動経験に重要な意味をもつことが示唆されている（Collins, 2003）。総じて，この時期は正負ともに情動経験が豊かになることが示唆されているのである。

　前節であげたバイレンらのレビューでは，青年期における情動経験が強く，また高頻度になることが触れられていたが，これについて著者らは対人関係の変化との関連からも考察を行っている。すなわち，この時期に高まる情動性は,青年期の特徴に順応している現象なのではないかというのである。バイレンらは情動表出に対して他者が援助的反応を返すとした研究や，仲間文脈における強い情動反応によって将来的な恋人や友人候補に何を求めるのかについての情報を伝えることができるのではないかという予測などをあげ，強い情動を経験しそれを表出することが，青年について，「彼らはサポートが必要な存在である」という社会的キューを他者に与える働きがあると推測している。対人関係状況の変化は青年らに特有の情動反応を引き起こすが，それがまた彼らの不安定な対人関係を支えているのかもしれない。

　情動制御との関連について，情動のコントロールにおける他者の影響については情動の社会化という面から検討がなされてきた。まず養育者による社会化についてだが，青年期に親が心理的なコントロールをしようとすると青年らにとって重要なアイデンティティの発達や自己の感覚と衝突してしまうと指摘されている（e.g., Smetana et al., 2015）。リーディガーは，情動の社会化に関しても親の側が青年らの自律を尊重することと，教え導くこととのバランスをとることが重要だと述べている（Riediger & Klipker, 2014）。彼女らは諸研究をまとめて，青年期は家族以外からの影響を受けることが増えるが，それでも親

の養育スタイルや情動に関するコーチングなどが青年らの情動制御に影響を与えると示した。また，家庭内での情動の社会化スタイルについて，青年期以前の子どもたちに対しては直接的な関わり（例：直接的に慰めたり，指導をしたりする）が効果的なのに対して，青年期の子どもたちに対しては，彼らの自律欲求に応じた形の，間接的な形の関わり（例：使うことのできそうな情動制御方略について話をするなど）が制御コンピテンスを予測するとしている。友人が及ぼす影響については実証研究が多くないものの，ワンらが友人関係の質や仲間内での地位が6カ月後の情動表出の柔軟性を予測すると報告している（Wang & Hawk, 2019）。また，クリムス-ドウガンらは，青年らに，自分がネガティブな情動（悲しみ・悩み・怒り）を経験しているとき，目の前に親しい友人がいた場合はどのような反応をするかを推測させ，彼らの外在・内在問題との関連を検討した（Klimes-Dougan et al., 2014）。その結果全般的な傾向として，ネガティブ情動表出に対する友人の反応（の推測）は，支持的反応（元気づけたり，共感したり，力を貸すなどの「ねぎらい」や，その情動から気をそらせたり，情動を軽視したりする「無効化」）が多く，懲罰的反応（情動表出を無視する「放置」や表出行動を非難する「迫害」）は少ないことがわかった。青年自身の問題行動との関連については，友人からの放置や攻撃的な反応（顕在性攻撃・関係性攻撃）が内在化問題（ひきこもりや不安・抑うつなど）と外在化問題（非行や攻撃行動など）の双方と関わることを見出し，いじめの標的にされると情動を制御することが難しくなり，問題行動につながるのだろうと推測している。また，友人の反応のうち，表出された情動と一致するような情動を表現する（怒り表出に対して一緒になって怒ったり，怒って当然だと言ったりするなど）「誇張」が，問題行動と関連することも明らかになった。他者からの誇張によってネガティブ情動の伝染が促進されていくと，ネガティブな気持ちにとらわれ，嫌なことについて互いが過度に話し合ってしまう共反すうが起きてしまい，情動制御スキルが乏しくなってしまうと考えられている。なお，誇張反応や，誇張が問題に及ぼす影響は特に女子に多かったことも示されている。一方で，ねぎらいや無効化は問題の少なさと関連していた。ネガティブ情動にあるとき，友人

からの十分なサポートがあると自身の情動をうまく表現することができるのだ
ろう。ただし，無効化に関しては 2 年後の外在化問題を予測していたことから，
ネガティブ情動を友人が一時的に逸らしてくれることはその場では有効なもの
の，長い目で見たときに効果的な情動制御を獲得する妨げになるのではないか
と考察されている。友人による情動の社会化については今後の研究の余地がま
だあるが，現在の研究結果からは，養育者や友人が青年の情動制御発達に一役
買っているといえる。

（3）認知発達と情動経験・制御

　認知発達の側面から考えると，青年期には周りの人や世の中についての解釈
が変わり，新たな感情を抱くことがあり得る。ラーソンとアスムッセン（Larson
& Asmussen, 1991）は，青年期になると自分が抱いているネガティブな情動
について，他者の気持ちや将来の見通しなどを考慮したより抽象的な形で表現
するようになり，結果として，これまで気がつかなかったことに傷つき，ネガ
ティブな感情経験が増すことにつながっているのではないかと考察している。
関連して，ラーソンがリチャードと行った調査では，青年期の不安定な情動経
験が認知要因によって引き起こされることがわかっている（Larson & Richards,
1994）。彼らは，経験サンプリング法を使用して青年とその養育者の情動経験
について検討した。この方法では対象となる日にランダムに通知音が鳴らされ，
その時点での考えや行動，情動を報告させていたが，青年らは困惑あるいは照
れ，情動，ぎこちない気持ち，孤独，ナーバス，無視されているような気持ち
を養育者より多く経験していた。また，前青年期と比較すると情動の不安定さ
をより多く報告していた。そして，こうした情動の不安定さは発育段階とはほ
とんど関係がなく，むしろ抽象的思考能力の獲得といった認知発達が関連して
いた。ラーソンらは青年らが新たに抽象的な思考をするようになることで，状
況の裏にあるものを理解し，今は隠れているがゆくゆくは自身のウェルビーイ
ングを脅かし得る脅威を予見できるようになるためだと考えている。彼らはそ
の他にも学校移行や恋愛関係の経験などといった人生における変化の経験が気

101

分の不安定さに影響するとしているが，これについても，ストレスフルな出来
事が増加するためではなく，あくまでもそうした出来事についての青年らの経
験や解釈の仕方によるものだと強調している。

　青年期特有の自己中心性との関連からは，情動の自己中心性の研究があげら
れる。ここでの情動の自己中心性とは，他者が感じているであろう情動よりも
自身が経験している情動を優先した行動をとってしまうことを指す。リーヴァ
らは，視聴覚刺激を用いて，刺激に対する他者の感情を推測させる課題を行い，
自身に提示された刺激と他者が提示された刺激の感情価が異なることが示され
た場合（たとえば，幸福感情を引き出す花と，不快感情を引き出す虫など）と，自
他の刺激の感情価が一致していた場合の反応との比較から検討を行った（Riva
et al., 2016）。その結果，青年期群は若年成人期や中年期と比べて，情動の自
己中心性得点（不一致試行での評定と一致試行での評定の差分）が高かったこと
が示された（ただし，その後高齢期になるとさらに得点が上がることも報告されて
いる）。筆者らは，青年期においても実行機能や注意のシフトといった認知機
能発達は途上であるためこのような結果が示されたと考察しているが，エルキ
ンドのいう，青年期独特の自己中心性も関連しているのかもしれない。

（4）その他の特徴：青年期内での情動制御発達

　ここで，青年期のあいだに起きる発達的変遷に触れておきたい。はじめに
述べたとおり青年期は第二次性徴とともに開始するが，その終焉は近年遅く
なっていると考えられており，10歳から24歳頃までを青年期とする向きもある
（Sawyer et al., 2018）。つまり，青年期といっても，そこにはおよそ15年の幅
があるのである。したがって，青年期中のどの時期を対象としているかによっ
て，研究結果が異なる可能性は十分に考えられる。

　ツインマーマンらは，青年期の情動制御について調査した諸研究の知見が一
致していないことをあげ，その理由として，青年期の期間内にも発達的変化
が起きているためとしている（Zimmermann & Iwanski, 2014, 2018）。そのう
えで彼らは青年期を早期・中期・後期に分け，さらに成人期も含めた横断調

査を行った（Zimmermann & Iwanski, 2014；第5章参照）。具体的には11歳・13
歳・15歳・17歳・19歳・22歳・25歳・29歳・50歳群に分けた青年および成人を
対象とした自己報告式質問紙調査を行い，情動反応と情動制御について回答を
求めている。彼らの調査で使用されていた情動制御の尺度は，一般的に情動を
誘発すると考えられる状況における情動経験と制御を測定するもので，恐れ・
不安・怒り・悲しみの各情動につき2つの状況が示されていた。調査協力者は，
はじめに情動誘発シナリオを読み，それに対して経験するであろう情動の強さ
と，選択するであろう制御方略を回答した。ここでの制御方略は7つ提示され
ており，具体的には適応的情動制御（「まず落ち着いてからその状況に再び対処す
る」などの6項目で測定）・援助希求（「助言を求める」などの4項目で測定）・受
動的態度（「何もせず待って静観する」などの5項目で測定）・回避的制御（「何も
せず逃げる」などの4項目で測定）・表出の抑制（「気持ちを見せないようにする」
の3項目で測定）・機能不全的反すう（「そのことばかりずっと考えてしまう」など
の5項目で測定）・制御不全（「その人が悪くなくても相手を責めてしまう」などの
4項目）となっていた。

　結果から，青年期における発達的変遷の特徴に呼応した形の制御スタイルの
変化が認められた。まず，全体的な制御レパートリーについて，青年期早期か
ら中期にかけての時期に制御方略の多様性が最も落ち込むことが明らかとなっ
た。青年期中期にみられる情動特有の変化に注意を向けると，13歳から15歳に
おいては，恐れ状況における抑圧や怒り状況における制御不全が上昇する一方
で，悲しみ・恐れ・怒り状況での援助希求が減少し，悲しみ・恐れ状況におけ
る適応的な情動制御が減退し，悲しみに対する受動的態度が減少することがわ
かった。

　筆者らは青年期には友人関係や恋愛関係が重要になるにもかかわらず援助希
求方略が青年期中期に行使されないことについて，この段階では友人・恋愛関
係が不安定だからではないかと考察している。そして，青年期中期の若者は情
動制御方略行使を個人的なものから社会的な制御へ再編成していると推測し，
この時期に自身の社会的環境に出て，恐れに流されず（抑圧をして），相手の怒

りを素早く非難するのではないかと考察している。こうした情動制御方略の縮
小および変化によって，青年期中期は早期・後期と比してより脆弱になってし
まうが，これは青年期中期において情動の不安定さや心理病理の割合が上昇す
ることの説明にもなると解釈されている。そして制御レパートリーの減少が情
動の難しさや中期によく報告される両親との葛藤の増加とも関連している可能
性がある，と考えられている。

　ツィンマーマンらの研究の後，クラッコらは別の測度を使い，児童期との比
較を含めた調査を行った（Cracco et al., 2017）。彼らは8歳から18歳までの子
どもたちを対象に，FEEL-KJ という尺度を使って調査をし，情動制御行使の
変化は，青年期の認知的能力の上昇に伴って制御方略行使が増加する「認知的
成熟モデル」か，この時期の生物学的・心理的・社会的変化による情動性の高
まりによって一時的に機能不全となる「不適応シフトモデル」のどちらをあて
はめるのが適当か検討している。FEEL-KJ は，悲しみ・怒り・不安感情に対
して行う制御について問う形式になっており，制御方略は7つの適応的制御
方略（問題解決・気晴らし・忘却・受容・ユーモアの強調・認知的問題解決・再価
値づけ）と5つの不適応的制御方略（あきらめ・撤退・反すう・自己価値の低下・
攻撃的行動）に分けられている（項目例は**表4-1**参照）。

　分析の結果，適応的方略にしても不適応的方略にしても，多くの方略におい
て12～15歳辺りで不適応性が増すこと（適応的方略行使の減少と不適応的方略行
使の増加）が明らかとなった。たとえば，適応的方略の一つである気晴らしは，
8～11歳頃までは安定しているが，12歳から15歳にかけて減少し，16～18歳で
回復するパターンがみられた。一方，不適応的方略である攻撃的行動方略をみ
ると，8～11歳まではあまり変化がなく，12歳から15歳にかけて増加して16
歳から18歳の間に落ち着いていく（ただし，12歳までの水準に戻るわけではなく
高い水準のところでとどまる傾向にある）ことが見出されている（**図4-1，4-2**
参照）。よって筆者らは児童期から青年期にかけての情動制御発達は，「不適応
シフトモデル」の方が当てはまるとしている。さらに，調査結果から彼らは以
下の3点を見出した。まず，不適応シフトは不適応的方略において顕著にみら

表 4 - 1　FEEL-KJ の方略と項目例

	方略	項目例
【適応的制御方略】	問題解決	怒りのもとになっているものを変えようとする
	気晴らし	何か好きなことをする
	忘却	このことはいずれ終わると思う
	受容	腹を立てているものを受け入れる
	ユーモアの強調	楽しいことを考える
	認知的問題解決	どうすれば問題が解決できるか考える
	再価値づけ	このことは全く重要ではないと自分に言い聞かせる
【不適応的制御方略】	あきらめ	何もしたくなくなる
	撤退	誰とも会いたくなくなる
	反すう	そのことが頭から離れなくなる
	自己価値の低下	自分を責める
	攻撃的行動	他の人に八つ当たりをする

出所：Cracco et al., 2017より作成

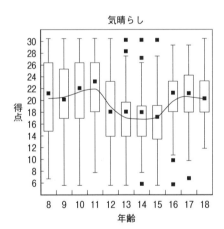

図 4 - 1　適応的方略行使のうち，気晴らし
　　　　　方略の年齢別箱ひげ図

注：y 軸の得点は総計。点は中央値。線は中央値に
　　基づいたモデルフィット。
出所：Cracco et al., 2017より転載

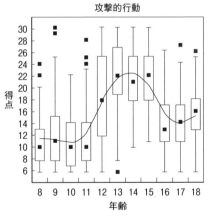

図 4 - 2　不適応的方略行使のうち，攻撃的
　　　　　行動方略の年齢別箱ひげ図

注：y 軸の得点は総計。点は中央値。線は中央値に
　　基づいたモデルフィット。
出所：Cracco et al., 2017より転載

れる傾向だったことから，適応的方略については青年期であってもそれを実行しようとしてはいるのではないかとし，しかしながら，情動反応が大きすぎるために適応的方略が失敗しているのではないかと考えている。つまり，青年らの選択肢の中に適応的方略はあり続けるのだが，効果的に使用することができず代わりに不適応的方略が登場してしまうのではないかというのである。2点目は，制御方略の不適応性が一時的に高まる傾向について，不適応性ピーク前後の上昇および下降が非対称であったということから，青年期後期になり，制御の仕方が適応的になってきたとしても，青年らが発達課題や困難な出来事に新しく直面するために，方略行使が児童期のレベルには戻れていないということである。筆者らは情動制御方略の行使は続く成人期になっても発達的変化を続けていくのかもしれないと述べている。3点目は，適応的方略である再価値づけや受容方略が不適応シフトモデルに沿わない変化を遂げていた点についてである。この2つの方略は，多少の変動があるものの全体的傾向として年齢とともに増加していた。これは，再評価と受容が認知的コントロールに強く左右される方略であるため，認知能力が十分でない児童期ではこれらの方略をなかなか行使できないためではないかと考察されている。つまり，2方略に関しては不適応シフトではなく，青年期へ向けた認知発達を反映した認知的成熟傾向がみられるというのである。ここから考えると，青年期へかけての同様の成熟は他の方略においても潜在的には存在しているものの，それが不適応シフトの影響にかき消されてしまっている可能性があるのではないかと推測されている。そして8～12歳における一部の方略の傾向（気晴らしが増加し，男子における反すうは低下する）から，情動制御発達の順序としては，まず成熟が先に現れ，その後に不適応シフトが訪れるのではないかと考察されている。

3　情動制御の個人差要因

　前節では青年期に生じ得る全般的な情動経験および情動制御傾向について述べた。しかし当然，情動制御には幼少期から引き継いだ特徴による広範な個人

差も存在すると考えられる（e.g., Shiota & Kalat, 2011）。アーネットは青年期を「疾風怒濤」と表現することについて個人や文化の多様性を踏まえ再検討した（Arnett, 1999）。そして，疾風怒濤は青年期に起こりやすいものではあるが，現代においてはすべての青年がそれを経験するものではないと結論づけ，また，その際にアーネットは疾風怒濤の要素について，両親との葛藤やリスク行動に加えて情緒の不安定さについても検討している。そして，情緒の不安定さは確かに他の発達段階と比べると青年期に高まるが，個人差要因の存在を忘れてはいけないとしており，考えられる具体的な要因例として友人からの人気の低さ，学業不振，家族内での問題などのネガティブなライフイベントをあげている。青年期の情動制御についても，個人差をもたらすものについて考えておかなければならないだろう。

　情動制御の個人差をもたらす重要な要因には家族があげられている。たとえば，リーディガーらは，レビューを行い，これまでの研究では，母親が子どもの情動に対してどのような態度や行動をとるかによって，青年期になってからの問題や情動制御が左右されるとまとめている（Riediger & Klipker, 2014）。また，主に養育者によって幼少期から培われるアタッチメントスタイルが，長じてからの情動制御に影響を与えると想定されている。青木（2017）は，アタッチメントの観点から，ネガティブな情動を制御することはアタッチメントの中心的機能であることを確認したうえで，リスクの低い層ではアタッチメントスタイルが乳幼児期から成人期まで安定していることから，それに伴って幼い頃に身に着けた情動制御方略も維持され得ると想定している。そして，幼少期のパターンから推測して，安定型の個人は自律型の柔軟な情動制御を，回避型（成長してからの分類上はアタッチメント軽視型になる）は，ネガティブな情動をできるだけ表出しないでおこうとする極小化方略を，抵抗型（囚われ型）はネガティブな情動をできるだけ激しく維持しようとする極大型方略をとり，また無秩序無方向型（未解決型）は方略を欠いた情動制御を行う可能性があるのではないかと述べている（アタッチメントタイプについては第8章参照）。

　また，モレイラらは，情動制御に関わる脳活動の発達に影響を及ぼすものと

して発達早期の逆境経験（貧困や虐待など）をあげている。ヒトやそれ以外の種を対象とした脳画像研究によると，逆境にさらされた子どもは，青年期になっても，社会情緒的な刺激に対して統制群よりも扁桃体の反応が強いことがわかっている。また，潜在的制御に関することとして，逆境を経験した子どもは前頭前野腹内側部を含む皮質の厚さが広範囲に縮小され，扁桃体-前頭前野腹内側部ネットワークの発達が加速してしまうという。このネットワークの加速は，長期的な可塑性や柔軟性を犠牲にして，脅威の検知や潜在的制御に関わる回路を早々に整えてしまうのではないかと考えられている。顕在的制御に関しては研究が少ないが，認知的再評価を行う際に側面前頭前野の効果的な働きがなされずに扁桃体反応を弱めることができなかったり，扁桃体活動を減少することができたとしてもそのために前頭前野の活動が不釣り合いなくらいたくさん必要になり，それによって前頭前野の制御効能を侵害する可能性があることが示唆されていたりするという（Moreira & Silvers, 2018）。脳発達の観点からすると，発達早期にウェルビーイングを脅かすネガティブな経験をすることで，情動制御が困難になるといえる。

4　情動制御と適応

　この節では情動制御と適応との関連について述べる。まず情動制御レパートリーについて，レパートリーが少なく，限られた方略に頼ってしまうことが青年らの内在化の問題と関連すると報告されている（Lougheed & Hollenstein, 2012）。また，どの情動制御スタイルが適応的かについては，多くの研究で認知的再評価がウェルビーイングと関連が強い一方で，抑圧と不適応指標との関連が指摘されている（まとめとして，Sheppes & Gross, 2012；Riediger & Klipker, 2014）。

　こうした傾向は青年期に限られたものではなく（Riediger & Klipker, 2014），また青年期の発達的側面に焦点を当てたものでは必ずしもない。そのため，情動制御と適応についての詳しい議論については他章を参照されたい。ここでは，

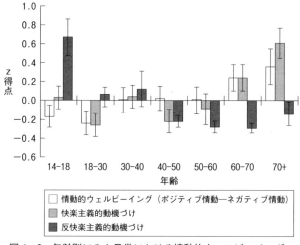

図4-3　年齢別にみた日常における情動的ウェルビーイング・
　　　　快楽主義的動機づけ・反快楽主義的動機づけ

注：得点は，全体平均からの標準偏差。各群の平均エラーバーは群内平均の
　　2標準誤差。
出所：Riediger et al., 2009より転載

　発達的視点を踏まえた青年期特有の傾向として，動機づけの観点から情動制御
と適応との関連について触れておきたい。リーディガーらは，青年期の間はポ
ジティブ情動の向上を必ずしも求めず反快楽主義的動機を高く有しているとし
ている（Riediger et al., 2009；Riediger & Klipker, 2014）。彼女らは，携帯電話
を利用した経験サンプリング法を用い，14歳から86歳までの対象者の日々の情
動経験と，感じている情動をどのようにしたいか（高めたい・弱めたい・維持し
たい）の動機について調査した（Riediger et al., 2009）。その結果，青年期にあ
たる14～18歳群は，ポジティブ情動得点からネガティブ情動得点を減じた情動
的ウェルビーイングがほかの年齢群と比較して最も低かった。また，動機づけ
については，ポジティブ情動を感じているときにはそれを弱め，ネガティブ情
動を経験しているときにはそれを強めたいと望む，反快楽主義的動機づけが最
も高く，快楽主義的動機づけは低かった（図4-3）。
　ここで示された青年期における反快楽主義的動機づけの高さについてリー
ディガーらは，青年らにとって反快楽主義的動機が道具的価値をもつ可能性

について考察している（Riediger & Klipker, 2014）。つまり，青年らにとって重要な発達課題，すなわち養育者からの自律性の獲得・自身の成熟を確認すること・アイデンティティ感覚の発達・自己制御能力の獲得などのためにはネガティブな経験やそれへの対処が必要な可能性があるというのである。あるいは，同じ調査の中で青年らはポジティブ・ネガティブ入り混じった混合情動を多く経験していたことが明らかになっているが，ネガティブ情動を制御によって失くしてしまうことでそこに付随していたポジティブな気持ちも失ってしまう恐れがあると感じ，そのために，あえてネガティブな気持ちも減じないように動機づけられるのかもしれないとも考察している。これらは現時点ではリーディガーらの仮説にすぎないが，青年らはたとえネガティブな情動を鎮めるような情動制御をレパートリーとして有していたとしても，それを行使しようとは望まない可能性があり，それが結果として情動的ウェルビーイングの低下につながっているのだとすれば，青年期におけるネガティブな情動性やそこから派生する不適応状態には，彼らが意図した結果といえるものも含まれているのかもしれない。

5　青年期の情動制御研究における課題と展望および実践介入への示唆

　ここまで，青年期の情動制御について現在報告されている知見を紹介してきた。しかし，現時点では課題点もいくつかある。以下に，今後の青年期の情動制御研究に必要と考えられる点をあげ，実践介入への示唆にもふれる。

（1）性的発達との関連性を検討する必要性

　青年期に身体的変化が起き，それが彼らの情動経験や制御に大きく影響を与え得ることは先述のとおりである。しかし，特に思春期段階やホルモン分泌と情動性との関連については詳細がわかっていないのが現状である（e.g., Bailen et al., 2019）。前にも述べたとおり，ホルモンが情動反応に影響を与えるのは，その絶対値ではなくて変化量になるため，個人内でのホルモン変動を捉える手

法を用いることが要されるだろう。また，研究対象の年齢からどの発達段階に属しているのかを決定することがほとんどであるが，思春期到来によって青年期が開始するという定義に厳密に従うのであれば，単純な年齢のみを以って青年期と決定づけることはできない可能性に留意しておく必要がある。

（2）生涯発達的視座・青年期内の発達変遷検討の必要性

　情動制御にかかわらず青年心理学全体の課題として，生涯発達的視座による実証研究の蓄積が必要とされている。後藤（2014）は，1960年代以降，青年期を人生の一区切りとして抜き出して焦点をあてるのではなく，その前後の時期とのつながりを考慮する重要性が研究界において確認されたとしているが，それ以降も生涯発達的視座の重要性が広く認識されている一方で，特に実証研究による知見の蓄積はそれに追いついていないと指摘されている（山田，1994）。

　情動制御発達についても，生涯発達の視点から検討した研究は未だ少ないのが現状である。ツィンマーマンらは，情動制御発達研究の関心は，乳児から児童期早期にかけてと，成人期から高齢期にかけてとに集中していると述べている（Zimmerman & Iwanski, 2018）。（ただし，成人期でも前期の研究は多いが中年期以降の研究は実際には非常に少ない；第5章参照）。これらの間に存在する青年期は，発達的変遷という視点からの検討としては，研究が抜け落ちているのが現状といえるかもしれない。エイドリアンらは1975年から2010年までの子ども（乳児から青年期まで）の情動制御研究を概観して，青年期になると乳幼児とは異なり，情動制御測定として自己報告式の測度を使用することが多くなると述べ，これは青年期になると自らの情動状態を自覚し，表現するスキルが身につくためという理由をあげている（Adrian et al., 2011）。しかし研究手法が変わってしまうために，それ以前の段階からの連続した発達の軌跡が捉えられなくなってしまっているともいえる。

　また，先述したように，青年期が長期にわたることを考慮すると，青年期間内の変化を追う知見はもっと増えてしかるべきかもしれない。エイドリアンは先述のレビューの中で青年期を対象とした情動制御研究数は2000年頃から増加

してきたが，縦断研究が少ないと指摘している。これまでみてきたように，殊に情動制御においては，青年期に顕著になる性ホルモン分泌や脳発達などについて個人内での変動を追う研究が有益と考えられるため（e.g. Moreira & Silvers, 2018），そうした指標を含んだ縦断研究はこの時期において本来特に必要であろう。

（3）青年期の情動制御を育むために

　最後に，この年代における情動制御発達を促す介入について述べたい。子どもたちの情動的な側面に関わる教育は社会性と情動の学習（Social Emotional Learning：SEL）と総称されている（Elias, 1997/1999など）。イライアスは，幼稚園から高校までを通した包括的な SEL プログラムの作成が重要だとしているが，各学校段階で対象とする事項は当然のことながら異なっており，彼は青年期前期にあたる中学生では情動に関わるカリキュラムとして自己知覚と批判・感情の調和が中心的な目標になり，青年期後期にあたる高校生に対する介入ではそれ以前の段階で区分けされていた情動・認知・行動領域を一体として考慮すべきだとしている。

　ここで，SEL の具体例として RULER をあげる。RULER は，エール大学の情動知性センターで開発されたプログラムで，育むべき情動スキルである情動認知（Recognizing）・情動理解（Understanding）・情動へのラベルづけ（Labelling）・情動表出（Expressing）・情動制御（Regulating）の頭文字からつけられた名称である（Brackett & Rivers, 2014；https://www.ycei.org/ruler）。RULER は子どものみならず，子どもに関わる教師や学校スタッフなどの大人，家庭へもトレーニングを行うことが特色であり，すでに様々な成果が報告されている（Nathanson et al., 2016など；ただし，報告されている成果の多くは青年期より年少の子どもたちにおけるものである）。このプログラムでも，対象となる子どもとして就学前から高校までをその射程に入れているが，就学前から 8 年生（中学 2 年生相当）までは基本的な感情知覚や感情語に関するトレーニングを設定している（感情語に関するトレーニングは主に 6 年生～）のに対し，高校生（9

〜12年生）以上は上級コースと銘打って，アセスメントを通した情動の自己知
覚などを促すプログラムを考案している。

　以上のように，現在行われている実践介入では，高校生以降を対象とする
際はそれ以前の段階とは異なる目的や内容が設定されており，（主に高校生から
ではあるが）青年期にある程度対応しているように見受けられる。ここからは，
さらに介入実施に際しての留意点をまとめておきたい。スウェアラーら（2017）
は青年期のいじめ抑制を目的とした SEL について考察しているが，青少年を
対象とした SEL プログラムはそもそも少なく，またそれ以前の年代で効果が
ある介入でも，青年を対象にした場合はこの時期固有の特徴によって，成果が
出ないこともあるとしている。つまり，青年期の特徴をよく把握したうえでの
介入が望まれるということである。

＊

　そこで，これまでにあげた青年期の情動経験・制御の特徴を，介入実施に
沿った形で整理していく。まず，青年期はそれ以前の段階から連続的・線形に
情動制御を発達させているわけではないことを念頭においておく必要がある。
前に述べたとおり，この時期は情動経験がより激しくなるにもかかわらず情動
制御が困難になったり，一時方略レパートリーが乏しくなったりする。そこで
指導者は，場合によっては児童期などよりも情動制御が難しくなるかもしれな
いが，それは一時的な現象の可能性が高いことを胸に留めておくことが重要
であろう。また，先述のとおり青年期の子どもたちは瞬時に判断が必要な状況
では強い欲望を制御できず抱いている感情に左右されやすいが，十分な時間が
あれば大人と同じレベルの論理的思考ができるとされている（Steinberg et al.,
2009）。したがって，実際の情動制御場面にはすぐに応用できないかもしれな
いが，座学などで情動制御についての知識を身に付け，今後に備えることはで
き得るだろう。次に，青年らが反快楽主義的な志向をもっていることをあげた
が，そこからは情動制御に関する価値観が介入する側の大人と一致しない可能
性がうかがえる。たとえば，情動制御に関するトレーニングを受けたにもかか
わらず青年らが怒りや悲しみを持続させている場合，彼らの動機づけとしてそ

もそもネガティブ感情を減じる意図がないことが理由かもしれない。

　介入の進め方に関しては，これまで情動の社会化についての箇所で述べてきたとおり，大人からのあからさまなルール提示は青年らの自律性を侵害し得るように受け止められるだろう。先にあげたスウェアラーら（2017）でも，教室内外での大人からの明示的なルール提示は，心理的独立を獲得しつつある一方で経済力や政治的権力が制限されている青年らの自律性を脅かすように感じさせてしまうため，トレーニング実施に際しては彼らの自律性を支え，その心情を認めて彼らの視点に立つことが必要だと主張している。介入はある種人工的な環境下での情動制御教育ということになるが，家庭内での効果的な情動制御に関する報告を考慮すると，直接的に情動制御を指示するよりも，情動制御をテーマとして話し合うなどの間接的な指導が有効と考えられる。また，情動経験に対する友人からの反応に関する研究の結果からは，グループワークなどを実施して仲間間で情動制御について話し合ったりする際，ピアからの反応如何によって，情動制御スキルが却って乏しくなったり，問題行動につながるような不適切な情動制御が誇張・持続されていくことも起こり得ることが示唆される。なお，スウェアラーら（2017）では高校生向けの SEL アプローチとして，RULER が有効である可能性を示したうえで，関連するウェブサイト（InspirED；https://inspiredstudents.org/）を紹介している。これは，RULER を考案したエール大学情動知性センターが開発したもので，生徒と教員双方で構成されるオンラインコミュニティおよび SEL に関する情報サイトになっている。同じ文献の中で青年期ではソーシャルメディアプラットフォームの利用が増えることや，高校の過密なカリキュラムに情動トレーニングを入れ込む難しさが指摘されていることも併せて考慮すると，このようなオンラインツールをうまく使った介入は青年らにより一層馴染むものと予測できる。

　以上，現時点での課題および実践介入への示唆をあげた。青年期は情動経験や制御の発達において重要な時期であり，また特にネガティブな情動に曝されやすい時期でもあるため，彼らの適応的な生活を支えるためにも詳細な追究や，彼らの実態に沿った形での支援が不可欠だと思われる。

　本章で取り上げた諸研究の知見からは，青年期の情動制御発達に個人内外の
要因が影響を与えていることがうかがえる。文中で青年全てが「疾風怒濤」を
経験するわけではないという指摘を紹介したが，個人の人生を通してみたとき，
青年期が最も変化の激しい時期の一つであることに変わりはない。彼（女）らに
吹く風，打ち寄せる波がどのようなものか理解を深める努力を続けることが肝
要であろう。

第5章
成人期の情動制御

上淵　寿

1　成人期について

（1）そもそも成人期とは何か

　成人期をどの年齢からどの年齢までと考えるかは，非常に難しい。レヴィンソン（Levinson, 1978）の生涯発達の分類では，青年期は22歳まで，成人期前期は17〜45歳まで，中年期は45〜65歳まで，老年期は60歳以降となっている。成人期中期・後期が見当たらないが，成人期中期にあたるのが中年期であり，成人期後期にあたるのが老年期である。

　エリクソンのライフサイクル論では，青年期以降を青年期，成人期，壮年期，老年期に分けている（Erikson, 1982）。そして，エリクソンの区分では，一般に青年期は13歳以上，成人期は20〜39歳，壮年期は40〜64歳までを指し，65歳以上が老年期とされている。

　発達課題の提唱者，ハヴィガースト（Havighurst, 1953）の提唱では，青年期は13〜18歳で，成人期初期は19〜30歳を指す。次は中年期で30〜60歳であり，最後は，老年期で60歳以降とされている。

　アメリカ心理学会（American Psychological Association）が制作しているデー

117

タベース APA PsycINFO の分類では，2020年時点では，青年期は13〜17歳，成人期初期は18〜29歳，30歳代（thirties）はそのまま30〜39歳，中年期は40〜64歳で，老年期は65歳以上とされている。

　より最近の社会政策上での区分ではどうか。たとえば報告書「21世紀における国民健康づくり運動（健康日本21）について」では，幼年期（0〜4歳），少年期（5〜14歳），青年期（15〜24歳），壮年期（25〜44歳），中年期（45〜64歳），高年期（65歳以上）に分けている（健康日本21企画検討会・健康日本21計画策定検討会，2000）。

　以上のようにみていくと，成人期はいったいいつなのか，必ずしも共通見解が得られていないことがわかるだろう。

　ただし，多くの研究者あるいは政府の見解では，20歳代途上からが成人であり，成人期はさらに複数の時期に分けられるようである。

　特に，成人期初期，中期，後期は，それぞれ壮年期，中年期，老年期に分けて考えることができそうである。

　ただし，本章では，最近の動向にしたがって青年期を比較的長いものと考え，成人期初期はほぼ青年期と重なるものとみなし，「成人期」の中核的な時期として成人期中期を据える。この年齢はおよそ30歳前後から65歳とする。以上のように，本章では，成人期のうち，特に30〜65歳ぐらいまでの人の感情生活や情動制御のあり方について探っていきたい。

（2）青年期から老年期への移り変わりとしての成人期

　だが，30〜65歳までについて，本書の主題である情動制御の発達研究やその知見を調べようとすると，たちまち困難に陥ることになる。研究がまったくないわけではないが，明らかに青年期や老年期に比べるとわずかである。たとえば，生涯発達心理学の観点から，情動制御を調べることにしよう。すると，大半の研究は，成人期初期（20〜30歳代）と老年期（60歳代以降）の比較をしているものが大半であり，その間にはまるで年齢は存在しないかのような書きぶりの論文すら見受けられる。つまり，上記のように成人期を30〜65歳までと長く

捉えれば，その加齢の中で様々な変化が予想されるにもかかわらず，情動制御研究では，成人期を青年期から老年期への移行期として捉えているものが大半なのである（e.g., Allen & Windsor, 2019；Sands et al., 2016）。

　上記の問題点は，老年期の重視と，成人期，特に成人期中期の軽視とから，生じているように思われる。そうは言っても，本章のテーマである成人期の情動制御を検討しないわけにはいかないので，次節以降は以下のような構成とする。

　まず特に青年期から成人期，老年期にかけての変化に着目した生涯発達のモデルを紹介する。次に，実証的知見を示す。この際，まず青年期と老年期の比較研究をもとに，加齢に伴う成人期の動向を推測する，という手法を採ることにする。次に，実際に成人期中期を対象とした研究について検討する。

2　生涯発達のモデル

（1）社会情動的選択性理論

　社会情動的選択性理論（socioemotional selectivity theory：SST；Carstensen, 1992；詳細は第6章参照）とは，生涯発達の有力な理論である。この理論によれば，加齢を経ると，人は，まず主観的幸福感を求めて，それを得るための行動を選択する。

　たとえば，親しい少ない数の人とだけ交流する，新たな環境に移って精力的に活動しようとはしない，ネガティブな情報よりもポジティブな情報を好むなどといった行動がみられるようになる。この理論の詳細は第6章を参照されたい。

（2）補償を伴う選択的最適化理論

　補償を伴う選択的最適化理論（Selection, Optimization, Compensation theory：SOC 理論；第6章参照）は，バルテス（Baltes, P.）らによって提唱された（Baltes

& Baltes, 1990)。人は，発達に伴い利益を最大化して，損失を最小限にするように動機づけられており，そのための主要な方略として，選択と最適化と補償が考えられる，というものである。これらは，加齢による「喪失に基づく目標の選択」(Selection)，「資源の最適化」(Optimization)，そして「補償」(Compensation) のことである。「喪失に基づく目標の選択」とは，若い頃には可能であったことが上手くできなくなったときに，若い頃よりも目標を下げる行為を指す。「資源の最適化」とは，選んだ目標に対して，自分のもっている時間や身体的能力といった資源を効率よく割り振ることを指す。そして「補償」とは，他者からの助けを利用したり補助的な機器やテクノロジーを利用したりすることを指す。この理論についても，詳細は第6章を参照されたい。

（3）SOC-ER モデル

　SOC 理論を特に情動制御に適用したモデルを SOC-ER モデル（Urry & Gross, 2010；第6章参照）と呼ぶ。このモデルの特徴は，加齢による資源の変化を，情動制御方略の変化の重要な要因と仮定するところにある。たとえば成人期中期以降の人は，方略の最適化によって，資源の損失を補償する傾向がある。

（4）ラブヴィ・ヴィーフの動的統合理論

　ラブヴィ・ヴィーフの動的統合理論（Labouvie-Vief et al., 2007）は，SOC-ER モデルに似ているところがある。彼女の理論では，情動制御は二次元に大別できる。1つめは，感情の最適化であり，具体的には負の感情を抑制し，不活性化する傾向を指す。2つめは感情の複雑さで，具体的には感情を探り増幅し，現実に開放的に直面する傾向を指す。この二次元が加齢とともに変化することが仮定されている。

　成人期の情動制御研究は，上記のような理論やモデルを顕在的あるいは潜在的に利用したものが少なくない。

　次の節からは，サンズら（Sands et al., 2016）の記述にしたがって，感情経験の年齢差と情動制御の年齢差について，概要を示す。

3　情動経験の年齢差と情動制御の年齢差

（1）情動経験の年齢差

　情動経験は，年齢が上昇しても比較的安定的と言われたり，ある場合は加齢に伴って成長すると言われたりする。また，情動経験の発達変化は，感情的ウェルビーイングの変化と関連するものである（Carstensen et al., 2000）。

　こうした現象は，認知機能，身体遂行，環境へのコントロールが加齢に伴い喪失することに対して反直感的だと思われる。だが，一般的に，成人期中期以降の人は高いレベルの正の感情と主観的ウェルビーイングと，低い負の感情のレベルを維持することが知られている（Charles et al., 2001；Kunzmann et al., 2000）。

　ちなみに，正の感情と負の感情は両極性尺度の一方ずつではない。両者が独立しているのは明らかである。したがって，ウェルビーイングが年齢とともにどのように変化するのかを理解するためには，正の感情と負の感情を独立に検討することが必要である。

　さて，成人期間のエイジングによって，人はネガティブな情動をあまり経験しないし，強く経験しないように変化する。これは多くの研究からわかっていることである（Diener et al., 1985）。たとえば，横断研究によるデータでは，ネガティブ感情は青年期から60歳代まで低下していき，プラトー（ほとんど変化しない状態）に至るか，あるいはわずかに増大していくとされている（Carstensen et al., 2000）。

　ベルリン・エイジング研究という縦断研究がある（Baltes & Mayer, 1998）。この研究プロジェクトで明らかになったのは，パーソナリティや認知機能のような要因を統制すると，年齢の上昇ではネガティブ感情を説明できないこと

だった。一方で，超老年期の人（90歳以上）には情動経験の年齢差がみられるが，これは生活環境の変化によって説明できる（Isaacowitz & Smith, 2003）。

　以上の知見をまとめれば，ネガティブ感情は生涯を通じて経験される。だが，年齢の変化と対応づけると経験のレベルは安定的であることがわかる。人生の最晩年（この場合，ネガティブ感情が典型的には増大する）まで，ネガティブ感情の経験レベルは，人生を通じてゆっくり低下する（Charles et al., 2001）。

　一方，ポジティブ感情の経験では，年齢によるはっきりとした差はなかった。研究によっては，わずかな減少がみられたり，安定あるいは増大したり，と一貫しない。2つの縦断研究によると，ポジティブ感情は年齢とともにわずかに減少していた（Charles et al., 2001 ; Stacey & Gatz, 1991）。特に人生の最晩年にこの傾向がみられた。上記の知見によれば，二次曲線的なモデルに適合して，人生でポジティブ感情は増大することになる。二次曲線的という意味は，最晩年にポジティブな情動経験が低下するからである。

　ある縦断的な経験サンプリング研究によれば，年齢はポジティブ感情，特に情動的安定性の経験と強く関連する（Carstensen et al., 2011）。具体的には，ポジティブ感情とネガティブ感情が同時に生起する現象が，年齢の上昇とともに増加する。だが，別の経験サンプリング研究では，18～94歳まで，ポジティブ感情の頻度や強度の年齢差はなかった（Carstensen et al., 2000）。

　以上の知見は，次のようにまとめられるだろう。最晩年までは，ウェルビーイングは，人生を通じて増大する。年齢の上昇とともにネガティブ感情は減少する。一方，年齢の上昇に対して，ポジティブ感情はかなり安定的である。

（2）情動制御の年齢差

　人生を通じて情動を制御できる方法はかなりある。この領域では，情動制御のプロセスモデル（Gross & Thompson, 2007）が主導権を握っていて，研究の多くがこの枠組で提案された方略に着目している。プロセスモデルでは，情動が生起する前に複数の方略が使用される。具体的には状況選択，状況修正，注意の方向づけ，認知的変化である。情動生起後には，反応修正方略が用いられ

る。たとえば表出の抑制などがある。

　成人期ではエイジングとともに，先行焦点型情動制御方略（序章参照）を効果的に利用するようになることがわかった。特に，ネガティブな刺激への関与を最小限にする方略を使用するという。感情刺激の選択に関する実験室研究では，情動的自己効力が高い人ほど，ネガティブ刺激に関わる時間がより短くなる傾向がみられた（Rovenpor et al., 2013；第6章参照）。しかし，この研究や追跡研究では年齢の主効果は有意ではなかった（Isaacowitz et al., 2015；第6章参照）。ゆえに，上記の効果は，単なる加齢の問題ではなく，歳をとっても情動的自己効力が高いことによって規定されると考えられる。

　さらに，エイジングが進むにつれ，人は緊密で情動的な報酬を得られる社会的パートナーを好む。また，歳をとると，人が関わる社会的パートナーの全体の数は減少する（Carstensen, 1992）。もともとこの知見は，エイジングによって身体的衰えや資源の減少が生じるために社会的パートナーが減るからだと考えられてきた。しかし，社会的ネットワークの減少はこうした年齢に関連する衰えよりもずっと前から始まっている（Carstensen, 1992）。社会的パートナーの数が減少する傾向になるにつれて，人は，相対的に小規模の人々との近しい，より満足できる情動的関係を報告する（Fung et al., 2001）。この社会的パートナーの選択は，制御的方略としての状況選択そのものではない。だが，成人がエイジングによってポジティブ情動を促進する環境を形成することを示唆するものである。

　多くの研究が示しているように，成人はエイジングにより，特に高齢になるにつれ，ネガティブ情報と比べて高い率でポジティブ情報に特に注目する（Isaacowitz & Blanchard-Fields, 2012；Mather & Carstensen, 2005；第6章参照）。この現象は「ポジティブ優位性効果」（第6章参照）と呼ばれる。ポジティブ優位性効果は，情動制御目標にしたがう情報処理として解釈されてきた。記憶の再生課題で，エイジングが進むことで成人にはネガティブ刺激の記憶に低下がみられる（Charles et al., 2003；第6章参照）。さらに，再認課題で，成人期前期の人はネガティブイメージを同定することが，それ以降の成人よりもでき

る。一方，エイジングが進んだ成人は，ポジティブ刺激とネガティブ刺激の再
認成績との間に差がない。だが，すべての年齢の参加者に現在の情動状態に注
目するようにプライムすると，記憶の正確さの代わりに，人はポジティブ優位
性効果を示す傾向があった。これは，記憶のポジティブ優位性効果が，情動制
御目標によって動機づけられていることを意味するものだろう（Kennedy et al.,
2004；第6章参照）。

　情動刺激の視覚的注意研究でも，ポジティブ優位性効果がわかっている。こ
うした研究は，主に上記の動機づけによる説明を支持するものとして解釈され
てきた。では，記憶のポジティブ優位性効果は，注意パターンでの年齢差とも
関連するのだろうか。この問題を検討するために，イサコウィッツ（Isaacowitz,
2006）は，成人の表情への視覚的注意を，視線追跡装置を使って調べた。その
結果は，記憶のポジティブ優位性効果と一致した。続いて視線追跡研究で，表
情を見せて成人の凝視パターンのエイジングに伴う変化を調べた。そして，エ
イジングが進むと怒り顔と恐れ顔を有意に凝視せず，幸福顔を有意に凝視する
ことがわかった（Isaacowitz et al., 2006；第6章参照）。

　この知見はエイジングが進むことで良い感情を経験しようとする動機づけ
が高まることと関連するだろうか。これを調べるため，また単純に気分に一
致する顔を凝視するパターンではないことを調べるため，イサコウィッツら
は，別の研究でベースラインの気分を検討した（Isaacowitz et al., 2008）。その
結果，成人期前期の人は，ネガティブ気分で課題を始めると，ネガティブ刺
激に注目して，気分に一致する視覚パターンを示した（Isaacowitz et al., 2008）。
だが，よりエイジングが進んだ成人がネガティブ気分で課題を始めると，幸福
感に最も注目した。これは気分を制御する注意能力によるものだと思われる
（Isaacowitz et al., 2009；Noh, et al., 2011）。要するに，これらの知見から，加
齢とともに，人は注意方略を使って得をしようとするといえるだろう。

　だが，情動制御方略として認知的変化を使用する場合，その年齢差から示唆
されるのは，成人期前期の人がより認知的制御方略に依拠していることだ。シ
オタとレヴェンソン（Shiota & Levenson, 2009；第6章参照）の知見によれば，

客観視再評価（非情動的，客観的態度の適用）は，成人期前期の人に最も効果的
だった。それに対して，肯定的再評価（ポジティブな面に注目）は，よりエイ
ジングが進んだ人に効果的であった。別の実験室研究では，成人期前期の人と
それ以降の成人に認知的負荷課題を遂行させた後，ネガティブ情動状態から下
方制御（情動を弱めること：序章参照）をさせて，気分の回復を継時的に評価し
た。認知的負荷のかかっている成人期前期の人は，認知的負荷のかかっている
成人期中期以降の人よりも，情動の制御がより難しかった。これは，成人期前
期の人が制御の認知資源に本質的により依存していることを示すものである
（Scheibe & Blanchard-Fields, 2009）。

　まとめれば，上記の研究の結果から，エイジングが進んだ成人は，情動制御
で，成人期前期の人とは異なるメカニズムを使用している。さらに，それが
様々な情動制御方略の使用や効果に影響しているのである。

4　情動制御方略使用の年齢差

　前節で，成人期の情動経験と情動制御の概要を検討した。この節では，上記
の内容を受けて，成人期における情動制御の具体的方略の使用を年齢差の観点
から検討していく。

　情動制御方略には様々なものがあり，それぞれ研究者によってアプローチ
や分類の仕方は異なる。ここでは，グロスらのプロセスモデルにしたがって，
「状況選択」，「状況修正」，「注意の方向づけ」，「認知的変化」，「反応修正」に
ついて，年齢差をみていくことにする（Allen & Windsor, 2019；序章，第 6 章
参照）。

（1）状況選択

　「感情的環境」（ネガティブ，ポジティブ，ニュートラルの様々なモダリティの
刺激を含む部屋）を使用して，状況選択を検証した 2 つの研究（Livingstone &
Isaacowitz, 2015, 第 6 章参照；Rovenpor et al., 2013）では，年齢差はほとん

ど観察されなかった。アイトラッキングや行動観察を使えば，感情価をもつ様々な刺激への選好的関わりを証拠として状況選択を同定できる。ある研究（Rovenpor et al., 2013）によると，一般的な随伴性の知覚および情動制御と関連する自己効力信念が高く，エイジングが進んだ成人は，成人期前期の人よりも，状況選択の使用可能性が高かった。つまり，統制感の信念によって，エイジングが進んだ成人は状況選択方略を積極的に使用するのだろう。また，統制感信念が適切なレベルであれば，特定の状況に接近したり，あるいは状況を回避したりすることに関する損得の知識を，成人は有効に使用できると考えられる。これは，SOC-ER モデルの考えにしたがっているといえる（Urry & Gross, 2010）。

　チャールズらの研究（Charles et al., 2009；第 6 章参照）は，葛藤回避（状況選択の特殊なサブタイプ）を検証した。この研究では，各々自己報告指標および実験室的問題解決課題を使用した。各々の研究の結果は，成人期前期の人よりもそれ以降の成人が葛藤の回避をすることを示した。エイジングが進むにつれ，成人が葛藤状況で状況選択をより多くするのは，社会情動的選択性理論（Carstensen, 1993）の前提と一致する（第 6 章参照）。この前提は，エイジングが進むと，人は，ポジティブな情動経験を最適化する方法で，対人関係を管理するように動機づけられているというものである。

　状況選択の知見をまとめれば，文脈の考慮が必須であることがわかる。成人期中期以降の人は高いレベルの統制感をもつときに（Rovenpor et al., 2013），対人葛藤の状況で，状況選択を行うのだろう（Charles et al., 2009；Luong & Charles, 2014；第 6 章参照）。

（2）状況修正

　成人期前期の人よりもそれ以降の成人の方が，正の刺激ではなく，負の刺激に対して状況修正をする（例：感情的なビデオを早送りする）。つまり，単純に年齢差があるのではなく，刺激の感情価が正か負かが，ここでは重要である（Livingstone & Isaacowitz, 2015）。

　仮想場面を使った研究（Coats & Blanchard-Fields, 2008；第 6 章参照）では，怒り場面と悲しみ場面の状況修正の自己報告を参加者に求めた。成人期前期の人は援助要請を多く報告したが，それ以降の成人は，問題解決の使用を多く報告している。だが，矛盾する結果が，別の研究で得られている（Yeung, Fung & Kam, 2012）。この研究では，成人期中期以降の人と比べて，成人期前期の人は問題解決と積極的な社会的コーピングを多く使用すると報告していた。一方で，葛藤状況からの行動的距離化に年齢差がみられない，という研究もある（Luong & Charles, 2014）。

　ゆえに，状況の修正の年齢的変化に関しては，確たる知見は得られてはおらず，今後の研究の蓄積が必要である。

（3）注意の方向づけ

　ポジティブ優位性効果は，感情的ウェルビーイングを守ろうとする成人期中期以降の人の動機づけを反映していると考えられている（Mather & Carstensen, 2005）。このポジティブ優位性効果は，情動の生起プロセスの注意段階で情動制御が表れることとしてまとめられる。

　前述のように，エイジングが進んだ成人，特に高齢者に，ポジティブ優位性効果があることがわかっている（Di Domenico et al., 2015）。このバイアスは，情動制御方略との関係からいえば，注意の方向づけから生じるとみなせる。

　注意の方向づけをサブタイプに分けて考えると以下のようになる。

① 　気晴らし：苦痛のビデオクリップへの反応（Hofer et al., 2015）や問題解決課題（Luong & Charles, 2014）に年齢差は観察されなかった。
② 　反すう：自己報告を使った研究で，エイジングが進んだ成人の方が反すうを多く報告した（Leipold & Loepthien, 2015）。しかし，年齢差がみられないという研究もある（Hofer et al., 2015）。
③ 　抑制：エイジングが進んだ成人よりも成人期前期の人の方が抑制使用の自己報告が多い傾向があった（Prakash et al., 2015）。これは，SOC-ER モ

デル（Urry & Gross, 2010）から考えられる。つまりエイジングが進むと，
方略の最適化の一環として，より認知資源を必要とする制御方略を使用し
ない傾向が生じる，ということだ。

（4）認知的変化

　認知的変化のサブタイプには，認知的再焦点化，受容，メディアリティー
（メディアの刺激の空想的性質を認知的に再評価すること），認知的再評価がある。

① 認知的再焦点化：自己報告で年齢差はみられなかった（Popham & Hess, 2013）。
② 受容：研究参加者が自ら情動的シナリオを作成する研究では，その受容的内容に年齢差はみられなかった（Schirda et al., 2016）。しかし，中庸な情動強度の状況や不安喚起状況では，エイジングが進むと同時に，受容を使用するようになっていく（Schirda et al., 2016）。
③ メディアリティー：苦痛を与えるフィルムクリップへの反応に対しては，エイジングが進むにつれて，メディアリティーの使用頻度が増していった（Gerolimatos & Edelstein, 2012）。
④ 認知的再評価：5つの研究で年齢差がなかった（Brummer et al., 2014；Hess et al., 2010；Li et al., 2011；Orgeta, 2011；Tucker et al., 2012）。ゆえに，認知的再評価についての知見はかなり確定的であろう。

　上記の知見をまとめると，認知的変化についてはあまり年齢差がみられないという知見が多い。この問題のメカニズムについて多くの検討の余地が残されている。

（5）反応修正

　まず，情動表出コーピング（感情の爆発，発散）は，仮想的な悲しみ場面では，成人期前期の人の方が多く使用していた（Coats & Blanchard-Fields, 2008）。だ

が，想像された怒りに年齢差はなかった。さらに，習慣的な表出抑制の使用で
も年齢差はみられていない（Gerolimatos & Edelstein, 2012；Hess et al., 2010）。

　次に，表出抑制（Brummer et al., 2014；Orgeta, 2011）と苦痛なフィルムク
リップへの反応（Hofer et al., 2015）の関係では，エイジングが進んだ人の方
が表出抑制の使用頻度が多かった。だが，逆に成人期前期の人の方が表出抑制
を多く行ったという研究もある（Gross et al., 1997；第 6 章参照）。

　また，この種の研究では文化差が指摘されている。イギリス人とスイス人で
は，成人期中期以降の人の方が表出の抑制をする。アメリカ人では年齢差がみ
られなかった。

　さらに，情動による差も見出されている。成人期中期以降の人の方が怒り
の表出抑制をしない，という知見がある（Phillips et al., 2006）。それに対して，
怒りや恐れで表出抑制の自己報告に年齢差はみられない。しかし，幸福や悲し
みの表出抑制はエイジングが進むにつれて増加するが，苦痛の抑制は成人期前
期の人の方が多い（Gross et al., 1997）。

　情動と年齢差について検討すると，恐れの表出は，成人期のどの段階の人に
とっても適応的である。だが，社会的な喪失や健康の喪失が大きなテーマとな
る，エイジングが進んだ人にとって，悲しみは刺激的ではないだろうか。年齢
に関連する悲しみについて，成人期中期以降の人は，より情動的反応性を表す
（Kunzmann & Gruhn, 2005）。こうして，年齢の上昇とともに悲しみの強度は
増し，表出抑制の使用は悲しみの制御の手段として増えていくと考えられる。

5　情動制御の年齢変化の直接的検討と神経科学的知見 ────

（1）成人期の情動制御の年齢変化の直接的検討

　前節の知見は，既述のように，主に成人期前期と成人期後期（老年期）の人
の比較研究をもとに，成人期中期をその移行期として，知見を推測補完しなが
ら説明したものである。

　本節では，実際に成人期中期も含めて，成人期の年齢的変化を直接検討した
研究について述べる。

　ラブヴィ・ヴィーフら（Labouvie-Vief et al., 2007）は，情動制御の二次元
について縦断研究を行っている。研究参加者はアメリカ中西部の成人であり，
1992年より6年間縦断調査を行い，最終参加者は258名であった。手続きは質
問紙調査（対処と防衛尺度）を用いた。上記のように彼女の理論では，情動制
御は二次元に大別できる。1つめは，感情の最適化であり，この場合は負の感
情を抑制し，不活性化する傾向を指す。2つめは感情の複雑さで，この場合は
感情を探り増幅し，現実に開放的に直面する傾向を指す。階層線形モデルによ
る分析の結果，感情の最適化の初期レベル（1992年）は，後期中年期まで年齢
の上昇とポジティブな関係にあった。その後のレベルは，年齢に比して横ばい
状態であった。その一方で，個人の感情の最適化の変化率は，60歳まで年齢の
上昇とともに減速していったが，その後，80歳あたりから加速するようになっ
た。一方，感情の複雑さの初期レベルは，45歳まで年齢の上昇と正の関係にあ
り，その後は負の関係がみられた。感情の複雑さの個人の変化率は，年齢の上
昇と一貫して負の関係であった。この関係は年齢が上昇するとより強くなった
（図5-1）。

　ラブヴィ・ヴィーフの理論を使って，別の研究者たちも研究を行っている。
ヘルソンとソト（Helson & Soto, 2005）は，4つの年齢時（大半が27，43，52，
61歳時）の女性123名で縦断研究を行った。その結果，感情的最適化は，27〜
61歳まで上昇した。感情的複雑さは，52歳頃に頂点を迎えて，その後は下がっ
た。

　これらの知見は，情動経験のエイジングの知見やポジティブ優位性効果に，
かなり対応するものだと考えられる。

　ツィンマーマンとイヴァンスキ（Zimmermann & Iwanski, 2014；第4章参
照）（図5-2）によれば，ドイツの青年（特に青年期中期17歳）よりも成人期中
期（50歳）の方が，適応的な制御方略の使用が多かった（適応的情動制御，表出
の抑制等の項目を使用）。特に，恐れと怒りで，29歳と50歳の違いが大きい。悲

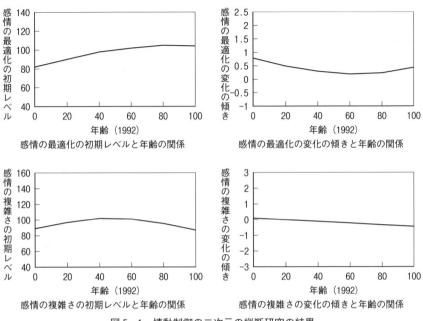

図 5 - 1　情動制御の二次元の縦断研究の結果

出所：Labouvie-Vief et al., 2007をもとに作成

しみではその違いは小さかった。

　逆に，50歳の人は他の年齢層よりも，援助要請がどの情動についても低い。ただし，恐れの援助要請については，17歳も低い。受動的態度は，全般的に11歳とともに50歳は若干高い。50歳は，悲しみの受動的態度が他の年齢層よりも高い。しかし，恐れの受動的態度は年齢による違いはなかった。怒りの受動的態度は，11歳が高く，年齢の上昇とともに低下して，25歳や50歳でまた高まる。回避的制御は，50歳で最も高い傾向があった。表出の抑制は，怒り以外は，むしろ25歳ぐらいが最も高く，50歳代は極端に高いわけではない。機能不全的反すうは，悲しみでは，11歳を頂点として，年齢の上昇とともに低下する傾向がみられた。50歳は特に悲しみの反すうが低い。制御不全は，恐れ以外は，年齢の上昇とともに高まる傾向があった。ただし，29歳をピークとして，50歳ではむしろ低下した（図5-2参照）。

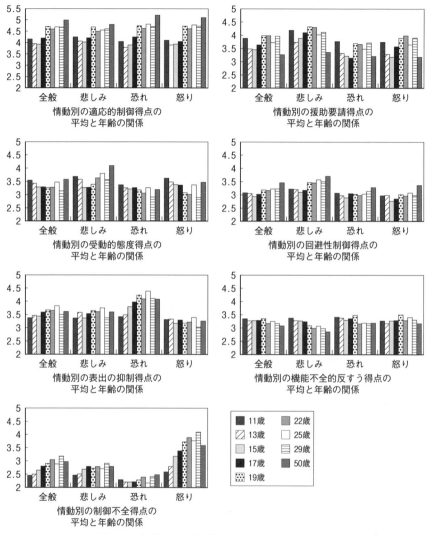

図 5 - 2　情動別の情動制御得点の平均と年齢の関係

出所：Zimmermann & Iwanski, 2014をもとに作成

　以上のように，コーピングの種類や情動の種類によって，どの年齢でその使用が多いか少ないかにはバラツキがみられた。それと同時に，ラブヴィ・

ヴィーフらの知見と同様に，情動経験のエイジングの知見やポジティブ優位性
効果に関係づけられるような知見も得られている。

　情動経験や情動制御のエイジングについて，日本でも研究が行われてい
る。結論を先にいえば，国際的な知見と同様の結果が得られている。中川ら
（Nakagawa et al., 2017；第6章参照）は，日本人516名を研究対象として，30歳，
50歳，70歳の比較を行った。その結果，年齢の上昇とともに認知的再評価の使
用が増えて，負の感情よりも正の感情を経験するようになったが，抑制にはそ
のような効果はみられなかった。そして，中川ら（2018）の研究では，上の研
究とほぼ同じサンプルを扱って調査を実施した。その結果，感情調整（情動制
御）の使用は，高齢期で中年期以前よりも多いことが見出されている（第6章
参照）。

（2）情動制御と神経科学的知見

　アメリカにおいて青年期（19.5歳），中年期（57.8歳），老年期（73.6歳）の
情動を比較した研究がある（Ready et al., 2012）。その結果，ポジティブ情動・
ネガティブ情動ともにほとんど変わらず安定していた。しかし，実行機能は成
人期中期以降の人で低下していた。ゆえに，ポジティブ優位性効果を前提とす
れば，情動制御の質的変化は60歳代以降に生じるのではないだろうか。

　この結果と似たような神経科学的研究がある（Xiao et al., 2018）。この研究
では，19〜55歳までの132名を対象とした。実験対象者は成人期前期，中年の
人であった。扁桃体と前帯状皮質（Anterior cingulate cortex）や前頭前皮質腹
内側部（Ventromedial Prefrontal Cortex；vmPFC；第4章参照）との相互作用は，
情動制御と関係していた。しかし，この関係は年齢とともには変化しなかった。
その理由は，認知課題に従事するときのみ，すなわち実行機能を行使する場合
にのみ，この機能回路に年齢が影響するからではないか。あるいは，この回路
は成人期前期の人で成熟してしまっている可能性もある。

　上記の研究とは別の角度から情動制御を検討した神経科学的知見も存在する
（Kelley & Hughes, 2019）。この研究は，MIDUS（Midlife in the US。全米の中高

年約7000人を対象に，エイジングやウェルビーイングをテーマに調査を展開している）から得たデータを利用した。その結果，エイジング（42歳までと62歳以上の人との比較による）は脳半球の活動の右アルファ非対称性（回避的動機づけ，ネガティブ情動，情動制御の貧困さの指標）と関連していた。これは，不適応的情動制御方略使用群（例：高い抑制と低い再評価）でも，適応的情動制御方略使用群（例：低い抑制と高い再評価）でもみられた。ただし，エイジングは，不適応的情動制御方略使用群で，右アルファ非対称性と，より強く関連していた。つまり，年齢の上昇とともに，不適応的な情動制御と関連する脳神経系の状態がより目立つようになっていくと考えられる。

6　情動制御と適応

　成人期では，情動制御と適応の間にどのような関係がみられるのだろうか。

（1）情動制御と適応の大まかな関係

　アップルトンら（Appleton et al., 2014）は，心血管性障害の10年後のリスクと情動制御の関係を調査した。アメリカの373人の成人が研究の対象であった。その結果，再評価と反すうが＋1標準偏差高まると，10年後のリスクが，再評価では5.9％減少し，反すうでは10.0％増加するという結果が得られた。

　このように大まかに言って，情動制御は身体的リスクを抑えたり，増加させたりする効果があることが示された。

　また，チャン（Chang, 2013）の研究では，アメリカの中西部の教師492名を対象として調査を行った。生徒の怒り，抵抗，敵意，多動，学習困難，等の不快な教室エピソードが教師のバーンアウトにつながるモデルを確証した。モデルでは，両者の間を，情動焦点型コーピング，問題焦点型コーピング，積極的コーピング，認知的再評価，表出抑制（これだけがバーンアウトを増大させる）を媒介する形となっていた。多様なストレッサーがバーンアウトという不適応状態に陥るか否かには，情動制御としてのストレスコーピングの適切さが大き

く関わっていることがわかる。

　また，適応に影響する変数に対して，情動制御が調整変数として働くという知見もある。ウォルディンガーら（Waldinger & Schulz, 2016）は，アメリカの81名の男性を対象として縦断調査を行った。まず，14歳前後で，親子関係の質を評定した。そして，45〜50歳で情動制御（情動への積極的関わり，他者への積極的関わりの二次元）をインタビューで調べた。さらに，平均80.8歳で，結婚生活のアタッチメントの安定性を半構造化面接で調べた。その結果，子どものときの養育者との関係性の温かさが，高齢になってからの配偶者とのアタッチメントの安定性を予測した。この関係は，中年期の情動制御によって調整されることもわかった。

　ホークレーら（Hawkley et al., 2009）の孤独感に関する研究も興味深い。この研究では，対象は50〜68歳の成人で，3年にわたる縦断研究であった。その結果，孤独は身体活動，心理社会的変数，自己評定健康を低減することがわかった。しかし，重要なのは，そのような関係に快の情動制御が調整変数として関わることである。つまり，孤独感が高くても，快の情動制御が働くことによって，様々な活動や健康への負の影響が低減される可能性がある，ということだ。

（2）問題ごと，方略ごとの情動制御と適応との関係

　しかし，情動制御といっても，すでにみてきたように様々な方略があり，その中には一般に不適応的とされる方略も存在する。たとえば，上記のチャンの研究では，表出抑制がそれに該当するだろう。また，人が抱えるリスクには，心身ともに多様な問題がある。そのため，問題ごとに情動制御との関係をみていこう。

　MIDUS II（MIDUS の第2期調査。2002〜2009年に実施）から得たデータによる研究（Otto et al., 2018）では，46名の男女のデータを分析した。その結果，高い抑制はコルチゾール反応と関連していた。つまり，抑制はストレスを高めることを示している。

　また，抑うつ症状と情動制御方略（積極的コーピング，受容，再評価，サポート）の関係を質問紙調査によって検討した研究がある（Nolen-Hoeksema & Aldao, 2011；第6章参照）。対象者の年齢群は，25〜35歳，45〜55歳，65〜75歳であった。

　その結果，女性は年齢の上昇とともに，抑制が増加した。男性は特にこのような現象はみられなかった。受容の使用は，年齢の上昇とともに女性では低下した。すべての年齢，性で，不適応的な方略の使用が，抑うつ症状と関連していた。だが，適応的方略の使用は，どの群を通じても抑うつレベルの低さと関連がなかった。さらに，反すうは，老年，中年，若年の順で多かった。抑制は，女性の高齢者が，中年や若年の女性よりも使用頻度が多かった。

　抑うつに関して性差がみられることはよく知られていることだが，こうした知見から，抑うつと不適応的情動制御との一定の関係が見出せたといえるだろう。

　では，適応や不適応につながる情動制御の使用には，何が影響しているのだろうか。曖昧耐性の低さが影響するという研究がある（Ouellet et al., 2019）。この研究は，20歳代後半〜30歳代を中心としたフランス系カナダ人204名を対象とするものであった。詳細を記せば，情動制御の困難に関わる尺度の下位尺度は，情動反応への非受容，目標志向行動への参加の困難さ，衝動コントロールの困難さ，情動覚知（意識）の欠如，情動的明晰性（情動理解）の欠如から構成されていた。そして，曖昧耐性の低さ，情動制御の困難さ，心配という連鎖のモデルを立てた。質問紙調査によって，モデルは支持された。したがって，不適応につながる可能性のある情動制御の困難には，特性的な要因（この場合は，曖昧耐性の低さ）が絡んでいると考えられる。

　しかし，情動制御が必ずしも適応と関係があるとはいえない，という知見も存在する。スローンら（Sloan et al., 2017）は，967人の中年アメリカ人を対象として研究を行った。その結果，心拍数とその変動（情動制御の指標とされている）と，ネガティブ情動，健康の関係は有意ではなかった。ゆえに，スローンらは，従来の予測を疑問視している。

　このため，適応領域については，今後もさらに研究を進めていく必要がある
だろう。

7　中年期の情動制御研究のこれから ────────────

　成人期の，特に成人期中期（中年期）に関する情動制御研究はきわめて数が
不足している。そのため，本章では，成人期初期と成人期後期の比較研究から，
推測して記述せざるを得ない点が多々あった。これは今後の生涯発達研究をす
るうえで，大きな問題だろう。しかし，老年期の方が顕著とはいえ，ポジティ
ブ優位性効果のようなものも，すでに成人期中期にはその萌芽がみられる，と
いった点を示すことができた。

　ところで，情動制御自体は何から影響を受けるのだろうか。成人期に限って
言えば，わずかだが，パーソナリティ要因の影響も研究されている。ジャヴァ
ラスら（Javaras et al., 2012）は，成人273名（35～85歳）を対象とした研究を
行った。中年（35～65歳）で，誠意性（パーソナリティの Big Five の1つ）が，
2年後に測定したネガティブ情動刺激からの回復と関係し，反応性とは関係が
ない，という知見が得られている。この種の研究も今後の蓄積が望まれる。

　以上のように，成人期の情動制御については，研究課題が山積みであり，本
章を端緒として，この領域の研究が増加していくことを願ってやまない。

第 6 章

老年期の情動制御

中川　威

1　老年期とは

　老年期を含めて，生涯にわたって人は加齢につれてどのように変化するのだろうか。加齢による変化は，人によってどのように異なるのだろうか。ある領域における変化は，別の領域における変化とどのように関連するのだろうか。こうした疑問が，人の加齢と発達に関する学問分野において研究されてきた (Baltes & Nesselroade, 1979)。

　本著で扱われている情動制御 (emotion regulation) は，概念が定義されて以降 (Gross, 1998)，急速に知見が蓄積されている (Gross, 2015)(序章参照)。情動制御とは，人が，どのような情動を，どのようなときに，どのように経験したり表出するかを制御するプロセスである (Gross, 1998)。発達科学分野においても，人は加齢につれて情動の経験や表出をどのように制御するようになるのかという疑問が研究され，情動制御の年齢差に関しても理論と実証研究の到達点と課題が概観されてきた (Allen & Windsor, 2019；Charles & Carstensen, 2007, 2010；Isaacowitz, 2012；Isaacowitz & Blanchard-Fields, 2012；Mather, 2012；Scheibe & Carstensen, 2010)。本章では，これら既存の総説を踏まえつつ，老年期とそれ以前を比べて，情動制御にどのような差異が認められるかという

基礎的な知見を紹介し，これらの知見が高齢者の家族や医療・福祉の専門職などにとってどのような臨床的な意味をもつかについても述べる。

　なお，老年期あるいは高齢期は一般的には65歳以上と定義される。老年期には幅広い年齢が含まれており，老年期をさらに細かく区分する定義もある。年齢範囲は研究によって多少異なるが，65歳から74歳までは前期高齢期（young-old），75歳から84歳までは後期高齢期（old-old），85歳以上は超高齢期（oldest-old）と呼称される（Baltes & Smith, 2003；Neugarten, 1975）。また，本章では，老年期とそれ以前を比較した研究を扱うが，施設入居者や患者といった認知機能が低下した高齢者を対象にした研究は扱わない。

2　情動加齢に関する通説と事実

　先進国を中心に，平均寿命が延伸し，多くの人が老年期を迎えるようになった。こうした社会の変化に伴い，人が加齢につれてどのように変化するかという疑問が研究されるようになり，情動が加齢につれてどのように変化するかという情動加齢（emotional aging）についても知見が蓄積されてきた。

　老年期の情動制御に関する研究が体系的に行われることになった端緒として，通説に反する研究結果が報告されたこと，そして，情動加齢を体系的に説明し得る社会情動的選択性理論（socioemotional selectivity theory；Carstensen, 1993）が提案されたことがあげられる。加齢につれて健康の低下や重要な他者との死別などの望まない変化が生じやすくなるため，老年期には「つらい」といったネガティブ感情を伴うと一般的には考えられてきた（Heckhausen et al., 1989）。また，学術的にも，人は加齢につれて，悲嘆や心配といったネガティブ感情をよく経験し，喜びや感動といったポジティブ感情をあまり経験しなくなると考えられてきた（Banham, 1951）。一方で，情動制御を含む情動の諸機能は，老年期においても維持されたり，発達することを示唆する知見が散見されていた（Gross et al., 1997；Lawton et al., 1992；Levenson et al., 1991）。25歳から74歳までの個人を対象にして行われた研究では，年齢が高いほど，ポジ

ティブ感情は高く，ネガティブ感情は低くなるという結果が報告され（Mroczek & Kolarz, 1998），情動経験（emotional experience）は加齢につれて良好になることが示唆された。通説に反するこの事実は，客観的には困難な状況においても人は主観的には幸福と感じる現象を指す「幸福感の矛盾（paradox of well-being）」の傍証として，心理学，社会学，経済学，人口学といった幅広い学問分野で知られている。これまでの知見を概観すると，生涯にわたって人はポジティブ感情よりもネガティブ感情をよく経験することが一貫して示されてきた（Charles & Carstensen, 2010；Scheibe & Carstensen, 2010）。ただし，情動経験が加齢につれてどのような軌跡を描くか――すなわち，上昇するか，下降するか，安定するか――に関する知見は必ずしも一貫しておらず，さらなる知見の蓄積が待たれる。

　通説に反する事実を説明するため，複数の仮説が検討されてきた。その一つが，人は加齢につれて情動をうまく制御できるようになるという仮説である。そして，この仮説の根拠となる理論として，社会情動的選択性理論は注目を集めてきた。この理論を踏まえると，老年期では，若年期や中年期に比べて，情動制御が発達するため，結果として情動経験が良好になると考えられる。しかし，情動制御の年齢差が体系的に研究されてきた一方で，情動制御が情動経験に寄与するという仮説を直接的に検証した研究は発達科学分野においては長らく行われてこなかった（Isaacowitz & Blanchard-Fields, 2012；Scheibe & Carstensen, 2010）。現在も，この仮説を支持する証拠は十分に蓄積されておらず，結論には至っていない。

　なお，本章では詳述しないが，「幸福感の矛盾」を説明する代替仮説として，老年期では，情動経験が良好な者が，不良な者よりも，長生きするという仮説（たとえば，Segerstrom et al., 2016），より過去に出生した高齢者は，戦争や経済不況といった困難を経験した一方，より最近に出生した若年者や中年者は，そのような困難を経験していないため，高齢者は過去と比較して現在をポジティブに評価するという仮説（たとえば，Sutin et al., 2013），情動経験を含めた幸福感は一定の水準に保たれており，状況の変化によって一時的に変化し

ても，その後以前の水準に戻るという仮説（たとえば，Diener et al., 2006）などが検討されてきた。

3　情動加齢に関する理論 ─────────────

　情動加齢に関する理論について知ることは，「幸福感の矛盾」という現象を理解するだけでなく，日常生活において自分と他者の情動が加齢につれてどのように変化するかをよりよく理解する助けとなる。前節では，社会情動的選択性理論に言及したが，この理論以外にも，情動加齢に関する理論が複数提案されてきた。本節では，主要な理論についてのみ解説する。なお，動的統合理論（dynamic integration theory；Labouvie-Vief, 2003）と加齢脳理論（aging brain model；Cacioppo et al., 2011）については，他書を参照されたい。

（1）補償を伴う選択的最適化理論

　補償を伴う選択的最適化理論（selection, optimization, and compensation：SOC と略記される）は，生涯にわたって人がどのように望ましい目標を達成し，望ましくない目標を避けるかを説明する理論として提案された（Baltes, 1987；Baltes & Baltes, 1990；Baltes et al., 1984）。この理論では，人は多領域にわたる資源の獲得と喪失——たとえば，教育の修了や疾患の罹患——を経験するが，選択，最適化，補償という3つの方略を使いこなすことで，これらの経験にうまく適応できると仮定されている。先行知見を参考に（Baltes et al., 1995；Freund, 2006），表6−1にこれらの方略に含まれる具体的な行動を整理した。

　まず，選択に関しては，時間や労力といった資源には限界があるため，人は資源を費やす目標を選ぶことを指す。選択には，さらに2つのプロセスが含まれる。目標の絞り込みによる選択（elective selection）は，多くの可能性の中から目標を自ら選ぶプロセスを指す。一方，目標の切り替えによる選択（loss-based selection）は資源の減少や目標に関わる手段の喪失に応じて目標を選ぶプロセスを指す。目標の切り替えによる選択には，目標の優先順位を見直した

表6-1　補償を伴う選択的最適化理論の枠組み

選　択	最適化	補　償
目標の絞り込みによる選択 　目標を明確にする 　目標を体系づける 　　（優先順位を決める） 　目標を状況に合わせる 　目標に専念する 目標の切り替えによる選択 　最も重要な目標に焦点化する 　新しい目標を探す 　目標の優先順位を見直す 　一定の基準に適応する	注意を向ける 頑張る／努力する 時間を費やす 技能を練習する 新しい技能／資源を身に付け る うまくいっている者を真似る 成長しようと望む	より注意を向ける より頑張る／努力する より時間を割く 用いていない技能／資源を活用す る 新しい技能／資源を身に付ける 補償をうまくしている者を真似る 外部の補助／人の助けを用いる 治療的な介入に頼る

出所：Baltes et al., 1995；Freund & Baltes, 1998 より作成

り，新しい目標を探すことが含まれる。たとえば，大学生においては，多くの組織の中から働きたい組織を自ら選ぶことが目標の絞り込みによる選択に該当し，第一希望の組織で募集がなかったり，不採用になった場合には，第二希望以下の組織で応募したい組織を見直したり，違う職業を探すことが目標の切り替えによる選択に該当する。

次に，最適化に関しては，目標を達成するための手段である内的あるいは外的な資源を費やしたり，改良しようとすることを指す。就職活動をする大学生の例を再びあげると，ある組織で働くために，時間や労力を費やしたり，第一希望の組織に採用された友人を真似たり，面接の練習をすることが最適化に当てはまる。

最後に，補償に関しては，資源の減少や目標に関わる手段の喪失に際して，目標を達成するために資源や手段を補うことを指す。たとえば，過去に知り合った OB・OG を訪問して情報を得たり，就職支援の担当者に面接の練習を手伝ってもらうことが該当する。

本節では，大学生の就職活動という若年者の社会的行動を例にあげ，補償を伴う選択的最適化理論を説明した。しかし，この理論は，若年期から老年期までの幅広い年齢における，情動を含む多領域にわたる加齢と発達に適用できる汎用性のある枠組みである（Baltes, 1987；Baltes & Carstensen, 1996）。選択，最適化，補償という方略を測定する自記式尺度（Freund & Baltes, 1998）が開

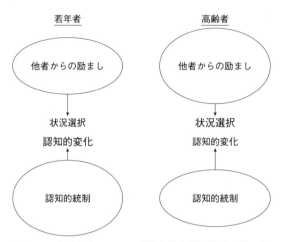

図6-1　情動制御における補償を伴う選択的最適化の例
出所：Urry & Gross, 2010より作成

発されて以降，この理論を直接的に検証する研究が体系的に行われるように
なった。

　近年では，補償を伴う選択的最適化理論を情動制御のプロセス理論に適用
することで，情動加齢に関する仮説を導き出す枠組みが提案されている（Urry
& Gross, 2010）。情動制御のプロセス理論では，情動制御は，「状況選択」，「状
況修正」，「注意の方向づけ」，「認知的変化」，「反応調整」の5つのプロセスに
区分される（図序-6）。これらの概念の具体的な例は序章を参照いただき，本
章では老年期で重要な役割をもつと考えられる一部のプロセスの定義のみ述べ
る。状況選択は，特定の情動が生起すると予測される状況を自ら選ぶことを指
す。状況修正は，情動に影響する状況を変えることを指す。これら情動制御の
5つのプロセスに補償を伴う選択的最適化理論を適用することで，加齢につれ
て脳内で情報を処理するための内的資源の減少，友人や配偶者といった外的
資源の喪失を経験するものの，高齢者は，資源の喪失を補償するため，特定の
情動制御のプロセスを選択したり，最適化したりすると考えられる（Urry &
Gross, 2010）。

　図6-1に，状況選択と認知的変化という2つの情動制御のプロセスにおけ

る年齢差の仮説を示した。若年者は，自分の思考や行動を客観的に捉え評価したうえで情動を制御する認知的統制（cognitive control）という認知的変化の方略を用いることで，ネガティブ情動を減らすと考えられる。しかし，この方略は情報処理資源を要し，加齢につれて情報処理資源が減少するため，高齢者は認知的変化の方略を用いることが困難になる。そのため，高齢者は，認知的変化の方略を用いる代わりに，ポジティブ情動が生起されると予測される，励ましてくれる他者といる状況を選ぶという状況選択の方略を用いるようになると考えられる。

上記の仮説は，あくまで仮説の一部である。本章では詳述しないが，状況修正，注意の方向づけ，反応調整においても，補償を伴う選択的最適化理論を踏まえ，情動制御の年齢差に関する様々な仮説が導き出されている（Urry & Gross, 2010）。

（2）社会情動的選択性理論

社会情動的選択性理論は，当初は社会関係の加齢変化を説明する理論として提案されたが（Carstensen, 1993），後に情動の加齢変化を説明する理論として精緻化された（Carstensen et al., 1999）。この理論では，補償を伴う選択的最適化理論を情動という領域に適用し，情動加齢に関する仮説を導き出すことが目指された（Carstensen et al., 1999）。さらに，後述のように，加齢以外の要因で生じる情動の変化も射程に捉えている（Carstensen, 2006）。

社会情動的選択性理論では，人は，時間には限りがないと知覚すると，新しい情報を獲得するという目標に動機づけられる一方，時間には限りがあると知覚すると，ポジティブ情動を獲得するという目標に動機づけられると仮定される。この理論を踏まえて，人は加齢につれて時間には限りがあると知覚することで，ポジティブ情動を獲得するという目標に動機づけられ，情動をうまく制御できるようになるという仮説が導き出されている。さらに，転居，病気，戦争といった状況においても，人は時間には限りがあると知覚するため，人は状況次第でポジティブ情動を獲得するという目標に動機づけられると考えられて

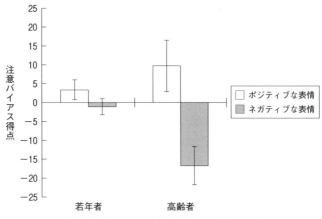

図6-2　注意におけるポジティブ優位性効果

出所：Mather & Carstensen，2003の実験2より作成

いる（Carstensen，2006）。

　社会情動的選択性理論が提案されて以降，情動加齢に関する研究が体系的に
行われるようになった。初期の研究では，注意と記憶における情動を伴う情報
処理の年齢差に関する研究が行われ，高齢者は，若年者に比べて，ポジティブ
情動を伴う刺激に注意を向けたり，よく記憶するという認知的傾向が示された
（Mather & Carstensen，2005）。この現象は，ポジティブ優位性効果（positivity
effect）と呼称され，数多くの知見が蓄積されてきた。先行研究の結果を統合
するメタ分析（meta analysis）の結果，ポジティブ優位性効果は頑健な現象で
あることが報告されている（Reed et al.，2014）。

　注意と記憶におけるポジティブ優位性効果の例を2つあげる。悲しみ，怒り，
喜びという表情に対する注意の年齢差を検討した研究（Mather & Carstensen，
2003）では，若年者と高齢者は，いずれかの情動を表出する表情と無表情をペ
アで見た後，いずれかの表情の位置に提示された点の位置をキーボードのキー
で回答するよう指示された。この実験課題は，ドット・プローブ課題と呼ばれ
る。2回行われた実験で一貫した結果が得られた（図6-2）。高齢者は，無表
情の位置に点が提示された条件では，ネガティブな表情の位置に点が提示され

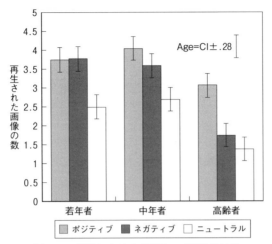

図6-3　記憶におけるポジティブ優位性効果
出所：Charles, Mather & Carstensen, 2003の実験1より作成

た条件よりも，反応速度が速かった。一方，若年者では，条件間で反応速度に
違いは認められなかった。これらの結果，高齢者はネガティブ情動から注意を
逸らす傾向が示唆された。

　また，ポジティブ画像，ネガティブ画像，ニュートラル画像に対する再生
および再認記憶の年齢差を検討した研究（Charles et al., 2003）では，若年者，
中年者，高齢者は，画像を見て，画像と関連しない質問紙に回答した後，見た
画像をできるだけ多く再生するように指示され，次に，提示された画像と提示
されなかった画像を見て，見た画像を再認するように指示された。2回行われ
た実験で，概ね一貫した結果が得られた（図6-3）。ニュートラル画像とネガ
ティブ画像に比べて，ネガティブ画像が再生される比率と再認される比率は，
年齢が高いほど小さかった。これらの結果，高齢者はネガティブ情動を記憶し
なくなる傾向が示唆された。なお，他の総説でポジティブ優位性効果に関する
知見が詳細に概観されている（増本・上野，2009；Reed & Carstensen, 2012）。

　ポジティブ優位性効果は，情動制御の発達の傍証であり，社会情動的選択性
理論を支持していると解釈されてきた。しかし，ポジティブ優位性効果に関す

る研究は，必ずしも情動制御のプロセス理論に基づいて行われてこなかった（Isaacowitz & Blanchard-Fields, 2012）。注意における年齢差は，注意の方向づけの方略と位置づけられる一方，記銘，保持，想起という記憶のプロセスと情動調整のプロセスとは明確に対応しているわけではない。たとえば，ネガティブ情動を伴う情報の忘却が認知的変化の方略とみなせるかは検討の余地があるだろう。

（3）強靭性—脆弱性統合理論

強靭性—脆弱性統合理論（model of strength and vulnerability integration）は，情動加齢に影響する心理的要因と生理的要因を包括的に説明する理論として提案された（Charles, 2010 ; Charles & Luong, 2013）。この理論では，図6-4に示したように，加齢に伴う心理的変化と生理的変化が情動経験に影響すると仮定されている。心理的変化に関しては，人は情動をうまく制御できるようになるという強靭性を示すとされる。一方，生理的変化に関しては，人は生理的覚醒が遷延するようになるという脆弱性を示すとされる。この理論を踏まえて，高齢者は，若年者に比べて，情動制御方略をうまく使いこなせるため，情動経験が良好になる一方，避けることができない困難な状況では生理的覚醒を抑制しにくいため，情動経験が悪化するという仮説が導き出されている（Charles, 2010 ; Charles & Luong, 2013）。

強靭性—脆弱性統合理論では，心理的変化が生じるメカニズムとして，誕生からの時間，死亡までの時間，喪失への適応という3つのプロセスが考慮されている。まず，誕生からの時間に関しては，生きた時間で習熟した経験と知識が，情動経験に影響するネガティブな出来事への効果的な対処を可能にすると仮定されている。次に，死亡までの時間に関しては，社会情動的選択性理論を踏まえ，生きられる時間には限りがあると知覚することが，情動経験を良好にするという目標への動機づけを高めると仮定されている。最後に，喪失への適応に関しては，補償を伴う選択的最適化理論を踏まえ，人は加齢につれて心理，社会，生理といった多領域における喪失を経験するものの，高齢者は選択，補

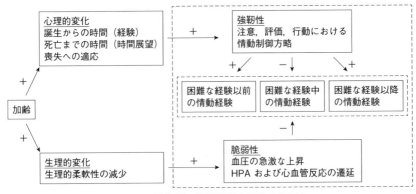

図6-4　強靭性―脆弱性統合理論の枠組み

注：HPA は視床下部―下垂体―副腎皮質系を意味する。

出所：Charles, 2010より作成

償，最適化という方略を使いこなすことで喪失に適応できると仮定されている。
これら３つの心理的プロセスを通して，高齢者は情動制御方略を使いこなすと
いう強靭性を示すと考えられている。

　他方で，生理的変化が生じるメカニズムとして，生理的柔軟性の減少という
プロセスが考慮されている。ネガティブな出来事を経験すると，血圧の急激な
上昇，HPA（視床下部―下垂体―副腎皮質）と心血管反応の遷延といった反応
が生起するが，加齢とともにこれら生理的覚醒を制御することが困難になると
仮定されている。この生理的プロセスを通して，高齢者は，ネガティブな出来
事を経験すると，生理的覚醒が遷延するという脆弱性を示すと考えられている。

　強靭性―脆弱性統合理論は，補償を伴う選択的最適化理論と社会情動的選択
性理論よりも，包括的な枠組みである。まず，加齢に伴う心理的変化に加え，
生理的変化がより詳細に考慮されている。さらに，感情の快と不快を指す感
情価（valence）に加え，感情の程度を指す覚醒度（arousal）が考慮されている。
これらを踏まえることで，高齢者では，情動制御の効果が時間や状況によって
異なるという精緻な仮説が導き出された。すなわち，高齢者では，ネガティブ
な出来事を経験する以前と経験した以降では，情動をうまく制御できる一方，
ネガティブな出来事を経験した最中や直後では，遷延した生理的覚醒をうまく

制御できないと考えられている。ただし，補償を伴う選択的最適化理論と社会情動的選択性理論とは異なり，強靭性─脆弱性統合理論を直接的に検証した研究はまだ十分に行われていない。

4　情動制御の年齢差に関する実証研究

　前節では，情動加齢を説明する主要な理論を概観した。いずれの理論も，人が喪失に適応するように変化し得ることを示唆している。本節では，これらの理論を直接的に検証した研究知見を概観するのではなく，情動制御の5つのプロセス（Gross, 1998, 2015），すなわち，状況選択，状況修正，注意の方向づけ，認知的変化，反応調整に沿って，情動制御の年齢差に関する基礎的な知見を概観する。なお，本節では，既存の総説（Allen & Windsor, 2019）を参考にしつつ，最新の知見にも言及する。

（1）情動制御の年齢差の定義

　まず，本節で扱う情動制御の年齢差が何を意味するか，その定義を整理する。情動制御の各プロセスには，多様な下位方略が含まれており，下位方略ごとに効果が異なる（Gross, 2015）。情動制御の年齢差に関する研究の多くは，情動制御のプロセス理論を踏まえていないため，各研究で測定された情動制御方略がどのプロセスに位置づけられるかは必ずしも明確ではない。本節では，情動制御のどのプロセスに分類されるかが明確な方略を主に扱う。

　さらに，情動制御方略の使用と効果，あるいは，プロセスとアウトカムを区別し（Isaacowitz & Blanchard-Fields, 2012），方略の使用頻度の年齢差を主に扱う。先行研究の多くは，高齢者は，若年者や中年者に比べて，特定の情動制御方略を頻繁に用いるという仮説を検討し，高齢者は特定の方略を効果的に用いるという仮説を検討してこなかった（Isaacowitz & Blanchard-Fields, 2012；Scheibe & Carstensen, 2010）。現在も，人は加齢につれて情動制御方略をより効果的に用いるという仮説は十分検討されていないが，認知的変化と反応調整

といった情動制御の一部のプロセスに関しては知見が蓄積されつつある。

（2）情動制御の測定

　情動制御の年齢差に関する研究は，自記式尺度，実験課題，生理指標を用い
て，主観，行動，生理といった多側面における反応を測定してきた。本節では，
自記式尺度と実験課題を用いて情動制御を測定した研究を扱う。

①自記式尺度

　いくつかの自記式尺度が情動制御のプロセス理論を踏まえて開発されてきた
（Gross & John, 2003；Schutte et al., 2009）。グロス（Gross, J. J.）とジョン（John,
O. P.）の開発した尺度は，再評価方略（reappraisal）と抑制方略（suppression）
を測定しており，それぞれ認知的変化と反応調整に該当する。また，シュッテ
（Schutte, N. S.）らが開発した尺度は，情動制御の5つのプロセスを包括的に測
定している。国内では，これらの尺度は日本語訳されており（吉津，2010；吉
津ほか，2013），グロスとジョンの開発した尺度を用いて情動制御の年齢差を検
討した研究が報告されている（Masumoto et al., 2016；Nakagawa et al., 2017；
池内・長田，2015）。

　なお，情動制御と類似する概念であるコーピングや防衛機制を測定する尺
度や，情動制御のプロセス理論に基づかない情動制御の尺度を用いて，情動
制御の年齢差を検討した研究もある（Coats & Blanchard-Fields, 2008；Nolen-
Hoeksema & Aldao, 2011；Orgeta, 2009）。国内では，独自に開発された尺度や
認知的情動制御を測定する尺度（Garnefski & Kraaij, 2006；Sakakibara & Endo,
2016）を用いて年齢差を報告した研究がある（中川ほか，2018；榊原，2018）。
しかし，異なる尺度を用いた研究間の結果を比較することは困難であることか
ら，本節では，国内でも複数の研究で用いられている，グロスとジョンが開発
した情動制御尺度を用いた研究を主に概観する。

　さらに，情動制御を時間と状況によらず一定した概念と捉え，情動制御を1
時点でのみ測定する研究が多い一方，情動制御を時間と状況によって変動する

概念と捉え，１日に１回以上，数日から数週間にわたって情動制御を複数時点で測定する研究もある。とりわけ日常生活における情動制御を測定する研究は，時間と状況に応じてどのような情動制御方略が使用されるかを詳細に測定できることから，高齢者が情動制御方略を効果的に使う状況と使えない状況を特定できると考えられている（Charles & Piazza, 2009）。なお，日常生活における情動制御を測定する方法として，日誌法（daily diary method）や経験抽出法（experience sampling method）がある。

②実験課題

　情動制御の年齢差に関する実験研究では，情動制御のプロセス理論を踏まえて新しく開発された課題（たとえば，Rovenpor et al., 2013）や，高齢者以外を対象にした研究で開発された既存の課題が用いられてきた（たとえば，Mather & Carstensen, 2003）。しかし，先行研究の多くは，情動制御の一部のプロセスのみを測定しており，情動制御の５つのプロセスを包括的に測定し，その年齢差を検討した研究は行われてこなかった。最近になって，情動制御のプロセスを包括的に測定する研究が行われた（Livingstone & Isaacowitz, 2019）。

　なお，ポジティブ優位性効果は，情動制御の年齢差の傍証として解釈され，記憶におけるポジティブ優位性効果を検討した研究が体系的に行われてきた（たとえば，Charles et al., 2003；Kennedy et al., 2004；Mikels et al., 2005；上野ほか，2014）。しかし，記憶のプロセスと情動制御のプロセスの対応関係は明確ではないため，本節では，記憶におけるポジティブ優位性効果の知見は扱わない。

（3）情動制御の年齢差に関する先行知見

　情動制御の５つのプロセスのうち，状況選択および状況修正の年齢差に関しては，最近になって研究が進められている一方，注意の方向づけ，認知的変化，反応調整の年齢差に関しては，比較的早くから研究が進められてきた。以下では，情動制御のプロセスごとに知見を概観する。

①状況選択

補償を伴う選択的最適化理論（Urry & Gross, 2010）を踏まえると，高齢者は情報処理資源の減少を補償するため，若年者や中年者に比べて，ポジティブ情動が生起する状況を頻繁に選んだり，ネガティブ情動が生起する状況を早く終わらせようとするといった状況選択や状況修正をよく用いると考えられる。

状況選択に関する先駆的研究（Rovenpor et al., 2013）では，若年者と高齢者は，雑誌，ビデオ映像，ウェブサイトという3つの情報媒体がある部屋に15分間滞在して，情報媒体を選び，好きな順番で，好きなだけ視聴するように指示された。情報媒体の感情価，すなわちポジティブ刺激，ネガティブ刺激，ニュートラル刺激ごとに，参加者が選択した数と視聴した時間を算出し，年齢差を検討した。その結果，いずれの感情価においても，年齢差は認められず，高齢者も，若年者も，ニュートラル刺激よりも，ポジティブ刺激とネガティブ刺激を選んだ。その後行われたいくつかの研究を含めたメタ分析（Sands et al., 2018）においても，状況選択に年齢差は認められず，高齢者も，若年者も，ネガティブ刺激とニュートラル刺激よりも，ポジティブ刺激を選んだ。ただし，刺激の関連性（relevance）と覚醒度の程度によって，どのような情動が生起する刺激を選ぶかに年齢による差異がみられた。具体的には，自身の日常生活との関連性が高いネガティブ刺激が提示された条件では，若年者は，ニュートラル刺激よりも，ネガティブ刺激を選んでいた。また，覚醒度が高いポジティブ刺激が提示された条件では，高齢者は，ネガティブ刺激よりも，ニュートラル刺激を選んでいた。

先行知見では，補償を伴う選択的最適化理論に反して，状況選択の年齢差は認められていない。一方で，ポジティブ刺激の覚醒度が高い状況では年齢差が認められるという結果は，高齢者は遷延した生理的覚醒をうまく制御できないと仮定する強靭性―脆弱性統合理論と部分的に整合するだろう。

②状況修正

状況修正に関する先駆的研究（Livingstone & Isaacowitz, 2015）では，若年

者と高齢者は，感情価が異なるビデオ映像を視聴するよう指示された。また，キーボードのキーを押せば，早送りして次の映像を視聴できると教示された。早送りされた映像の数は年齢と感情価によって異なっていた。すなわち，高齢者は，若年者に比べて，ネガティブ映像を多く早送りしていた。この結果から，状況修正には年齢差があることが示唆された。この研究に限れば，既存の理論を支持する結果が得られている。しかし，状況修正に関する知見は，情動制御のプロセスのうち，最も限られており，結論づけるのは早計だろう。

　最近の研究では，23歳から85歳までの夫婦が，9日間にわたって，状況選択と状況修正を含む6つの情動制御方略の使用頻度をそれぞれ1項目の質問で回答した（Eldesouky & English, 2018）。その結果，年齢によらず，状況選択と状況修正は同程度使用されていた。さらに，対人葛藤という特定の状況では，既存の研究とは異なる結果が得られている。日常生活における対人葛藤を日誌法で測定した研究（Charles et al., 2009）では，高齢者は，若年者に比べて，対人葛藤を経験する頻度が少なかったことから，対人葛藤を回避するという状況選択の年齢差が示唆された。一方，対人葛藤を実験的に操作した研究では，若年者と高齢者は対人葛藤を同程度に早く終わらせようとしたことから（Luong & Charles, 2014），対人葛藤から離脱するという状況修正の年齢差は示されなかった。ただし，どのような状況で状況修正に年齢差がみられるかは十分検討されていない。

③注意の方向づけ

　社会情動的選択性理論を踏まえ，高齢者がネガティブな刺激よりもポジティブな刺激に注意を向けるというポジティブ優位性効果に関する研究が数多く行われてきた（Isaacowitz, 2012）。注意におけるポジティブ優位性効果は，情動制御のプロセスにおける注意の方向づけの年齢差として解釈されている。しかし，ポジティブ優位性効果に関する研究は必ずしも情動制御のプロセス理論を踏まえてこなかった。

　最近になって，注意の方向づけの年齢差を直接的に検討する実験研究が行わ

れている。これらの研究では（たとえば，Isaacowitz et al., 2006），若年者と高齢者が，コンピュータのスクリーンに提示された情動を伴う刺激（たとえば表情や画像）を見るように指示され，アイトラッキングによって視線が計測された。その結果，高齢者では，若年者に比べて，ポジティブ刺激を，ネガティブ刺激よりも，注視する時間が長いことが報告されている。他の実験においても，結果が再現されており（Knight et al., 2007；Nikitin & Freund, 2011），注意の方向づけの年齢差が頑健に認められている。

　ただし，先行研究では，実験者が選んだ刺激が提示され，参加者は刺激を選べなかった。一方，日常生活では，様々な刺激の中から，どの刺激を見るかを選ぶことができる。すなわち，注意の方向づけは単独では用いられず，状況選択や状況修正とともに用いられると考えられる。イサコウィッツ（Isaacowitz, D. M.）らは，状況選択の実験課題（Rovenpor et al., 2013）を用いて，若年者と高齢者が自由に選んだ刺激にどの程度注意を向けていたか，アイトラッキングを用いて検討した（Isaacowitz et al., 2015）。2回行われた実験で一貫した結果が得られ，刺激の感情価によらず，注視した時間に年齢差は認められなかった。

　これらの研究から，状況によって異なる情動制御方略が用いられるとともに，注意のプロセスと情動制御のプロセスの対応関係は必ずしも自明ではないことが示唆される。ネガティブ刺激を回避できない状況では，高齢者は注意を逸らす（attentional deployment）という注意の方向づけの方略を用いる一方，感情価にかかわらず刺激を選べる状況では，年齢によらず人は注意を向ける（attentional selection）という状況選択の方略を用いると考えられる。

④認知的変化

　補償を伴う選択的最適化理論を踏まえると，認知的変化は情報処理資源を要するため，高齢者は認知的変化をあまり用いなくなると考えられる。

　認知的変化の年齢差に関する初期の研究では，グロスとジョンの開発した自記式尺度が用いられてきた（たとえば，John & Gross, 2004；Yeung et al., 2011）。先駆的研究（John & Gross, 2004）では，60歳代の女性を対象に，現在

と20歳代の頃の情動制御の使用頻度を回顧的に尋ねた。その結果，60歳代では，20歳代に比べて，情動を生起する状況や刺激，自分の情動に対する解釈を変化させるという再評価方略をよく用いるという傾向がみられた。再評価方略の例として，採用面接は，会社が自分の能力をどれくらいあるか評価するというネガティブな状況ではなく，自分が会社をどれくらい好きか評価するというポジティブな状況として解釈を変えることがあげられる。さらに，18歳から64歳までの個人を対象にして行われた研究においても，年齢と再評価方略に正の相関が認められ，年齢が高い者ほど再評価方略をよく用いることが示唆された（Yeung et al., 2011）。一方，異なる情動制御尺度を用いた研究ではあるが，年齢が高い者ほど再評価方略をあまり用いないことを示唆する報告もある（Nolen-Hoeksema & Aldao, 2011）。また，日誌法を用いて日常生活における情動制御方略を測定した研究（Eldesouky & English, 2018）では，再評価方略の使用頻度に年齢差は認められていない。

　実験研究（Opitz et al., 2012）では，若年者と高齢者は，提示されたネガティブ画像を見て，ネガティブ情動を上昇あるいは減少させるという再評価方略を用いるように指示された。その結果，高齢者は，若年者に比べて，ネガティブ情動の減少をうまく行うことができず，ネガティブ情動の上昇をうまく行うことができた。この研究では，認知的変化の使用ではなく，効果を測定しているものの，認知的変化の効果は高齢者よりも若年者で大きいことが示唆された。

　また，他の実験研究（Scheibe et al., 2015）では，若年者と高齢者は，提示されたネガティブ画像を見て，その状況とは無関係のことを考えて注意を逸らすという「注意の方向づけの方略」か，その状況はいずれ問題なくなると考えて再評価するという「認知的変化の方略」かを選ぶように指示された。その結果，高齢者は，若年者に比べて，認知的変化よりも注意の方向づけを用いて，ネガティブ情動を制御することが示唆された。

　これらの実験研究では，高齢者は再評価方略をうまく行うことができないという結果が得られているが，認知的変化の下位方略によっては高齢者がうまく行うことができることを示唆する報告がある。ネガティブな状況の中の情

動を伴わない側面に注意を向ける客観視再評価 (detached reappraisal) と, ネ
ガティブな状況のポジティブな側面に注意を向ける肯定的再評価 (positive
reappraisal) を区別した実験研究において, 高齢者では, 若年者に比べて, 客
観視再評価の効果は小さく, 肯定的再評価の効果は大きいことが示唆された
(Shiota & Levenson, 2009)。また, 悲しみを伴う映像を視聴する実験課題を用
いた研究においても, 高齢者は, 若年者に比べて, 肯定的再評価によって悲し
みをうまく制御したことが示唆された (Lohani & Isaacowitz, 2014)。

　以上のように, 認知的変化の年齢差に関する知見は一貫しておらず, 結論に
は至っていない。とりわけ実験研究では, 参加者は認知的変化の方略を用いる
ように指示されており, 参加者が日常生活でも同様の方略を用いているかは明
らかではない。

⑤反応調整

　抑制方略をよく用いる者は, ポジティブ情動の経験と表出が少なく, ネガ
ティブ情動の表出が多いことが報告されていることから (Gross & John, 2003),
反応調整は必ずしも適応的な情動制御方略ではないと解釈されている。そのた
め, 理論的には, 人は加齢につれて反応調整を用いなくなると考えられる。

　実際, 自記式尺度を用いた初期の研究 (John & Gross, 2004) では, 高齢者は,
若年者に比べて, 情動を表出しないようにする抑制方略をあまり用いないとい
う結果が得られている。抑制方略の例として, ババ抜きで相手がトランプを引
くとき, 無表情を保つことがあげられる。一方で, 高齢者は, 若年者に比べて,
抑制方略をよく用いるという結果 (Nolen-Hoeksema & Aldao, 2011) や, 年齢
差はみられないという結果 (Yeung et al., 2011) もある。日誌法を用いた研究
(Eldesouky & English, 2018) では, 抑制方略の年齢差がみられ, 高齢者は日常
生活において抑制方略をよく用いていることが示唆された。

　実験研究では, 若年者と高齢者は, ネガティブ情動を伴う映像を視聴し, 情
動を表出しないという抑制方略を用いるように指示された (Shiota & Levenson,
2009)。その結果, 抑制方略の効果に年齢差はみられなかった。他の実験で

も，高齢者は若年者と抑制方略を同程度にうまく用いることを示唆する報告
（Lohani & Isaacowitz, 2014）や，高齢者は若年者よりも抑制方略をうまく用い
ることを示唆する報告（Hofer et al., 2015）もある。

　以上のように，抑制方略の年齢差に関する知見も一貫しておらず，結論には
至っていない。とりわけ実験研究では，抑制方略の効果が検討され，抑制方略
の使用頻度は直接的には検討されていない。しかし，理論に反して，高齢者は
抑制方略を若年者と同程度か，より効果的に用いていることを示唆する結果が
いくつか報告されている。ネガティブ情動を回避できず，抑制を強いられると
いう特定の状況では，高齢者は抑制方略をうまく用いる可能性がある。

5　情動制御の年齢差に関する研究の課題と展望

　前節では，情動制御の5つのプロセスに沿って，情動制御の年齢差に関する
基礎的な実証知見を概観した。いずれのプロセスにおいても，情動制御の年齢
差に関する知見は一貫していない。理論的には，人は加齢につれて情動をうま
く制御できるようになると考えられるが，この仮説は必ずしも支持されておら
ず，事実は単純ではない。年齢によるより微妙な差異を体系的に検討すること
で，情動制御の年齢差の全体像に迫る必要があることが示唆される。

　研究間で知見が一貫しないものの，最も明白な事実は，高齢者では，若年
者や中年者と比べて，情動制御を含む情動の諸機能が必ずしも低下しないと
いうことである。情動加齢に関するいずれの理論も，情動制御の発達を仮定し
ているため，先行研究の多くは，年齢差がみられないという結果を理論に反
すると解釈してきた。しかし，先行知見は，高齢者は，多領域にわたる資源の
喪失の中で，情動に関する諸機能を維持しているということを示唆している
（Isaacowitz et al., 2017）。情動制御の5つのプロセスを包括的に測定し，年齢
差を検討した最近の研究（Livingstone & Isaacowitz, 2019）も，年齢による差
異よりも類似を示唆しており，情動制御には年齢差が認められると仮定する既
存の理論の見直しを迫っている。

　理論を見直す中で，情動制御の年齢差がみられる特定の時間や状況に関する精緻な仮説を導き出し，検証することが重要だろう。補償を伴う選択的最適化理論（Urry & Gross, 2010）では，高齢者は，情報処理資源の喪失を補償するように，情報処理資源を要しない情動制御方略を用いると仮定される。ポジティブ優位性効果に関する研究では，注意や記憶における情動制御は情報処理資源を要することが示唆されている（Knight et al., 2007；Mather & Knight, 2005）。一方，情動制御の各プロセスのうち，とりわけ状況選択と状況修正が，情報処理資源を要する意図的な方略か，情報処理資源を要しない自動的な方略かは，明らかではない。認知機能の加齢変化に伴い，異なる情動制御方略が用いられるという仮説（図6-1）を検証するため，体系的な検討が求められる。たとえば，若年者と高齢者の比較に加えて，情報処理資源を制限する条件（たとえば，Mather & Knight, 2005）や情報処理資源を増強する条件（たとえば，Mantantzis et al., 2018）を設定し，情報処理資源を操作することや，超高齢者や認知機能が低下した高齢者を対象にすること（たとえば，Kalenzaga et al., 2016），情動制御の神経基盤を計測すること（たとえば，Winecoff et al., 2011）といった研究の展開が考えられる。

　また，強靱性―脆弱性統合理論（Charles, 2010；Charles & Luong, 2013）では，ネガティブな出来事を経験する以前と以降では，高齢者は情動をうまく制御できる一方，そうした出来事を経験している最中や直後には情動をうまく制御できないと仮定されている。一方，先行研究の多くは，自記式尺度を用いて情動制御を1時点で測定するか，情動を伴う刺激を呈示するという実験課題を用いて情動制御を短時間で測定してきた。すなわち，時間と状況によらず，情動制御方略の平均的な使用と効果を測定するか，特定の状況での情動制御方略の使用と効果を測定してきた。そのため，時間と状況に応じて，高齢者が，若年者に比べて，情動をうまく制御できる状況と制御できない状況があるという仮説は，直接的に検討されてこなかった。時間と状況に応じてどのような情動制御方略が用いられるか検討するためには，日常生活における情動制御を複数時点で測定する研究（たとえば，Eldesouky & English, 2018）の展開が期待され

る。とりわけ実験研究では，参加者にネガティブ刺激が呈示されるが，日常生活でのネガティブな出来事との関連性は低い。日常生活では，人生でまれにしか経験しないネガティブな出来事（たとえば，配偶者との死別）もあれば，繰り返し経験する出来事（たとえば，対人葛藤）もある。これらの出来事の前後の情動の変化を捉えることで，情動制御の年齢差の全体像に迫ることができるだろう。

6　臨床への応用の期待

　情動加齢に関する諸理論では，人は加齢につれて情動をうまく制御できると仮定されてきた。しかし，実証知見は一貫しておらず，この仮説は必ずしも支持されていない。むしろ，年齢による差異よりも類似を示唆する結果が蓄積されている。すなわち，老年期では，それ以前に比べても，情動制御を含む情動の諸機能は維持され，必ずしも低下しないことが示唆されている。ただし，どのような状況で高齢者は情動をうまく制御でき，どのような状況でうまく制御できないかは，まだ明らかではない。生涯にわたる情動制御の年齢差を理解するためには，さらなる知見の蓄積が待たれる。

　さらに，情動制御の年齢差に関する基礎的な知見を，臨床や日常生活に応用することも期待される。高齢者は，若年者に比べて，手術するか否かといった意思決定の際にネガティブな情報を無視する（Löckenhoff & Carstensen, 2007），詐欺を見抜きにくい（Stanley & Blanchard-Fields, 2008）といった傾向がある。治療方針の意思決定という状況は，健康が損なわれているといったネガティブな情報を呈示される状況であり，詐欺に遭うという状況は，金銭的に得をするといったポジティブな情報を呈示される状況と解釈できる。いずれの状況においても，高齢者が情動を伴う情報をどのように処理しているかを理解することは，望ましい治療方針の決定や詐欺による被害の防止に役立つだろう。

　また，特定の状況に限らず，日常生活において，高齢者の家族や医療・福祉の専門職が高齢者に対して情動を伴う情報を適切に提示することも，高齢者

との良い関係の構築と維持に役立つだろう。たとえば，子ども・親・配偶者という家族との死別，子どもと親の関係性の悪化といった家族の問題についての話し合いで使用する情動制御方略の年齢差を検討した研究が報告されている(Blanchard-Fields et al., 2004)。この研究では，中年者は，高齢者に比べて，相手に情動を表出する，自分の情動に向き合うといった情動を積極的に制御する方略を用いた。一方，高齢者は，中年者に比べて，相手に情動を表出しない，状況を受け入れる，状況を避けようとするといった情動を消極的に制御する方略を用いた。このように，家族の問題について話し合う状況では，情動を生起させる問題について話そうとしない高齢者と，逆に，問題について話そうとする家族の間で，対人葛藤が生じやすくなるかもしれない。情動制御方略の年齢差を理解することで，問題によりよく対処することができるだろう。

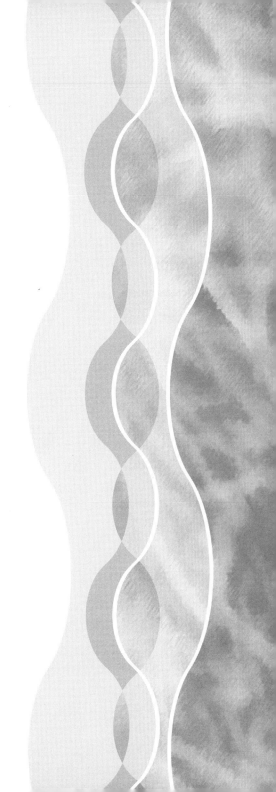

第 II 部

情動制御と
他の心理機能

第7章

情動制御と実行機能

森口佑介

　情動制御を含め，自分の行動や感情を制御することと関連する概念は，心理学には多数存在する。たとえば，自己制御，自己調整，衝動制御，エフォートフル・コントロールなどがあり，これらの概念は完全に同じとは言わないまでも，多かれ少なかれ，重複する部分がある。

　本章では，制御に関わる概念において近年注目を集める実行機能に焦点を当て，実行機能がいかなるものであり，実行機能がいかに発達するのか，実行機能と情動制御の関係性はいかなるものかについて述べていく。

1　実行機能概念の歴史

　実行機能は，目標の到達のために行動を制御する能力と定義され（詳細は後述），学術研究はもちろんのこと，国外においては保育・教育現場や発達支援などにおいて幅広く用いられる概念である。しかしながら，その定義については多様で，心理学と神経科学でも定義は異なるし，医療現場では遂行機能と呼ばれることもある。心理学内でも，定義は研究者間でも一致しておらず，むしろ捉えどころがなく十分に定義されていない概念であると批判されることも多い（Jurado & Rosselli, 2007）。ここでは，実行機能に関する歴史を概観してみたい。

　歴史的には，実行機能と関わる考えは，19世紀後半頃に，生理学や神経心理学の研究の中から生まれた。この時代は，脳の各部位とその機能の関係を探る試みが盛んだった時期であり，前頭前野の機能として実行機能と関連する概念が生まれてきたのである。フィニアスゲージを始めとする脳損傷患者の研究や，サルなどの動物の脳を破壊する研究などから，前頭前野外側部は選択的注意，ワーキングメモリ，プランニングなどと関連し，眼窩部は，衝動性の制御や道徳的判断などと関連すると考えられるようになった（Fuster, 2008）。実行機能と前頭前野は切っても切り離せない関係にある。

　時代は下って，実行機能の進展に寄与したのはソヴィエトの心理学者ルリアであった。ルリアは，前頭前野の機能として，行動のプログラムやその制御などの，高次の精神活動を担う機能単位の中で重要な役割を果たすと考えた（Luria, 1966）。それ以外にも，ルリアの研究として有名なものとして言語による行動の調整機能がある。バルブ課題において，子どもは，あるランプ（たとえば，赤色）が点灯した場合にはバルブを押し，別のライト（たとえば，緑色）が点灯したときにはバルブを押さないように教示される。この課題では，年少の子どもは言語による行動調整ができないが，発達とともに可能になる。

　実行機能という用語は，プリブラム（1973）が前頭前野の損傷を説明する文脈で導入されたといわれるが，同時代に著しく進展した認知心理学研究によって，その用語はより一般的になったと思われる。ワーキングメモリの研究で有名なバッドリーとヒッチ（1974）のモデルでは，情報の操作に関わる中央実行系と，情報の保持に関わる視空間スケッチパッドと音韻ループを仮定した。このモデルが受け入れられる中で，実行機能の概念は広がりをみせたのであろう。

　発達心理学の研究において実行機能の概念が注目を集めたのは，心の理論研究と接点をもったことが一つの契機だと思われる。20世紀後半には発達心理学にも情報処理理論が持ち込まれ，記憶や処理効率などの発達に関する研究が新ピアジェ派によってなされた。Mスペースなどの情報処理概念が生み出され，プランニングや抑制などの研究が進められるようになった（森口, 2014）。そのような中で，1990年代に，心の理論研究と実行機能概念は接点をもつように

なった。心の理論は，他者の心的状態を推測する能力であり，自閉症研究など
とあいまって1980年代から飛躍的に研究が進んだ研究領域である。心の理論が
発達するメカニズムについては様々な論争があったが，実証的な証拠は十分で
はなかった。そのような中で，1990年代に，実行機能の課題の成績と心の理論
の課題の成績に相関関係があることが相次いで報告され，一部の研究者が注目
するようになった（Frye et al., 1995）。

　実行機能は，このような歴史的な経緯をたどってきている。次に，この捉え
どころのない概念が，研究の中ではどのように定義されているかをみてみよう。

2　実行機能のモデル

　実行機能は，広義には目標志向的な，思考・行動・情動の制御能力と定義
される（Moriguchi et al., 2016）。実質的にはあまり情報量を含まない定義だが，
筆者らが，かつて定義を試みた際に，これに落ち着いた事情がある。ある学術
誌で，筆者が本分野で世界的な業績を上げているミネソタ大学のゼラゾ教授と，
若手で強い存在感を放つエジンバラ大学のシヴェリア博士とともに「子ども期
における実行機能の発達」という特集号の共同編集を行った（Moriguchi et al.,
2016）。その特集を組むにあたって，巻頭言のような形で実行機能を定義する
際に，定義が難航した。3人でかなりの議論をし，なかなかまとまらなかった
ため，上記の目標志向的な，思考・行動・情動の制御に落ち着いた。

　この定義を出発点として，本章では大きく2つの実行機能のモデルについて
考えてみたい。研究初期には，実行機能やそれに近い概念を一つ想定し，これ
によって複雑な認知的制御過程を説明しようとしていた。このような例とし
て，シャリスらの Supervisory Attentional System（SAS）モデルがあげられ
る（Norman & Shallice, 1986）。このモデルでは，スキーマコントロールユニッ
トという行動単位を想定する。このモデルにおけるスキーマとは，運動や行動
を引き起こすための表象のことである。スキーマは，文字を見ると発話に関す
るスキーマが惹起されるように，対象を知覚することによって惹起される。現

実の世界では，知覚的な入力は一つではなく，惹起されるスキーマも複数ある
ため，シャリスらは，2つの選択過程を想定した。1つは，ボトムアップにス
キーマが選択される過程である。複数のスキーマが惹起し，それらが競合する
場合（1つのスキーマが右を向く，もう1つのスキーマが左を向く），最終的に1
つのスキーマのみが行動として表出される。2つ目は SAS と呼ばれるトップ
ダウンの過程で，われわれは複数の中から特定のスキーマを意識的に選択でき
るものである。たとえば，スキーマ A とスキーマ B が同時に惹起されるとき，
能動的にスキーマ A を選ぶ過程に SAS が関わっている。この SAS が実行機
能に対応する。

　このモデルは実行機能の一般的なモデルだが，現在では，実行機能という上
位概念の下に，複数の下位概念を想定するモデルが一般的である。下位概念の
構成も研究者によって異なるが，広く受け入れられているものは三宅らのモデ
ルである。この研究は，複数の課題を参加者に与え，その成績を確認的因子分
析で検証した。その結果，実行機能は，当該の状況で優位な行動や思考を抑制
する「抑制機能」，課題を柔軟に切り替える「切り替え」，ワーキングメモリに
保持されている情報を監視し，更新する「更新」の3要素から構成されること
が示されている（Miyake et al., 2000）。

　たとえば，抑制機能を調べる代表的な課題であるストップシグナル課題では，
ある刺激が提示されたときに，参加者は優位な反応を抑制しなければならな
い。たとえば，まず，参加者はスクリーン上に複数の語を提示され，キー押し
でその語を生物か非生物に分類させられる。ここで，参加者は「分類する」と
いう優位な反応を形成する。次の段階では，同様に分類するように求められる
のだが，25％程度の試行において，ビープ音が伴う。この試行では，参加者は
分類してはならない。この試行において，キー押しを抑制できるかどうかを検
討する。切り替え課題の一つである数―文字課題では，数と文字のセットが刺
激となる（たとえば，4 K）。参加者は，この刺激がスクリーン上方に提示され
たら数が奇数か偶数かの判断を，スクリーン下方に提示されたら文字が母音か
子音かを判断しなければならない。ここで試行によって課題を切り替えること

ができるかが検討される。また，更新課題として，Nバック課題がある。この
課題では，参加者は，スクリーン上に提示されている刺激（たとえば，文字）が，
それ以前に提示された刺激と同じであるかを判断しなければならない。

　より最新のモデルでは，抑制機能が外れ，切り替え，更新と，どの課題にも
必要とされる共通実行機能要素が加えられている（Miyake & Friedman, 2012）。
共通実行機能要素は，主に，課題の目標を保持する能力と，複数の競合する
行動から選択しなければならないとき，1つの行動を選択する処理が含まれる。
この共通実行機能要素は，SAS システムと対応すると考えても差し支えない。

　では，三宅らのモデルは子どもではどのようにあてはまるだろうか。レート
ら（2003）は，8歳から13歳の子どもを対象に実験を行い，三宅ら（2000）と
同様の分析を行った。その結果，三宅ら（2000）と同様に，この年齢において
も，抑制，切り替え，更新（ワーキングメモリ）の3因子が抽出された。また，
ヒュイジンガら（2006）は，7歳から21歳の参加者を対象に，三宅ら（2000）
と類似した課題を用いて同様の分析を行った。その結果，切り替え，更新
（ワーキングメモリ）の2要因が抽出された。この結果は三宅とフリードマン
（2012）のモデルに対応すると考えられる。このように，7歳以降は，三宅ら
のモデルをあてはめることができる。しかしながら，幼児を対象にした場合，
このようなモデルをそのままあてはめることはできない。

　幼児を対象にした研究では1因子しか同定されないことが多い。ヴィーべら
（2008）は，幼児に複数の実行機能課題を与えてその結果を分析すると，1因
子のモデルの方が，複数の因子を想定するモデルよりも，課題の成績をよりよ
く説明することを報告している。実際には，1因子のモデルと2因子のモデル
が両方得られることもあるが，科学研究における節約の原理から，1因子が選
択されることが多い。この1因子は，上記の共通実行機能要素に対応すると考
えられる。つまり，幼児期においては，様々な実行機能課題が与えられた際に，
「課題の目標を保持できること」と「複数の中から1つの行動を優先させるこ
と」によって課題の成績は大きく左右されるということになる。

　全体的には，実行機能は，幼児期には1因子，それ以降に2因子もしくは3

因子に分かれていく。これは，脳機能が発達とともに分化していくという過程と対応すると考えられる。

3　情動的な実行機能 ─────────────────────────────

　伝統的には，実行機能は認知的な制御を扱うことが多く，三宅らのモデルに含まれる切り替えや更新は，認知的な制御である。ところが，近年，実行機能の発達研究において，より情動的な側面が考慮されるようになってきた。ゼラゾらは,認知的な実行機能と情動的な実行機能の枠組みを提唱している（Zelazo & Carlson, 2012）。

　認知的な側面と情動的な側面は，課題に報酬を含むかどうかで区別されている。情動的な課題として有名なのはマシュマロ・テストである。子どもの目の前においしそうなマシュマロを置き，子どもはいますぐ食べるならマシュマロは1つ，でももう15分待ったら，マシュマロは2つあげる，と告げられる。このテストにおいて，子どもは，いますぐ食べたいという気持ちと少し待ったらマシュマロが2つもらえるという気持ちの中で揺れる。このテストは，半世紀ほど前にアメリカの心理学者ミシェル博士によって開発され，子どもが目の前の報酬への衝動をがまんして，長期的に利益になる行動を選択できるか否かを調べている（Mischel, 2014）。

　ミシェル博士によれば，この課題では，衝動性を惹起するようなホットな側面と，そのホットな側面を調整するクールな側面から構成される。クールな側面がホットな側面を制御するというのが基本的な考えだが，クールな側面は，ホットな側面を促進することもある。この課題でみられるように，情動的な実行機能には，報酬への欲求とその制御という側面がある。一方，これまで紹介してきた抑制や切り替えの課題には，基本的には報酬を得るための衝動性の制御は必要ない。

　また，認知的な実行機能と情動的な実行機能は脳内基盤も異なるとされる。ゼラゾらは，認知的な側面が前頭前野の背外側を含む脳内ネットワークと関連

するのに対して，情動的な側面は前頭前野の眼窩野を含む脳内ネットワークと
関連すると示唆している。眼窩野は，ギャンブル課題などのような報酬が含ま
れる場面での意思決定と関わることが知られている。

　ギャンブル課題では，参加者にいくつかの箱（2つもしくは4つ）を用意し，
それぞれの箱にカードが入っている。カードには，「あたり」と「はずれ」が
あり，あたりのカードを引くと報酬（成人なら金銭，子どもならシール）が得ら
れ，はずれのカードを引くと報酬を失う。箱が2つの場合，片方は「ローリス
クローリターン」で，あたりを引くと報酬を少し得られ，はずれを引くと報酬
を少し失うことになる。こちらの箱のカードを選び続けると最終的には少しの
プラスになる。もう片方の箱は「ハイリスクハイリターン」の箱で，あたりを
引くと報酬を多く得られるものの，はずれを引くと，大損する。こちらを選び
続けると，最終的に損をすることになる。このテストでは，ハイリスクハイリ
ターンを選びたいという衝動を抑えて，ローリスクローリターンの箱を選ぶ必
要がある。

　この課題において，眼窩野を損傷した患者は，ハイリスクハイリターンを選
びやすいことが知られている。一方，報酬が含まれないような認知的な課題は，
前頭前野の損傷に関連することが多い。だが，実際には，患者によって損傷す
る部位や大きさは異なるし，どちらかの課題が困難な患者もいれば，どちらも
得意な患者もいる。脳内基盤と実行機能の諸側面の関連はそれほど単純ではな
い。

　実際のところ，認知的な側面と情動的な側面の区別はそれほど容易ではない。
この点を考えるうえで興味深いのが，"less is more"（LIM）課題である。LIM
課題は，少ない報酬の選択肢と多い報酬の選択肢が与えられる。たとえば，前
者はシール1枚，後者はシール4枚だとしよう。この課題には，参加児ととも
に，いじわるなぬいぐるみが参加する。このぬいぐるみはとてもいじわるなの
で，子どもが選んだほうの枚数のシール（報酬）を，ぬいぐるみが奪い取って
しまい，子どもは結果として余っている選択していないもう一方の枚数を受け
取ることになる。たとえば，参加児がシール1枚を選んだら，ぬいぐるみがそ

のシールを取ってしまい，参加児は結果としてシール4枚を受け取ることになる。一方，参加児がシール4枚を選んだら，ぬいぐるみがそのシールをとってしまい，参加児は結果としてシール1枚しか得られない。つまり，参加児は多くの報酬（more）を得るためには，少ない報酬の選択肢（less）を選ばなければならない。

　この課題の認知プロセスとしては，認知的な側面も情動的な側面も含まれる。認知的な側面に関しては，「多いほうを選びやすい」という習慣を抑制し，少ないほうを選ぶという抑制機能が必要となる。また，情動的な側面については，「目の前の多くの報酬を得たい」という衝動性を制御する必要がある。

　カールソンら（2005）は，この課題を，他の実行機能課題とともに幼児に与えて，因子分析を実施した。彼女らの研究では，ストループ課題のような，複数の反応が競合する中で不適切な反応を抑制する必要がある課題を葛藤抑制課題，マシュマロ・テストのようにある行動を遅延させる必要がある課題を遅延抑制課題と呼ぶが，概ね前者は実行機能の認知的側面，後者は情動的側面に対応する。実験の結果，LIM課題は葛藤抑制と同じ因子になることが示された。つまり，実行機能の認知的側面との関連が強いと考えられるのである。このグループは，別の研究で同様の結果を報告している。

　一方で，アランら（2011）は，カールソンらとは異なった結果を報告している。このグループも，LIM課題を他の認知的・情動的な実行機能課題とともに幼児に与え，その結果を因子分析した。その結果，LIM課題を含む全ての課題は，1因子で説明可能という結果が得られた。つまり，幼児では認知的・情動的な実行機能という区別はなく，1因子で十分だという結果になる。

　少々ややこしいが，LIM課題を含まない場合，幼児期において，実行機能は認知的な因子と情動的な因子に分かれるという結果が複数報告されている（Willoughby et al., 2011）。LIM課題を含む場合，他の課題として何を使ったかによって結果が異なり，認知的な因子と情動的な因子に分かれることもあれば，1つの共通実行機能因子で説明可能な場合もある。いずれにしてもここで大事なのは，LIM課題は報酬が含まれているにもかかわらず，情動的な因子に含

まれることはないということである。報酬が含まれているから情動的な実行機能というわけではない。

　さらに，最近の筆者らの研究では，筆者らは，LIM 課題を幼児に与え，課題の成績と前頭前野の働きを調べた（Moriguchi & Shinohara, 2019a）。その結果，課題中に右の外側前頭前野が活動することが明らかになった。さらに，多い報酬を得るために少ない選択肢を選んだ試行と，多い選択肢を選んでしまった試行とを分けて分析すると，前者においてのみ右の外側前頭前野が活動することが明らかになった。つまり，因子分析の結果と一致して，認知的な側面と関わると考えられる外側前頭前野が関与していることが示されたのである。このように，報酬が含まれているから情動的な側面，報酬が含まれていないから認知的な側面というわけではなく，認知的な側面と情動的な側面の区別は単純ではないことが示唆される。

4　実行機能の発達

　それでは，実行機能の認知的な側面と情動的な側面はそれぞれどのように発達していくのだろうか。まず，認知的な側面についてである。認知的な側面は，幼児期に著しく発達すること，児童期から青年期も緩やかに発達すること，成人期になって安定することが示されている（森口，2012）。

　よく使われる課題が，ルール切り替えテストである（Zelazo et al., 1996）。このテストでは，子どもはあるルールのもとにゲームを行うのだが，途中でゲームのルールが変わる。その際に，子どもがルールの変化に応じて，頭を切り替えられるかを調べる。このテストでは，色と形という2つの特徴をもったカードを用いる。たとえば，「赤い車」と「緑の家」のカードを用意し，これを標的カードとし，標的カードとは色と形の組み合わせが異なる「赤い家」と「緑の車」のカードを用意し，テストカードとする。参加者は，実験者の指示に従って，テストカードを分類する。たとえば，子どもは色ルールでテストカードを分類するように指示される。このプレスイッチ段階は5〜6試行与え

られるが，この段階で正しくカードを分類できると，ポストスイッチ段階に進む。ポストスイッチ段階では，子どもはプレスイッチ段階とは異なる，形ルールで分類するように指示される。このテストで重要なのが，まったく同じカードを分ける際に，最初は色ルールを用いているのに，途中でルールが変わってしまい，形ルールを使わないといけないという点である。

　このテストでは，3歳頃までは，プレスイッチ段階では正しくカードを分類できるが，ポストスイッチ段階では，正しくカードを分類できない。ポストスイッチ段階においても，プレスイッチ段階に使ったルールを使い続けてしまい，新しいルールに切り替えることができないのである。4歳児は，ある程度切り替えができるようになり，5歳児は概ね正しくルールを切り替えることができる。

　ただし，5歳で発達が終わるわけではない。ポストスイッチ段階のあとに，ミックス段階をいれると，この課題の難易度は高まる。ミックス段階では，色と形の両方のルールを，実験者の指示に従って柔軟に切り替える必要がある。たとえば，色，形，形，色，色，形，形，色，などのようにである。この段階でルールの切り替えが頻繁に起こると，5歳児でも柔軟にルールを切り替えることができなくなる。ミックス段階を含めたルール切り替えテストを3歳から15歳の参加者を対象にした研究では，ルールを柔軟に切り替える能力は，幼児期に急激に発達した後に，児童期から青年期に至るまで，緩やかな発達が続くことが示されている（Zelazo et al., 2013）。

　次に，情動的な側面についてである。マシュマロ・テストやそれに類する満足の遅延課題において，子どもが待つことができる時間は幼児期に著しく長くなることが報告されている。ある研究では，目の前にあるクッキーを1つもらうか，後でクッキーを2，4，8つもらうかの選択を，2〜4歳児を対象に実施した。その結果，2歳児は目の前にクッキーがあると，待つことは全くできず，すぐに手を伸ばしてしまう。2歳児は，クッキー40枚のためにであれば少し待つことができるが，2，4，8枚のためにはほとんど待つことができない。3歳，4歳になると待つことができる時間が伸びていき，4分程度待つこ

とができるようになる（Steelandt et al., 2012）。5，6歳になると，より長く待つことができるようになる。

　なぜ2歳児は待つことができないのに，5，6歳児は待つことができるのか。たとえば，マシュマロ・テストであれば，2歳児や3歳児がマシュマロを見て，その美味しさについて考えてしまうと，子どもは待つことができなくなる。一方，5，6歳児は，マシュマロの誘惑に負けないように色々と工夫をする。マシュマロのことを見ないようにして，マシュマロのことを忘れようとしたり，自分の想像力を働かせて，マシュマロの形は雲と似ているな，などと考えて自分をごまかしたりする。

　幼児期以降も発達は続き，今日もらえるあまり魅力的ではないチョコレートと，明日もらえる魅力的なチョコレートのように，日をまたぐようなテストでは，小学校3〜4年生頃から明日まで待つことができるようになる。情動的な実行機能は，このように幼児期から児童期にかけて，順調に発達していく。ところが，最近の研究は，青年期においてこの能力が一時的に低下することを報告している。

　よく用いられるのは，上述のギャンブル課題である。この課題を，9〜11歳の子ども，12〜15歳の中学生，15〜18歳の高校生，25歳以上の成人に与えたところ，子どもよりも成人よりも，中学生や高校生の方が，ハイリスクハイリターン選択肢を選びやすいことが示された（Burnet et al., 2010）。子どもよりも中学生や高校生の方が実行機能は高そうだが，中学生は最もハイリスクハイリターンの選択をしがちだった。中学生や高校生は，目の前に報酬があると，報酬に対する欲求を止めることができず，ハイリスクハイリターンの選択をしてしまうのである。

　なぜか。この関係を，報酬への衝動性と関わるホットな側面とそれを制御するクールな側面の関係で説明してみたい。まず，児童と青年を比較してみると，ギャンブル課題においては，青年の方が衝動的である。つまり，青年期においては，ホットな側面をクールな側面がうまく制御できていない。一方，児童においては，クールな側面が制御できていることになる。ここで重要なのが，

クールな側面の能力でいえば，青年の方が高いという点である。

　そうなると，青年の方が，衝動的である理由は，ホットな側面の方にあることになる。事実，児童よりも，成人よりも，青年において，衝動性が強くなりすぎることが fMRI を用いた研究で示されている（Van Leijenhorst et al., 2010）。ギャンブル課題において，10歳から25歳の参加者を対象に，脳活動を調べた。その結果，ハイリスクハイリターンの選択肢を選ぶ際に，ホットな側面と関わる脳内部位である報酬系の一部領域の活動が，青年期において最も高かった。つまり，10歳くらいの児童と比べても，成人と比べても，13～15歳程度の青年の方が，報酬に対する腹側線条体の活動が強かったのである。

　この結果から，青年期における衝動性の強さによって，情動的な実行機能の成績が一時的に低下する可能性が示された。

5　実行機能の個人差

　次に，実行機能の個人差について考えてみよう。前半では，実行機能の個人差が子どもの発達に与える影響をみて，後半では，実行機能の個人差を生み出す要因について考えてみたい。

（1）実行機能が子どもの発達に与える影響

　現在，子どものときの実行機能が，子どもの将来を予測することが報告され，大きな注目を集めている。最も有名な研究では，ニュージーランドで生まれた1,000人の赤ちゃんを対象に，2～3年ごとにその成長の軌跡を追跡し，子どものときのいかなる能力が子どもの将来を予測するかが検討された（Moffitt et al., 2011）。その結果，11歳くらいまでの自己制御の能力が，32歳になったときの健康状態や，年収や職業などを予測することが示された。ここでの自己制御の能力は，認知的な実行機能と衝動性な実行機能を含めた，総合的な自己制御能力である。

　幼児期から児童期初期において自己制御の能力が低い子どもは，自己制御能

力が高い子どもと比べて，健康面，経済面，生活面で，大人になったときに問
題を抱えやすい。健康面に関しては，自己制御能力が低い子どもは，肥満にな
りやすく，その結果として循環器系の疾患になりやすい。これは，食欲に任せ
て自制せず，健康に悪い食生活を送ることと関連するだろう。経済面では，子
どものときに自己制御能力が低い子どもは，32歳になったときの年収が低く，
貯蓄も少なく破産しやすい。目の前の誘惑に負けてしまって勉強をしなかった
り，お金を使ったりしやすいためだと考えられる。ほかにも，自己制御能力が
低い子どもは，大人になったときに，違法行為をしやすく，結婚生活が長続き
しないなどの，様々な問題が報告されている。

　ニュージーランドの研究以外にも，イギリスで同様の結果が得られている。
一方で，マシュマロ・テストに関する研究は，現在のところ評価が分かれてい
る。ミシェルらは，マシュマロ・テストに参加した子どもたちを長期的に追跡
し，マシュマロ・テストで目の前のマシュマロを食べた子どもと食べなかった
子どものその後の発達にどのような違いがあるかを調べた。ここで調べられた
のは，青年期の学力，友達との対人関係スキル，様々な問題を起こす頻度，問
題が起きたときの対処能力などである。この研究の結果，幼児期にマシュマ
ロ・テストの成績が良かった子どもは，そうではない子どもよりも，青年期の
学力や対人スキル，問題が起きたときの対処能力などが高いことが示された
(Mischel, 2014)。さらに，マシュマロ・テストの成績は，成人期の自尊心や健
康状態も予測する。

　マシュマロ・テストの成績が子どもの将来を予測するという結果は衝撃的だ
が，最近になって，この研究結果が疑問視されている。別の研究グループが，
この研究結果が同じ方法を用いて再現されるかを検討した。この再現研究の特
徴として，様々な交絡要因を考慮したという点がある。青年期の学力や問題行
動は，マシュマロ・テスト以外にも，家庭状況や子どものときの認知機能など，
様々な要因に影響を受ける。これらの要因を考慮しても，マシュマロ・テスト
が影響力をもつかを調べた。その結果，家庭の状況や子どものときの認知機能
などを考慮すると，幼児期のマシュマロ・テストが青年期の学力や問題行動に

与える影響はきわめて小さいことが示された。つまり，マシュマロ・テストの成績が子どもの将来を予測するという結果は再現されなかった。

この研究結果に関して，オリジナルの研究者であるミシェル博士は亡くなっているのだが，別の研究者が反論を行っている。この研究者によれば，再現研究では，認知機能と家庭の経済状態を扱っているが，これらの要因はマシュマロ・テストの成績に影響を与える重要な要素なので，それらを考慮してしまうとマシュマロ・テストの成績が子どもの将来を予測しなくなるのは仕方がないと述べている（Doebel, 2019）。筆者の視点からすると，ドーベル（2019）の主張はややこじつけのように思える。現在，心理学の分野では，再現性の問題は非常に重要なので，今後の展開を見守っていきたい。

（2）実行機能の個人差を生み出す要因

次に，実行機能の発達の個人差に影響を与える遺伝的・環境的要因について述べてみる。環境的要因では，家庭の社会経済的地位が実行機能に大きな影響を与える。社会経済的地位は養育者の教育歴や，収入などの経済指標によって調べられる。ノーブルら（2005）は，社会経済的地位が中程度の家庭に育った幼児と，低い家庭に育った幼児の様々な知覚能力や認知機能を比較した。その結果，両者において差がみられたのは，言語と実行機能という，高次な認知機能であった。社会経済的地位が実行機能の発達に与える影響は概ね追試されており，貧困期間が長ければ長いほど，ワーキングメモリの課題の成績が悪くなることも示されている（Evans & Schamberg, 2009）。さらに，3歳までの家庭の社会経済的地位が，後のワーキングメモリなどの実行機能の成績に影響を及ぼすこと，家庭の経済指標が変化すれば，実行機能もそれに影響を受けて変化することも報告されている（Hackman et al., 2015）。つまり，社会経済的地位に変化があれば実行機能も変化するということである。筆者らは，OECD（経済開発協力機構）基準で貧困と分類される家庭の子どもとそうではない子どもの認知的柔軟性課題の成績とその際の脳活動を比較したところ，課題の成績には違いがなかったが，脳活動には違いがみられ，貧困層の子どものほうが，課

題中の脳活動が弱いことが示された（Moriguchi & Shinohara, 2019b）。

　社会経済的地位と実行機能の関係は，子育てによって媒介される（Hackman et al., 2015）。特に重要なのは，養育者の支援的な子育てである。支援的な子育てとは，子どもの年齢や問題解決の状況に応じて，子どもが問題解決をできるように問題のある側面に着目させたり，ヒントを与えたりするような行動のことを指す。たとえば，養育者の 1 歳時点における支援的な子育てが，子どもの 1 歳半時および 2 歳時における抑制機能を予測する。反対に，子どもに体罰などを与え，自律性を発揮する機会を奪うような養育態度は，実行機能の発達に負の影響を与えることも示されている（Moriguchi, 2014）。ただ，文化的な違いもあり，筆者らの研究では，体罰を除いた場合，養育者が子どもを制御する管理的な子育ても実行機能の発達を促進する面があることを報告している（Moriguchi & Shinohara, 2019b）。

　遺伝的要因については，遺伝子多型が関係してくる。遺伝子多型とは，遺伝子の配列の個人差のことを指す。実行機能との関連では，神経伝達物質ドーパミンに関わる COMT（カテコール-O-メチルトランスフェラーゼ）遺伝子などが知られている。

　COMT 遺伝子はドーパミン作用を不活性化する COMT という酵素をコードする。この遺伝子において，Met-Met 多型をもつ成人は，Met-Val 多型や Val-Val 多型をもつ成人よりも，COMT の働きが遅く，ドーパミン伝達がスムーズである。その結果として，ワーキングメモリのような，外側前頭前野の持続的活動が必要とされる課題の成績が良い。一方，Val-Val 多型をもつ成人は，柔軟性に優れることが知られている。子どもを対象にした研究は少ないが筆者らは Val-Val 多型をもつ子どもとそれ以外の多型をもつ子どもに認知的柔軟性の課題を与え，多型による違いがみられるか否かを検討した。その結果，3 〜 4 歳児においては多型の効果がみられなかったものの，5 〜 6 歳児では Val-Val 多型の参加児は，それ以外の多型の参加児よりも，成績が良いことが明らかになった（Moriguchi & Shinohara, 2018）。

　遺伝的要因として，子どものもつ気質も自己制御や実行機能と関連する。こ

の点は，情動制御と実行機能の関係という点でも重要なので，次節でみてみよう。

6　実行機能と気質

　気質は，伝統的には生得的にもつ行動特性と定義されてきたが，近年は遺伝的な要因と環境との相互作用で後成的に生み出されるものとして捉えられるようになっている。気質研究で実行機能と関わる概念は，ロスバートらのグループのエフォートフル・コントロールである (Rothbart et al., 2003)。エフォートフル・コントロールは，優位な反応を抑制したり，劣位の反応を活性化したり，計画したり，エラーを矯正したりする能力であり，実行注意の効率に関わる，気質的な自己制御能力とされる (Rothbart & Bates, 2006)。この定義にみられるように，ロスバートらは，実行機能ではなく，ポスナーの注意モデルに従って，実行注意という言葉を使う傾向にある。本書では詳しく触れないが，ポズナーの注意モデルは，alerting（警告），orienting（定位），executing（実行）の3つのプロセスに分けられ，ここでの実行注意は，目標到達のために反応を制御する過程のことを指す。

　エフォートフル・コントロールは，主に Children's Behavior Questionnaire (CBQ) という質問紙で調べられる。この質問紙は非常に項目数が多いため，短縮版もだされているが，エフォートフル・コントロールに関連する項目だと，「「ダメ」といわれると，していることをすぐにやめられる」や，「危険だといわれた場所にはゆっくり，慎重に近づく」などが含まれている。

　近年では，エフォートフル・コントロールと，実行機能との類似性がたびたび指摘されるようになった。エフォートフル・コントロールは CBQ などの質問紙によって調べられてきたが，課題を使って調べる研究者も増えてきた。概念的にも，エフォートフル・コントロールと抑制機能は交換可能なものとして使われることも多くなってきたし，先述のように，実行機能に情動的な側面が加わってきたため，実行機能とエフォートフル・コントロールの概念，構成，

測定法はきわめて類似していると指摘する研究者もいる（Zhou et al., 2012）。

　筆者個人としては，エフォートフル・コントロールという場合は，個人差に着目することが多いように思う。気質的な側面ということもあり，環境で変化しないわけではないのだろうが，生まれもち，変化がしにくい個人の特性という面が強いだろう。一方，実行機能といった場合は，将来の予測などを考慮すると個人差も重要にはなってきているが，基本的には能力的な側面に焦点をあてており，年齢に伴った標準的な発達的変化が重要である。つまり，実行機能はある年齢においてあるレベルに達していないと，障害等の可能性が疑われるが，エフォートフル・コントロールの場合はあってしかるべき個人差である。

　他の研究者は，気質を自己制御の基礎的なものとして位置づけ，この基礎をもとに実行機能などのより高次で複雑な自己制御過程が発達していくと想定している。幼児を対象にエフォートフル・コントロール，実行機能，脳活動の関連を調べた最近の研究を紹介しよう（Quinones-Camacho et al., 2019）。この研究では，CBQ を用いて幼児の気質を，ストループ課題を用いて幼児の実行機能を，そして，近赤外分光法を用いて幼児の外側前頭前野の活動を調べ，その関係を共分散構造分析によって解析をしている。この研究の結果，エフォートフル・コントロールは，実行機能課題の成績と正の関係があることがまず示されている。つまり，気質的にエフォートフル・コントロールが高い子どもは，実行機能の成績もよい。面白いのは，気質と前頭前野の活動が，負の関係であることである。つまり，エフォートフル・コントロールが高い子どもは，前頭前野の活動が弱いことが示された。

　この点に関して，研究者らは，エフォートフル・コントロールが高い子どもは，幼い頃からより効率の良い神経ネットワークをもっており，そのため，前頭前野の活動が弱いという可能性を示唆している。気質と実行機能の関係の捉え方は研究者によって異なるものの，先述の研究のやり方は一案かもしれない。

7　おわりに

　本章では，実行機能と情動制御の関連について概観してきた。より具体的には，実行機能の認知的側面と情動的な側面について触れ，実行機能の個人差の中で，気質との関係についても議論した。第6節でも述べたように，現状では，実行機能とエフォートフル・コントロールは類似した概念になってきており，また，冒頭にも述べたように，実行機能にしてもエフォートフル・コントロールにしても，研究者によって使い方が異なるため，これらの点には注意が必要だといえるだろう。

第8章

アタッチメントと情動制御

中尾達馬

1 アタッチメントとは

　情動制御を考えるうえでは，アタッチメントが一つ大切な視点となる。本章ではその関係についてみていくが，まずはアタッチメントとは何かを紹介する。

（1）アタッチメントの定義

　ボウルビィは，アタッチメントを「危機的状況において，あるいは今後起きる可能性のある危機に備えて，特定他者との近接を求め，これを維持しようとする個体の傾向」（Bowlby, 1982）と定義した。アタッチメントとは直訳すれば，付着（くっつくこと，くっついていること）を意味する。ここでいう危機的状況とは，赤ちゃんを例にとれば，空腹，のどの渇き，不衛生な状態，気温の高低，病気や体調不良，見知らぬ場所，養育者が近くにいない，といった自分ではどうすることもできない，場合によっては生命を脅かすかもしれない状況のことを指す。赤ちゃんは養育者にアタッチすることで，養育者から養育や保護を引き出し，自分自身の生存可能性を高めるのである（数井, 2005）。

（2）アタッチメントは情動制御なのか

　アタッチメントを情動制御という視点から捉える試みは，スルーフとウォーターズの「安心感」（felt security ; Sroufe & Waters, 1977）という考え方から始まった（Goldberg, 2000）。彼らは，ほっとする，安心するということ，すなわち，「危機的状況において，アタッチする側が感じる不安や恐れといったネガティブな情動状態を，特定対象にアタッチし，まもられ，慰められることで，ニュートラルな情動状態（平静な状態）へと戻す」ということが，アタッチメントの中核的要素であると強調した。そのため，アタッチメントは，ヒトという種に生まれつき備わった「一者の情動状態の崩れを二者で調整する仕組み」（dyadic regulation system）である，ともいえる（遠藤，2017 ; Schore, 2001）。

（3）アタッチされる側の役割，情緒的な絆や結びつきの本質的要素

　アタッチされる側（アタッチメント対象）は，アタッチする側にとって，危機が生じた際に逃げ込み保護を求めることができる安全な避難所（safe haven）として，そして，情動状態が落ち着いた後では，そこを拠点として外界へ自発的・積極的に出て行くための安心の基地（secure base）として機能する（Bowlby, 1982）。この一連のやりとりが何度も繰り返されることで，アタッチする側は，アタッチメント対象に対して，何か危機や困難が生じた際に，「（自分は相手から一貫して）まもってもらえるということに対する信頼感」（confidence in protection ; Goldberg et al., 1999）をもつようになる。この信頼感とは，言い換えると，何かあったときには，その人が助けてくれるという「確かな見通し」のことであり，このような見通しがもてる場合に，私たちは，その人との間に固い情緒的な絆や結びつきの存在を実感する（遠藤，2018）。そのため，アタッチメントは，情緒的な絆や結びつきとして，比喩的に表現される場合も多い（Sroufe & Waters, 1977）。

（4）生涯発達においてアタッチメントのもつ意味

　人の発達において，なぜアタッチメントが重要なのかといえば，それは，ア
タッチメントが社会性やパーソナリティなど種々の発達を支える基盤として機
能するからである。より具体的には，以下の4つとなる（遠藤，2017）。

①基本的信頼感の形成
　人は，アタッチメントを通して，(1)アタッチメント対象は，何か困ったとき
に，近くにいて自分のことを受け入れまもってくれる存在かどうか，(2)自分は
困ったときに求めれば助けてもらえる存在かどうか，愛されている存在かどう
か，という他者および自己に対する基本的信頼感を形成する（Bowlby，1973）。
この基本的信頼感は，アタッチメントに関する内的作業モデル（以下，IWM：
Internal Working Model）と呼ばれており，後に出会う人間関係において，テン
プレート（ひな形）として活用される。

②自律性の促進
　アタッチメントは，依存（生理的欲求の受動的充足）とは異なり，自律性と矛
盾する概念ではない。むしろ，アタッチメント対象が安全な避難所や安心の基
地として機能することで，アタッチする側は，自らの情動状態が崩れたときの
立て直し方（情動制御）を学ぶだけでなく，自発的で積極的な探索活動を促進
される。

③情動知能へとつながる心の理解能力や共感性の醸成
　子どもとその養育者を例にとると，子どもが不安や恐れを感じてアタッチ
してきたときに，養育者は，崩れた情動をただ立て直すだけでなく，「社会的
な鏡」となって，子どもの心的状態を調律し映し出す。そのため，子どもは，
養育者とのアタッチメント関係（一方がアタッチし，もう一方がアタッチされる，
という2者関係）において，メンタライゼーション（心の理解能力）や共感性の

基盤を構築する。言い換えると，アタッチメントは，(1)情動の知覚・同定，(2)情動の促進および思考への同化，(3)情動の理解や推論，(4)自他の情動の制御と管理といった情動知能（Emotional Intelligence；Mayer & Salovey, 1997）の中核である「共感を伴った自他の情動理解」を醸成するのである（遠藤, 2013）。

④脳および身体発達への影響

　危機的状況とは，言わば，ストレスフルな状況である。ストレッサー（心身に負荷のかかる出来事）は，ストレス反応（心身の緊張状態；不安，イライラ，動悸，冷や汗など）を引きおこすが，その際に，アタッチメントは，人の内界と外界の間にある緩衝帯として，すなわち，クッションとして，ストレッサーの衝撃を和らげる（Bowlby, 1973；遠藤, 2017；Goldberg, 2000）。そのため，アタッチメントは，心だけでなく脳や身体の発達にも影響を与える可能性が高い。

　たとえば，幼少期の安定したアタッチメントは，摂食，睡眠，繁殖，概日リズム，免疫といった，人の基本的な諸活動に深く関与する脳内の HPA（視床下部—下垂体—副腎皮質）軸や，SAM（視床下部—交感神経—副腎髄質）軸の発達に深く関与する可能性が指摘されている（遠藤, 2017）。また，乳児期にアタッチメントが不安定だった人は，安定していた人に比べて，32歳時点で，種々の身体症状（扁桃炎，ぜんそく，高血糖，高血圧，偏頭痛，胸の痛み，持続性の皮膚トラブル，など）を約4倍多く訴えていた（Puig et al., 2013）。

2　アタッチメントの個人差（乳児期）

　すべての子どもは，生まれたときから，特定他者にアタッチすることで安心感を得ようとする（Bowlby, 1982）。しかし，子どものこのような欲求は，どのような親子関係においても同じように満たされるわけではない。そのため，親子関係の性質に応じて，子どもは特定の反応パターンを身につけるようになる。エインズワースらが開発したストレンジ・シチュエーション法（以下，SSP：Strange Situation Procedure；Ainsworth et al., 1978）は，1歳〜1歳半に

おけるアタッチメントの個人差を測定するうえでのゴールド・スタンダード（精度が高い方法として広く容認された方法）である（Goldberg, 2000）。

（1）ストレンジ・シチュエーション法

　SSP は，所要時間は約20分で，赤ちゃんにとっては行ったことのないはじめての場所（見知らぬ場所）において，ストレンジャー（見知らぬ大人）と出会ったり，養育者との間で2度の分離と再会を経験したりする（図8-1）。実は，SSP のこれらの要素は，子どもにとっては，日常生活の中で普通によく経験する出来事である。たとえば，母親が赤ちゃんを連れて，友人（赤ちゃんにとってはストレンジャー）を訪ねるとする。そこで母親は，友人に赤ちゃんの面倒を見てもらいながら，電話やトイレなどで，その場を離れることがあるだろう。つまり，SSP は，赤ちゃんが日常生活において経験する出来事を切り取って，実験場面にしているのである（Ainsworth et al., 1978）。

　SSP の実験場面は，子どもにとっては，見知らぬ場所，養育者がいない，といった自分の力ではどうすることもできない危機的状況である。SSP において，子どもは，マイルドなストレスを体験しているといわれており，ここでいうマイルドなストレスとは，たとえるならば，「検査などで病院を訪れたときに，待合室で自分の名前が呼ばれるのを待っている」ときの状態や感覚に似ているようである（Weinfield et al., 2008）。なお，慰めてくれる相手がいないので，子どもは，1回目の分離よりも2回目の分離においてより強いストレスを感じる。

（2）アタッチメント分類

　SSP におけるアタッチメントの個人差（アタッチメント分類）および養育者の日常的な関わりを表8-1に示す。SSP における A～C のアタッチメント分類は，主に，再会場面（図8-1の場面⑤，場面⑧）における子どもの行動について，「エインズワースらのスコアリング・システム」（Ainsworth et al., 1978, pp. 343-356 の付録Ⅲ）を利用しながら，評定が行われる（姜，2016；梅村，

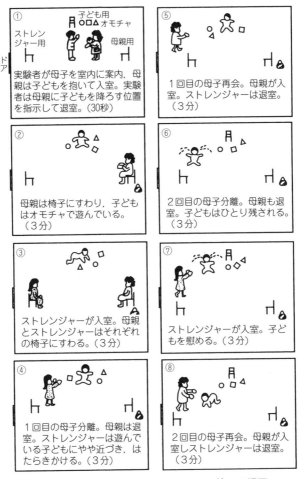

① 実験者が母子を室内に案内，母親は子どもを抱いて入室。実験者は母親に子どもを降ろす位置を指示して退室。（30秒）

② 母親は椅子にすわり，子どもはオモチャで遊んでいる。（3分）

③ ストレンジャーが入室。母親とストレンジャーはそれぞれの椅子にすわる。（3分）

④ 1回目の母子分離。母親は退室。ストレンジャーは遊んでいる子どもにやや近づき，はたらきかける。（3分）

⑤ 1回目の母子再会。母親が入室。ストレンジャーは退室。（3分）

⑥ 2回目の母子分離。母親も退室。子どもはひとり残される。（3分）

⑦ ストレンジャーが入室。子どもを慰める。（3分）

⑧ 2回目の母子再会。母親が入室しストレンジャーは退室。（3分）

図8-1　ストレンジ・シチュエーション法の8場面

出所：繁多，1987，p. 79より作成

2017)。

　D分類については，A〜Cタイプについて分類を行った後，同じケースについて，「メインとソロモンの無秩序・無方向型の指標」（Main & Solomon, 1990, pp. 136-140 の Table 1）を用いながら，養育者と一緒にいるときの子どもの行動すべてについて，無秩序・無方向型の行動かどうかがチェックされ，その度

表 8-1　組織化されたアタッチメントと未組織状態のアタッチメント

		子どもの特徴	養育における親の特徴
組織化されたアタッチメント	安定型 (Secure：B型)	SSP では，分離時には多少の泣きや混乱を示す。再会時には積極的に養育者に近接，接触し，沈静化する。 　不安なときに養育者などに近接し，不安感をやわらげる。養育者を安心の基地として使っている。	子どもの欲求や状態の変化に敏感であり，子どもの行動を過剰に，あるいは無理に統制しようとすることが少ない。また，子どもとの相互作用は調和的であり，親もやりとりを楽しんでいることがうかがえる。遊びや身体的接触も，子どもに適した快適さでしている。
	回避型 (Avoidant：A型)	SSP の分離時には，泣いたり混乱を見せることはほとんどない。おもちゃで黙々と遊んでいる。ストレンジャーとも遊んだりする。再会時に養育者を避けるか，ちらっと見る程度である。 　ある程度までの不安感では養育者には近接しない。養育者を安心の基地として使わない。	全般的に，子どもの働きかけに対して拒否的に振る舞うことが多いが，特にアタッチメント欲求を出したときにその傾向がある。子どもに微笑んだり，身体的に接触したりすることが少ない。また，子どもの行動を強く統制しようとする関わりが，相対的に多く見られる。
	アンビヴァレント型 (Ambivalent：C型)	SSP では，分離時に強い不安や泣き，混乱を示す。再会時には積極的に身体接触を求める。一部は求めながら，養育者をたたくなどの怒りを表す。抱き上げるとのけぞり，おろせと言う。全般的に不安定で用心深く，養育者に執拗に接触していることが多く，安心の基地として離れて探索行動を行うことができない。	子どもの信号に対する応答性，感受性が相対的に低く，子どもの状態を適切に調整することが不得意である。応答するときもあるし，応答しないときもある。子どもとの間で肯定的なやりとりができるときもあるが，それは子どもの欲求に応じたというよりも，親の気分や都合に合わせたものであることが多い。結果として，応答がずれたり，一貫性を欠いたりすることが多くなる。
未組織状態のアタッチメント	無秩序・無方向型 (Disorganized/Disoriented：D型)	SSP では，近接と回避という本来成り立たない矛盾した行動が同時に起こる。不自然でぎこちない行動，タイミングがずれたり，突然すくんでしまったりと，行動方略に一貫性がない。養育者に怯えているような素振りを見せることもある。初めて出会う実験者やストレンジャーに対して，親しげに自然な態度をとることがむしろ少なくない。	養育者が，子どもにとって理解不能な行動を突然とることがある。たとえば，結果として子どもを直接虐待するような行為であるとか，あるいは，訳のわからない何かに怯えているような行動であるとかする。そのような子どもにとって訳のわからない親の行動や様子は，子どもに恐怖感をもたらす。そのため，子どもはなすすべがなく，どのように自分が行動をとっていいかわからなくなり，混乱する。

注(1)：SSP とは，ストレンジ・シチュエーション法の略である。
注(2)：無秩序・無方向型は，誤解や混乱を招きやすい概念であるため，近年，コンセンサス（合意事項）が発表された（Granqvist et al., 2017）。
注(3)：ファン・アイゼンドーンらが行った約80の研究（6,281の親子対）に対するメタ分析結果に基づくと，北米の中流階級においては，SSP を用いて査定されるアタッチメント分類の割合は，A＝15%，B＝62%，C＝9%，D＝15%であった（van IJzendoorn et al., 1999）。
出所：数井，2012，p. 8より作成

合いがそれぞれ 9 件法で評定される（姜，2016；梅村，2017）。たとえば，再会場面で母親に抱かれるときに，赤ちゃんが，スキージャンパーのように，頭や胸は母親に接触しているのに，両腕は母親から反対方向に離れている場合には，「矛盾した行動が同時に起こるパターン」としてチェック・評定される。

　大雑把に言えば，各タイプの違いは，以下のようになる（遠藤，2017，2018；梅村，2017）。すなわち，(1)組織化されたアタッチメントにおける安定型と不安定型の違い（B vs. A，C）は，SSP において，子どもが養育者を安全な隠れ家や安心の基地としてうまく利用できるかどうか（うまく利用できる＝Bタイプ，うまく利用できない＝Aタイプ，Cタイプ），(2)養育者をうまく利用できないAタイプとCタイプの違いは，養育者の行動に応じて，再会時に，アタッチメント行動（アタッチする行動：しがみつく，後追いをする，など）や情動表出を最小限に押さえ込むか，最大限に表出し続けるかどうか（Aタイプ＝最小化，Cタイプ＝最大化），(3)未組織状態のアタッチメントと組織化されたアタッチメントとの違い（D vs. A，B，C）は，SSP において不可解な行動が観察され，それを通してアタッチメントが未組織状態だと認定できるかどうか（認定できる＝Dタイプ，認定できない（すなわち，不可解な行動が観察されない，あるいは，観察されたとしてもそれを通してアタッチメントが未組織状態だとは認定できない）＝A，B，C），である。また，情動制御という視点からネガティブ情動の静穏化（安心感の獲得）がうまくできているかどうかについて考えてみると，Bタイプ（すぐに静穏化）＞Aタイプ，Cタイプ（時間はかかるが，最終的には静穏化）＞Dタイプ（静穏化できていない可能性あり）となる。

3　養育者へのアタッチメントと情動制御 ─────────

（1）スルーフとウォーターズの「安心感」以降の考え方

　子どもは，養育者とのアタッチメント関係において，情動表出・情動理解・情動制御などについて学び，そこで身につけた反応パターンを，他の人間関係

へと広げていく。今までに，不安定型アタッチメント（すなわち，安定型以外の，回避型，アンビヴァレント型，無秩序・無方向型のアタッチメント）が，攻撃行動や非行などの外在化問題や不安・抑うつなどの内在化問題と関連するということは，繰り返し実証されてきた（外在化問題のメタ分析：Fearon et al., 2010；Madigan et al., 2016，内在化問題のメタ分析：Groh et al., 2012；Madigan et al, 2013, 2016）。そして，それらの関連性を説明し得る経路の1つとして，情動制御を含めた情動過程へと注目が集まった（Kerns & Brumariu, 2014；Kerns, 2018）。そこで，クックらは，今までに行われた実証研究や文献レビューに基づき，子どもの情動過程（情動表出，情動理解，情動制御，情動経験など）について，以下のような仮説を提案した（Cooke et al., 2019）。

①安定型の子どもの親子関係における情動過程

　安定型の子どもの養育者は，子どもの情緒的ニーズがどういうものなのかを予測したり，諸情報を統合し解決の見通しを立てたりすることに優れ，子どもの情緒的シグナルに寄り添うことができる。子どもが情緒的に反応した場合には，子どもの情動経験へしっかりと注意を向け，子どものニーズに合うように環境を適宜適切に修正する。さらに，緻密で表現力豊かな情動語を用いることが多いので，子どもの情動理解は促進される。

　安定型の子どもは，様々な情動を表出したときにサポートや慰めを受けることができるという確かな見通しをもち，そのことは，養育者との間で，直接的で，柔軟で，オープンな情緒的コミュニケーションを促進する。その結果，子どもは，自分自身の情動を認めることや表出することに対してオープンになる。両親や仲間との関係においては，ポジティブな社会的相互作用をもつことが多く，そのことは，直接的に，子どもがポジティブな情動を多く経験し，ネガティブな情動をあまり経験しない，ということへとつながる。

　安定型の子どもの養育者は，情動制御については，自分自身と他者についてポジティブな IWM をもっており，落ち着くということや出来事を振り返るという枠組みを子どものためにつくったり，助けを得るために自分自身も他者

を頼ったりすることで，子どもが情動制御方略を学ぶ足場かけ（scaffolding）を行う。安定型の子どもは，ストレッサーに直面したときには，その問題を解決できるという確信が高く，何かに挑戦する際には，その場面を否定的にではなく肯定的に捉えることができる。さらに，養育者が一貫して安全な避難所や安心の基地の役割を果たすので，子どもは，情動制御の方法として，心的苦痛を感じたときに他者に対してサポートを求めることを学ぶ。認知的コーピング（状況や出来事に対する見方（認知）を変えるという対処方略）やサポート希求といった建設的なコーピング方略（ストレス対処法）の使用は，心的苦痛の緩和に結びつく。安定型の子どもは，安全な避難所や安心の基地を，最適な形で利用でき，そのことによって，多くの社会的パートナー（保育者，教師，友人など）との社会的相互作用を気兼ねなく行い，正負様々な広範囲の情動を経験し，情緒的会話へと参加でき，そして実際にコーピング方略を実践する機会を得ている。

②回避型やアンビヴァレント型の子どもの親子関係における情動過程

　回避型の子どもは，心的苦痛を表現したときに，養育者から拒否的に振る舞われる，あるいは，そのことをなかったことにされるということを，一貫して経験する。結果的に，彼らは，胸がドキドキする，呼吸が速くなる，汗をかくなど，の生理的覚醒が引き起こされているときでさえ，アタッチメント関係を維持するために，ネガティブ情動の表出を最小化するという方略を学習する。また，彼らは，アタッチメント関係に興味関心がありコミットしたいという気持ちが養育者に伝わることを回避するために，ポジティブ感情のサインについても隠蔽をするし，加えて，その養育者は，情動をあまり表に出さず，かつ，子どもがポジティブな出来事を味わうことをあまり励まさない。情動表出の最小化は，このような回避型のアタッチメント関係においては適応的であるかもしれないが，それ以外の関係（喜びの表出が二人の関係を継続することに興味があるということを意味する関係，ネガティブ情動を表出すると他者が慰めてくれる関係，など）においては，不適応的であるかもしれない。回避型の子ども

は，養育者に対して，ネガティブ情動の表出を最小化する一方で，自分自身の情動制御に困難を抱えており，欲求不満なときに，仲間や教師などの他者に対して，怒りを示す。

アンビヴァレント型の子どもの養育者は，子どもの情動に対する反応に一貫性がない。そのことに呼応して，子どもは，養育者の注意を失うリスクを低減するために，ネガティブ情動の表出を誇張し，強める。アンビヴァレント型の子どもは，情動制御を行うために養育者を頼った場合には，自身の情動制御ではなく，アタッチメント関係の維持が主たる関心事になってしまうため，結果として，臨機応変に，そして，効果的に，自分の情動を制御できなくなる。

③無秩序・無方向型の子どもの親子関係における情動過程

無秩序・無方向型の子どもは，効果的な情動制御方略を発達させる機会をもつ余裕がない。なぜなら，彼らにとって，養育者は，安心の基地であると同時に恐れや心的苦痛の源泉でもあるからである。そのため，彼らは，まるで解離したかのように，アタッチメント方略の崩壊を反映した，一貫性がない，あるいは，矛盾した情緒的反応を示す。無秩序・無方向型のアタッチメント関係における相互作用は，子どもにとっては，慢性的なストレッサーとなり，それは，後に，制御できないネガティブ情動の経験を頻発させる。養育者からの情緒的足場かけの不足，圧倒的なネガティブ情動の経験は，彼らに，サポート希求や認知的方略といった効果的な情動制御方略を学習する機会を提供するのではなく，その情動を回避する，その情動から距離をおくという結果を導く。

（2）養育者へのアタッチメントと情動過程に関するメタ分析

メタ分析とは，「同じテーマについて行われた複数の研究結果を，統計的な方法を用いて統合する手法のこと」（星野ほか，2014）である。メタ分析を用いれば，複数の研究結果を統合することで，一つひとつの研究結果に比べて，正確な推論や結論の一般化が可能となる。

前述のクゥクらは，両親が主たるアタッチメント対象だと考えられる18歳未

表8-2　18歳未満におけるアタッチメントと情動過程に関するメタ分析結果

	安定型 （B型）			回避型 （A型）			アンビヴァレント型 （C型）			無秩序・無方向型 （D型）		
	k	N	r	k	N	r	k	N	r	k	N	r
情動理解	10	564	.33*	—	—	—	—	—	—	—	—	—
情動経験												
全般的なポジティブ情動	16	1818	.27*	8	552	-.15*	7	480	-.04	6	326	-.14*
全般的なネガティブ情動	25	2572	-.18*	13	862	.10	13	1262	.16*	8	405	.29*
引き起こされたポジティブ情動	5	371	.06	—	—	—	—	—	—	—	—	—
引き起こされたネガティブ情動	28	9167	-.12*	13	960	-.00	13	934	.26*	4	216	.16
情動制御												
全体的制御能力	17	2915	.19*	6	1032	-.14*	5	961	-.33*	2	87	-.13
サポート希求	21	2587	.13*	9	754	-.14*	9	715	-.02	2	147	.06
認知的コーピング	16	2502	.20*	7	676	-.08*	7	627	-.06	2	147	-.12
回避や撤退	14	1828	.05	7	649	.06	7	605	.00	2	147	.12

注：*p<.05である。表中のkは研究数、Nは調査対象者数、rはピアソンの積率相関係数である。表中では、rは、A〜Dの特徴がそれぞれrに当てはまる人ほど、情動過程においてどの特徴が当て当てはまりやすいってくるる傾向があるかどうか、という関連性を意味する。メタ分析におけるrの大きさを見る基準は、[大][中][小]という3段階でいえば、.10が[小]、.30が[中]、.50が[大]である（Cohen, 1992）。
「情動経験」における「全般的な情動」とは、「仲間との相互作用」「両親との会話、乳幼児と両親との自由遊び」といった相互作用における情動や
「ここ2週間で、どういう情動を体験したのか」などのことである。「引き起こされた情動」とは、「ある特定の情動（喜び、怒り、恐れなど）を引き起こ
すよう企図された状況における、子どもの自己評定や観察者による子どもの表情評定」などのことである。
「情動制御」における「全体的制御能力」とは「欲求不満耐性能力、情動管理能力」などの全般的な情動制御能力のことであり、「サポート希求」は「道
具的サポートや情緒的サポートを希求する」ことを示す。「認知的コーピング」とは「今ある状態や情報について、肯定的に再焦点化する、認知的に再構築する」
など、「回避や撤退」とは「距離をとる、撤退する、回避をとる、気を散らす」などの方略のことである。
出所：Cooke et al., 2016, 2019に基づき作成

満の子どもを対象に行われた親子のアタッチメントと情動過程に関する研究に
ついてメタ分析を行った（Cooke et al., 2016, 2019, 表8-2）。その結果，(1)安
定型の子どもは，情動理解が優れており，ポジティブな情動を全般的に経験し，
ネガティブな情動を全般的に経験しにくいこと，そして，全般的な情動制御能
力が高く，サポート希求や認知的コーピングといった建設的なコーピング方
略をよく用いること，(2)回避型の子どもは，ポジティブ情動を全般的に経験し
にくく，情動制御能力が低く，建設的なコーピング方略をあまり用いないこと，
(3)アンビヴァレント型の子どもは，全般的なそして引き起こされたネガティブ
情動を経験しやすく，情動制御能力が低いこと，(4)無秩序・無方向型の子ども
は，ポジティブ情動を全般的に経験しにくく，ネガティブな情動を全般的に経
験しやすいこと，が示唆された。なお，無秩序・無方向型アタッチメントと情
動制御については，世界で研究数がわずか2であり，現段階では，研究知見が
着実に積み上がっているとは言い難い。

4　社会人格系の成人アタッチメント研究における知見 ─────

　18歳未満のアタッチメント研究とは異なり，18歳以上の青年・成人の場合に
は，2つの大きな研究の流れが存在する（表8-3）。これら2つの流れは，ア
タッチメント測定方法間の関連性という点では関連性は低いが，同じく，ボ
ウルビィのアタッチメント理論やエインズワースらのSSPに基づき展開され，
他の心理学的変数との関連性において同じような予測を立て，同じような結果
になる場合も多い（親の安定したアタッチメントは，子どもへの養育に良い影響を
与える，など）。18歳以上のアタッチメントと情動制御に関する研究数は圧倒的
に社会人格系の成人アタッチメント研究の方が多いので，本節では，この研究
の流れについて，今までに得られた知見の一端を紹介していく（より詳細な情
報は，Mikulincer & Shaver, 2016a, 2016bを参照のこと）。

表8-3 青年・成人のアタッチメント研究における2つの流れ

	正統的アタッチメント研究	社会人格系の成人アタッチメント研究
学派	発達心理学，臨床心理学	パーソナリティ心理学，社会心理学
対象	家族関係 （たて，強制的な関係性）	恋人関係などの親密な他者関係 （よこ，選択的な関係性）
測定方法	成人アタッチメント面接	自己報告式質問紙
測定対象	過去	現在

注：成人アタッチメント面接（George et al., 1996）と自己報告式尺度で測定される成人アタッチメントとの関連性は，予想以上に低い（Rosiman et al., 2007）。この結果について，以前は，どちらの測定方法がより優れているのかという議論が行われていたが，近年では，それぞれの測度がアタッチメント表象の異なる側面を適切にとらえているとみなすことができるため，相互に関連する必要性はないと考えられている（Crowell et al., 2016）。日本語で利用可能なアタッチメントの質問紙の一覧については，中尾（2017）を参照のこと。
出所：中尾，2017に基づき作成

（1）成人におけるアタッチメントという仕組みとその機能

　ミクリンサーとシェーバーは，成人アタッチメント研究の知見に基づき，成人におけるアタッチメントシステム（attachment system，アタッチメントという仕組み）の活性化とその働きについて，3段階からなるモデルを提案した（Mikulincer & Shaver, 2016a, 図8-2）。第1段階は，危険や脅威に対するモニタリングや評価を扱う段階であり，成人においても，脅威の兆しがあれば，アタッチメントシステムが動き出す。

　第2段階は，アタッチメント対象の利用可能性や応答性についてのモニタリングや評価を扱う段階である。ここでは，安心感やアタッチメントの安定性（attachment security）についての個人差が生じる。

　メインは，危機的状況において特定対象にアタッチするという方略（アタッチメント行動）は，安心感を得て，素早く探索活動に戻る，という点において，最も直接的で効果的な方法であると考え，この方略を「主要な一次的方略」（primary strategies）と呼んだ（Main, 1990）。第2段階におけるアタッチメント方略は，この「主要な一次的方略」に相当し，たとえば，分離後のアタッチメント対象との再会は，安心感を得るだけでなく，愛，優しさ，喜びといったポジティブな情動を生起させ，今度は，ポジティブ感情を経験することで，思

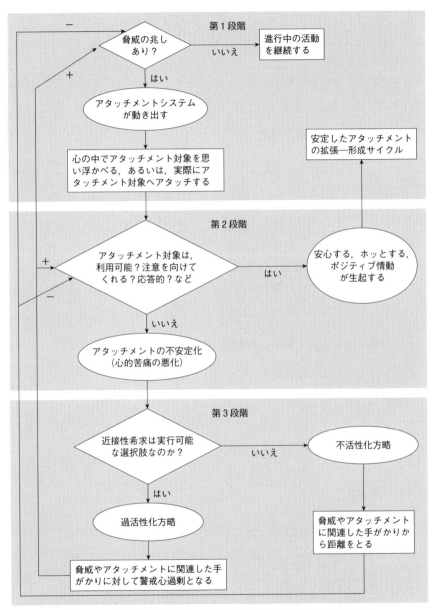

図8-2　成人におけるアタッチメントシステムの活性化とその働き

出所：Mikulincer & Shaver, 2016a, p. 29より作成

考や行動のレパートリーが拡張し，個人資源が形成され，その結果，その個人にらせん的変化と成長をもたらすという拡張—形成サイクル（Fredrickson, 2001）へとつながっていく。

　第3段階は，脅威や気がかりなことを処理するために，アタッチメント対象に対する近接性希求が選択可能かどうか，そして有効かどうかということに対するモニタリングと評価を扱う段階である。ここでの方略は，「主要な一次的方略」が上手くいかないときの「二次的方略」（secondary strategies）であり（Main, 1990），その具体的な内容は，過活性化方略（アタッチメント行動や情動表出の最大化）あるいは不活性化方略（アタッチメント行動や情動表出の最小化）である。過活性化方略は，ボウルビィ（Bowlby, 1982）のいうアタッチメント対象との分離が長期に及んだ場合の人の標準的な反応である「抵抗，絶望，再体制化（脱愛着）」の「抵抗」に相当する。なお，図8-2の左側に示したように，過活性化方略や不活性化方略は，第1段階および第2段階におけるモニタリングや評価に対して，促進あるいは抑制のフィードバック・ループをもつ。

（2）社会人格系の成人アタッチメント研究で得られた知見

　社会人格系の成人アタッチメント研究は，アタッチメントシステムそのものを情動制御装置だと想定している（Mikulincer & Shaver, 2016a）。つまり，アタッチメントシステムは，成人のもつ情動を制御するという試みや取り組み（regulatory efforts）の中に統合されており，注意，評価，心配（気にする，気がかりである），生理的覚醒，表情，思考，そして行動といった種々の情動過程に対して影響を与える。

①IWM の構成要素としてのスクリプト

　スクリプトとは，「日常的に繰り返し経験される事象を，その事象を成り立たせている一連の出来事のつらなり」として表現した知識のことである（中島ほか, 1999）。私たちは，レストランでの食事の仕方，映画館での映画の見方だけでなく，危機的状況で繰り返される相互作用を通して，アタッチメント

に関してもスクリプトを構築しており，それは IWM の一部として，情動に
関連した状況の評価や危機が去った後での行動に影響を与える（Mikulincer &
Shaver, 2016a）。

　今までの経験を通して安定型の個人が構築したスクリプトは，安心の基地
スクリプト（secure-base script）と呼ばれている（Mikulincer & Shaver, 2016b；
Waters & Waters, 2006）。このスクリプトは，もし○○であれば，××である
という If-then 命題のもとに組織化されている。すなわち，もし困難なことに
遭遇し，心的苦痛を体験したら，「私は重要な他者に助けを求めるために接近
することができる」「重要な他者は，利用可能であり，支持的であるようだ」
「重要な他者と近接できた結果，私はホッとしたり，楽になったりする」「私は
他の活動に戻ることができる」という一連の出来事のつらなりとして表現され
るスクリプトを，安定型の個人はもっているのである。

　アンビヴァレント型の個人は，危機的状況においては，見張りスクリプト
（sentinel script）を発動させる（Ein-Dor et al., 2011）。彼らがもつスクリプトは，
「他人よりも早く危険に気がつき，他人に対して，危険を知らせる」という
テーマのもとに組織化されている。回避型の個人は，危機的状況において，迅
速な闘争―逃走行動スクリプト（rapid fight-flight script）を発動させる（Ein-Dor
et al., 2011）。彼らがもつスクリプトは，「他者に助けを求めることなく危険な
状況から逃げ出し，他者の行為に左右されることなく素早く行為を行い，他者
と話し合ったり，協力したりすることはしない」というテーマのもとに組織化
されている。

②閾下でのアタッチメントという仕組みの活性化

　社会人格系の成人アタッチメント研究では，語彙決定課題（パソコン画面に
文字綴り（btale [table]，vleo [love] など）が提示され，できるだけ早く，それが
意味の通る文字かどうかを決定する課題）やストループ・カラーネーミング課題
（パソコン画面にある文字が提示され，それが何色で書かれているのかをできるだけ
早く答える課題）などを用いて，閾下（感覚自体は生じているが，意識はできない

状態）における IWM の情報処理過程が検討されてきた。実験の結果，安定型
の個人は，(1)脅威語（分離，失敗など）が閾下で提示された場合には，安全な
避難所や安心の基地として機能するアタッチメント対象の具体的な名前が文字
として提示されると，アタッチメント対象ではない親密な他者やあまり親しく
ない知人の名前が文字として提示される場合に比べて，その人物の表象への心
的アクセシビリティが高いこと（回答に要する時間が短くなる，など），そして
近接性に関する語（親しさ [close]，愛，ハグなど）においても，同様の実験結
果になること，(2)そのような違いは，中立語（帽子，傘など）が閾下で提示さ
れた場合には生じないことが示された。

　アンビヴァレント型の個人は，閾下で脅威語が提示されたときだけでなく，
中立語が提示されたときでさえも，アタッチメント対象の名前や近接性に関す
る語への心的アクセシビリティが高く，さらに，彼らは，分離や拒絶に関連し
た語（分離，拒絶，見捨てられ，など）においても，それらの表象への心的アク
セシビリティが高かった。一方，回避型の個人は，全体的に，安定型の場合
と似た結果のパターンを示していたが，認知的負荷をかけられた場合には（録
音された話を聞き，それを大きな声で復唱し，後にそれを思い出す，など），いつも
使用しているアタッチメントに関連した情報を防衛的に排除するという方略を
維持できなくなり，分離や拒絶に関連した表象への心的アクセシビリティが高
まった。さらに，閾下で提示される脅威語がアタッチメントと関連が深い「分
離」である場合には，安定型の個人は，アタッチメント対象の表象への心的ア
クセシビリティが高くなるのに対して，回避型は，逆に，それらへの心的アク
セシビリティが低くなった。しかし，閾下で提示される脅威語がアタッチメン
トとはあまり関連のない「失敗」の場合には，そのような違いは見出されな
かった（Mikulincer et al., 2002）。

③主要な一次的方略としてのサポート希求における個人差

　概して，安定型の個人はサポート希求を行い，回避型の個人はサポート希求
をあまり行わない，という結果は，比較的一貫していた（Mikulincer & Shaver,

2016a)。そして，アンビヴァレント型の個人についての結果には一貫性がなく，
サポート希求と弱いながらも正の関連があるという結果と，そのような関連性
はないという結果が混在していた。この知見の一貫性のなさは，アンビヴァレ
ント型の個人の，サポートを強く望みながらも，サポートの利用可能性に疑い
をもつ，という両価的な特徴を反映していると考えられる。

④ストレッサーに対する評価とコーピング
　ラザルスとフォルクマン（Lazarus & Folkman, 1984）は「人がストレスを経
験する際には，ストレス刺激の有害さと重大さの見積もり（一次的評価）と自
分がストレスに際して用いることができる能力や資源についての見通し（二次
的評価）が重要である」（中島ほか，1999）と述べている。このうちの二次的評
価に関しては，安定型の個人は，自分自身を脅威に対して効果的に対処できる
と評価していた。アンビヴァレント型の個人は，一貫して，出来事の脅威的な
側面を過度に強調し（実際に被害を被ったわけではないが，そのような可能性があ
るので，苦痛だ，負担だ，困難だ，怖いと強調し），自分自身を脅威に対して効果
的に対処できない人物だと評価していた。回避型の個人は，二次的評価につい
ては安定型と同じ結果であったが，脅威そのものに対する一次的評価について
は，それが否定不可能でかつ比較的長時間継続する場合には（6カ月の集中的
な軍事訓練，離婚，先天性心疾患をもって生まれた子どもを育てる，など），アンビ
ヴァレント型の個人と同じく，それらを過度に脅威的だと評価していた。
　コーピング（ストレス対処法）については，概して，安定型の個人は，問題
焦点型コーピング（問題の所在の明確化，情報収集，解決策の考案やその実行，な
ど）を行っており，そして，問題が解決できないときには，その問題から距離
をとるという方略を行っていた。アンビヴァレント型の個人は，情動焦点型
コーピング（希望的思考，気晴らし，繰り返し考える，など）をより行っていた。
回避型の個人は，問題から距離をとるという方略（ストレスを否定する，注意を
逸らす，など）をより行っていたが，ストレッサーが深刻で持続的である場合
には，アンビヴァレント型の個人と同じく，情動焦点型コーピングをより行っ

ていた（Mikulincer & Shaver, 2016a）。

⑤アタッチメントに関連した心的苦痛の制御1：アタッチメント対象との分離
　アンビヴァレント型アタッチメントは，アタッチメント対象との分離によっ
て引き起こされる心的苦痛について，それを和らげるのではなく悪化させる，
という知見が一貫して得られた（Mikulincer & Shaver, 2016b）。たとえば，ア
ンビヴァレント型の個人は，分離に関する記憶の活性化を制御できていない
ので，機能的 MRI（fMRI）を用いて，苦痛に満ちた分離を思い出す際の脳の
プロセスを観察すると，左前側頭極や左海馬といった悲しみに満ちた思考を
思い起こすことに関連する領域の活動が活発になり，情動コントロールと関連
する前頭葉眼窩面皮質の活動は不活性化していた（Gillath et al., 2005）。また，
MRI スキャナーに横たわっているときに，社会的排除を想像してもらった場
合には，前帯状皮質背側部（dAcc）や島皮質といった心的苦痛の活性化と関連
する領域の活動が高まっていた（DeWall et al., 2012）。ちなみに，社会的排除
に対するこのような脳の反応は，調査対象者にアタッチメント対象を思い浮か
べてもらうことで，弱めることが可能であった（Karremans et al., 2011）。
　回避型の個人は，分離を考えないようにすることで，分離に対処しようとす
る。しかし，その防衛は脆弱なものであり，たとえば，ストループ・カラー
ネーミング課題においては，認知的負荷（7桁の数字を復唱しながら，覚えてお
く，など）によって，簡単に崩壊してしまう（Chun et al., 2015）。回避型の防
衛の基礎となる制御の仕組みは，一旦情報を記憶してから事後処理として思
い出さない，というよりは，はじめから注意を逸らすといった事前処理である
（Fraley et al., 2000）。つまり，回避型の個人は，アタッチメントに関連した情
報に対して警戒心過剰であり，その結果としてそれらの情報が入ってくること
を事前にブロックすることができるのである。

⑥アタッチメントに関連した心的苦痛の制御2：アタッチメント対象との死別
　安定型アタッチメントは，遺族がアタッチメント対象との死別（アタッチメ

ント対象の喪失）を受け入れ，日常生活を回復することを可能とする（Mikulincer & Shaver, 2013）。成人アタッチメント面接（George et al., 1996）では，安定型の個人は，過度の困難を伴わずに，故人のことを思い出し，失われた経験について首尾一貫して語ることができる。彼らは，認知的コーピングやサポート希求などの建設的なコーピング方略によって，情動に圧倒されたり，通常の精神機能が全体的に崩壊したりすることなしに，深い悲しみや心的苦痛を経験・表出することができる（Stroebe et al., 2005）。一方で，アンビヴァレント型の個人は，喪失について強い心的苦痛を経験し，それを反芻する傾向があり，回避型の個人は，ネガティブ情動を抑制し，意識的に深い悲しみを体験しないようにする傾向がある（Mikulincer & Shaver, 2008, 2012；Fraley & Shaver, 2016）。

　いくつかの研究では，安定型アタッチメントは，死別における情緒的適応を促進することが見出された。たとえば，最近愛する人に先立たれた59名の成人を対象とした縦断的研究（Fraley & Bonanno, 2004）では，死別後４カ月の時点で安定型であった人は，死別後，４カ月後，18カ月後においても，死別に関連した不安，不快，悲しみ，抑うつ，心的苦痛が比較的低水準であった。さらに，アンビヴァレント型アタッチメントと悲しみの強さについても，一貫した結果が得られた。たとえば，死別後10カ月時点におけるアンビヴァレント型アタッチメントの得点の高さは，その４カ月後，15カ月後，そして50カ月後における心的苦痛の強さと関連していた（Field & Sundin, 2001）。なお，回避型アタッチメントについては，防衛的情報処理が働くためか，悲しみの強さと関連がないという結果と関連があるという結果が混在していた。

⑦怒りの経験と制御

　怒りには，機能的怒り（他者のネガティブな行動を低減し，関係における障害を克服するために用いられる２者間の結びつきを維持するための怒り）と非機能的怒り（過度のかんしゃくや破壊的行動を伴っており，２者間の結びつきを弱めてしまう怒り）の２種類がある。そして，機能的怒りは，基本的には，安定型の個人において生じ，非機能的怒りは，アンビヴァレント型や回避型の個人において

生じる（Mikulincer, 1998, Zimmermann et al., 2001）。

　ローレスたちの研究（Rholes et al., 1999）では，回避型の女性は，不安喚起場面（実験者に，「多くの人がかなりの不安や苦痛となる実験手続きを開始します」と告げられ，暗く窓のない隔離室（生理学的実験装置が置かれた暗室）を見せられ，待合室で待っている間に）において，恋人の男性に向けて強い怒りを示し，それは，特に女性の心的苦痛が強く，恋人からあまりサポートを受けていないときに顕著だった。つまり，彼女たちは，恋人からのサポートに対する信頼がないので，サポート希求を行うときに，怒りを表出していた。一方，アンビヴァレント型の女性は，待合室では，特に怒っているようには見えなかったが，実験者から「実際には課題を行わなくてよい」と告げられたときに，恋人に対して強い怒りをあらわにした。つまり，サポート希求においては，彼女たちの安心感への強い欲求は怒りを抑制することへとつながるが，サポートがもう必要ないとわかったときには，怒りが表面化してくるようであった。

　アンビヴァレント型の女性がもつ怒りに対する過活性化方略もまた明らかとなった。たとえば，調査協力者に，怒りの表情あるいはニュートラルな表情を見せ，そのときの脳内の様子をfMRIで観察した研究では，アンビヴァレント型の女性は，怒りの表情を見せられた場合に，脅威に対する情緒的反応の基礎となる部位である扁桃体の活動が活発になった（Vrtička et al., 2008）

　回避型の個人には，ネガティブ情動を避けて，怒りを抑制するという特徴がある。その結果，第三者は，時として明らかな怒りの表出を観察することはできないが，彼らの怒りは，無意識的に，あるいは，注意を向けられない形で，パートナーに対する説明のできない敵意や憎しみといった形態で表現され続ける。ミクリンサーは，回避型の個人がもつこの種の怒りを「解離した怒り」（dissociated anger）と名付けた（Mikulincer, 1998）。つまり，怒りに関する自己報告と，敵意の自己知覚や他者帰属，そして生理学的覚醒との間には解離がみられるのである。

5　むすびとして

　本章で紹介してきたアタッチメントと情動制御の知見について，結局のところ何がわかっていて何がわかっていないのかを整理すると以下のようになる。すなわち，18歳未満における養育者へのアタッチメントと情動制御の関連性については，研究数は必ずしも多いとはいえないが，メタ分析を用いて知見の統合が進んでいる。しかし，無秩序・無方向型の個人がもつ情動制御の特徴についても，よくわかっていない。さらに，ポジティブ情動の制御についても，ほとんど研究が行われていない（Obeldobel & Kerns, 2020）。もっとも，無秩序・無方向型については，この分類自体がある組織化された行動パターンを意味していないため，特定の情動表出や情動制御パターンを含まない可能性もある（Goldberg, 2000）。

　18歳以上については，社会人格系の成人アタッチメント研究では，行動観察，面接，質問紙，生理学的方法，神経画像検査，認知・情動過程に関する潜在的測度，危機的状況を操作した実験を用いて，図8-2について，そのプロセスがかなり詳細に明らかになりつつある。しかし，その一方では，調査対象者の大部分が大学生のみであり，発達心理学的にそのルーツをさぐる，あるいは臨床心理学的にハイリスク群や精神疾患群などの他のサンプルについて検討を行う，ということはあまり行われていない（Mikulincer & Shaver, 2016b）。さらに，成人アタッチメント面接では査定できるが，質問紙では測定できない「未解決型」（虐待や養育者などの大切な人との死別を語る際に語りの整合一貫性が乱れるタイプであり，SSP における無秩序・無方向型に対応したタイプ）と情動制御との関連性についても，ほとんど明らかになっていない。

　本章では，アタッチメントという視点から情動制御について考えてきたが，両者の関連性について考える際の理論的ベースは，やはり，ボウルビィのアタッチメント理論である。私たちが，通常，アタッチメント理論と呼んでいるのは，訳書で一つあたり約500頁あるボウルビィの代表的な三部作（Bowlby,

1973, 1980, 1982），および，ボウルビィ自身が「講演」という形で，アタッチメント理論の内容をわかりやすく説明した講演集 2 作（Bowlby, 1979, 1988）のことである。これらにおけるボウルビィの最も中核的な関心は，生涯を通して人が誰かにアタッチするということの発達的・適応的な意味と，その安心してアタッチできるという関係性を喪失したときの人の心身全般にわたる脆弱性とに注がれていた（遠藤, 2017）。そして，彼は，アタッチメント対象との再会における愛，優しさ，喜び，などのポジティブ感情，アタッチメント対象からの分離における不安，恐怖，怒り，そして，アタッチメント対象の喪失に伴う悲しみ，絶望という感情の原因と結果に興味を抱いていた（Mikulincer & Shaver, 2016b）。今後もこれらの情動を中心として，生涯にわたるアタッチメントと情動制御との関連について，さらなる研究知見の統合や研究の進展が続いていくであろう。

付　記

本章の執筆に際して，JSPS 科研費 JP18K03136 の助成を受けました。

情動制御発達研究の行方を占う

遠藤利彦

　本章が企図するところは，人が生涯にわたって心身の健全な機能を維持し，社会的な適応性を高く具現していくうえで，情動制御の発達が枢要な基盤になることを改めて確認し，この研究領域の今後に残されたいくつかの課題について考究することである。それらはいずれも容易には解決しがたいものばかりではあるが，情動制御発達に関心を寄せる者が，心に銘記しておくべき点として，私論をここに記しておくこととしたい。

1　非認知能力なるものへの関心の高まり

　現在，世界はいわゆる "VUCA" な時代のただ中に在るといわれている。"VUCA" とは，Volatility（激動），Uncertainty（不確実），Complexity（複雑），Ambiguity（曖昧）という 4 つの英単語の頭文字を並べて構成された造語であるわけであるが，まさに人類は今，目まぐるしく変化し，先の見通しの利かない，そして思想や価値も含め様々な要素が複雑に絡み合い，何が良くて何が悪いのかの基準もきわめて曖昧な状況の中で，明確な対処の仕方を未だ見出せぬまま当て所なく揺曳しているといえるのかもしれない。その一方で，科学技術の進展は凄まじく，殊に AI に関しては，その機能が人の知能を凌駕する，いわゆるシンギュラリティ（技術的特異点）に達するのもそう遠い未来ではない

ことが指摘されている。

　こうした中，これから先の時代をたくましく生き抜いていかなくてはならない子どもたちがどのような心の力を身につけておくべきなのかということに関わる議論も盛んになってきている。おそらく，これまでは，社会的に価値づけられたコンテンツ（情報や知識）を頭の中に豊富に蓄え（内在化させ），さらにそれらを社会が求める既定の方向に従って活用する力が暗黙裡に重視されてきたといえるのかもしれない。かつ，学校教育の中でも，暗々裡に，そうした力の養成に重点がおかれてきたのだと考えられる。しかし，高機能 AI が先導する Society 5.0 の社会にあって，もはや私たちの生活世界には，ある意味，ありとあらゆるコンテンツが外在化した形で遍在している。そして，こうした中にあって，徐々に声高に言われるようになってきているのが，何か予め決められた価値や方向に従順に従って，必要とされるコンテンツを内在化させ，それをもとにただ思考し行動するのではなく，むしろ，予測困難な混沌とした状況に柔軟に適切に対処すべく，適宜その都度，自身の頭で考え判断し，自ら目標設定する力，そしてその目標に合わせて，外在化して在るコンテンツを主体的に選択し集め有機的に組み立てる力の必要性である。それと同時に，そうした力を独りよがりではなく，様々な他者と手を携え協力し合いながら活かしていく力の必要性である。

　思うに，こうした力こそが，現在，教育の世界で，とみに注目が集まっている非認知能力なるものの実質的な中身といえるのだろう。従来型のペーパーテストで測られるような，いわゆる頭の良さ，頭のできという意味での認知能力を，たとえどんなに高水準で備えていても，もはやそれだけでは適応的に生き抜くことのできない時代が目前に迫っており，あるいはすでに到来しているのかもしれず，そうした中で，認知能力以外の何か大切な要素，すなわち非認知能力に俄然，子どもの教育に携わる者の関心が注がれ始めているのである。

　こうした思潮の嚆矢となったのが，教育経済学者であるジェームズ・ヘックマン（James Heckman）の論考であることは言うまでもない（e.g. Heckman, 2013）。彼の研究は，基本的に，子育てや保育なども含めた教育への投資効果，

すなわち人の生涯のとりわけどの時期に，教育に対して然るべき投資がなされ
れば，最も効果が大きいのかということを問うものであった。その結論は，就
学前，すなわち乳幼児期における教育への投資効果が絶大であるということ
だったわけであるが，彼は，自身が関わった貧困層の子どもに対する介入研究
（ペリー就学前計画）を通して，大人になってからの経済的安定性や健全な市民
生活などに現れる個人差が，必ずしも IQ の違いによっては説明されないこと
から，IQ の値で示されない力，彼に言わせれば認知能力以外の力，すなわち
非認知能力（non-cognitive ability）を特に幼少期の段階から獲得しておくこと
が重要であると強く主張するに至ったのである。

　ヘックマンの影響力は大きく，たとえば OECD などは，その主張をほぼ全
面的に取り入れて，2015年に "Skills for Social Progress: The Power of Social
and Emotional Skills" と題したレポートをまとめ，その中で，非認知能力を，
学術的により厳密な形で社会情動的スキル（social and emotional skills）と言い
換えたうえで，たとえ経済的には不遇な状況にあっても，子どもが発達早期
から然るべき養育や教育を受け，その基盤を築いておくことが，その後の一生
涯にわたる心と身体の健康や経済的安定性なども含めた社会的適応性の 1 つの
鍵を握っていることを強く主張している（OECD, 2015）。OECD は「スキル
がスキルを生む」という表現をとっているが，まずは幼少期に社会情動的なス
キルの土台を堅固に作り上げておくと，その後の教育課程で受けることになる
様々な教育の成果がそのうえに着実かつ効率的に積み上げられ，多様な側面に
わたり，さらに高水準のスキルの発達がより円滑に，かつ効率的に導かれると
説くのである。また，先行して非認知能力＝社会情動的スキルの基盤を子ども
に備えさせておくことが，その後の認知能力の発達や学力の形成にも正の影響
を及ぼし得ること，しかし，その逆の因果の矢印はあまり想定できないことな
ども合わせて示唆している。

2 非認知能力の中核をなす情動制御 ────────────

　ヘックマン自身は，非認知能力として主に自身の心の状態を適切にコント
ロールする力（自制心）や，目標に向かって我慢強くやり抜く力（グリット）
などを想定していたようであるが，経済学者ということもあって，その具体的
な中身に関しては必ずしも詳細に論じているわけではない。ただ，心理学や教
育学の領域に眼を向ければ，非認知能力あるいは社会情動的スキルに関しては
すでに様々な理論的検討が行われており，OECD によるレポートは，そうし
た多岐にわたる理論的検討を踏まえて，非認知能力＝社会情動的スキルを「長
期的目標の達成」「他者との協働」「情動を管理する能力」の３側面から成るも
のとしている（OECD, 2015）。
　この中の「情動を管理する能力」が，概念的にまさに情動制御に関わる一
連のスキルやコンピテンスということになるが，それは大きく２つの側面に
分けて把捉し得ると考えられる。このうちの１つは同じく OECD が社会情動
的スキルの１要素としている「長期的目標の達成」に深く関わる情動制御であ
り，言ってみれば異時点間の選択のジレンマ解決において必要となるものであ
る。もう１つは，やはり同じく OECD が社会情動的スキルの１要素としてい
る「他者との協働」に深く関わる情動制御であり，言ってみれば自他間の選択
のジレンマ解決において必要となるものである。
　異時点間の選択のジレンマとは，今と未来の間の選択，すなわち，今，眼前
にある利益をすぐに取りに行くことを優先するか，それとも今ここでの利益を
我慢して，もう少し先の自身にとってのより大きな利益をとることを重視する
か，ということをめぐる情動管理・情動制御の問題であり，それを解決する力
は，実質的に，それこそ「長期的目標の達成」に必要となる，自身の衝動を抑
えて行動をコントロールする力である「自制心」や，目標指向的に粘り強く努
力する力である「グリット」の中に含まれて在るといえる。発達研究の文脈で
は，しばしばいわゆるマシュマロ課題をはじめとする満足遅延問題の中で問わ

れてきたものであり，本書でも示されているように，標準的には幼児期くらい
から，子どもはしだいに今の目先の快情動を充足させたい，不快情動を回避し
たいという即時的な衝動を抑止あるいは遅延させ，その先に在る，より自身に
とって長期的に益をなすであろう行動の具現に向けて，一貫した形で情動を統
御し，動機づけを維持することが可能となるようである。

　一方，自他間の選択のジレンマとは，自己と他者の間の選択，すなわち自身
の利益を優先するか，それとも他者の利益を，あるいは他者に危害・迷惑・不
利益などが及ばないことを重視するか，ということをめぐる情動管理・情動制
御の問題であり，それを解決する力は，それこそ「他者との協働」において必
要となる協調性あるいは道徳性や規範意識などの中に自ずと含まれて在ると考
えられる。発達研究の文脈では，しばしば思いやりや援助などの向社会的行動
あるいはルールや道徳の遵守などのテーマで実証的に問われてきたものであり，
本書でも示されているように，標準的には幼児期くらいから，他者の意図や感
情などの読み取り，あるいは暗黙の社会的基準やルールなどの理解が成立し始
めると，たとえば他者がくれたプレゼントに対して実際には失望の情動を覚え
ていても，少なくともその他者が現前している状況では，微笑んで応じるなど
の他者志向的な情動表出の調整・制御が可能になっていくのである。

　一般的に，こうした 2 側面からなる情動制御のスキルやコンピテンスはとり
わけ幼児期から児童期にかけて飛躍的に増進していくものと考えられているが，
その発達に明確な終着点はないようである。むしろ，思春期以降にその個人差
が際立つようになり，それが個々人の心理社会的適応性を大きく左右すること
になるようである（Shiota & Kalat, 2017）。実のところ，思春期以降，認知面
では相当に発達が進み，少なくとも実験室的環境では，大人と大差ないまでに
的確な情動的意思決定や判断が可能になりながら，現実場面では，適応的に振
る舞えない事態が少なからず発生するのだという。この時期は，性ホルモンを
はじめとする内分泌系の変化に加えて，脳神経系にも大きな構造的変化が生じ
ることが明らかにされており，とりわけ，3 つの "R"，すなわち "Reward"（報
酬），"Relationship"（関係性），"Regulation"（制御）に関わる脳領域にかなりド

ラスティックな変化が生起するとされている（Steinberg, 2015）。換言するならば，異時点間の選択のジレンマに深く関わる報酬系の脳内基盤，自他間の選択のジレンマに関わる関係性の脳内基盤，そしてそれら両側面のコントロールに関わる制御系の脳内基盤が，相互に複雑に絡み合いながら大きく変じ得るということになる。

　このうち，報酬に深く関わる大脳辺縁系の発達的変化が先行して急激に立ち上がるのに対して，制御に深く関わる前頭前皮質の発達的変化は少し遅れて，しかも相対的にゆっくりと進行すると考えられている。つまりは，青年期前期くらいに，大きな報酬や強い刺激に対して感受性が昂進し，その獲得に向けて衝動的に勢いよくアクセルが踏み出されるが，それに対して的確にハンドル裁きをし，ブレーキをかけるしくみが十分に整わない中で，換言すれば，報酬を求めようとする強い情動とそれに抑制をかけるはずの情動制御とのアンバランスが生じる中で，時に危険行動および事故や種々の問題が発生してしまうことになるのだろう。また，この時期に関係性に関与する脳の感受性も相対的に高まるわけであるが，その１つの帰結なのか，少なくとも一定割合の青年においては，とりわけ仲間からの評価を得，集団の中での地位を高め確立しようとする中で，スリルや興奮や報酬を求める欲動が増大し，結果的に軽率な行動に出てしまう確率が非常に高まる傾向があるのだという（Gardner & Steinberg, 2005）。

　もっとも，この後，青年期中期から後期にかけて脳の構造およびそれに連動した心理機能の発達がさらに進むと，３つの"R"間のバランスが確立し，多くの個人において，上述した２側面の情動制御ともある程度，健全に働くようになるといえるのだろう。ただし，この時期に至っても，大きな個人間のばらつきが残ることは否めず，青年期全般にわたって適切な情動の調整や制御の力が十分に身につかない場合には，ポテンシャルとしての知的機能や金銭経済の面などにたとえリスク要因が存在していなくとも，その後の人生において，たとえば学業を継続できない，職につけない，続けられない，法を遵守できないなどの問題が多く生じがちなのだという（Steinberg, 2015）。

　繰り返しになるが，現在，全世界的に，非認知能力＝社会情動的スキルの重要性が声高に叫ばれる中，そのうちでも，とりわけ異時点間の選択のジレンマ解決に関わる情動制御，および自他間の選択のジレンマ解決に関わる情動制御，両側面における乳幼児期から青年期にかけての発達が，生涯発達の鍵を握るという認識が急速に広まりつつあり，その実践的な獲得支援も含めた，さらなる研究の進展が大いに期待されるところとなっている。

3　情動の抑止ではなく最適化としての情動制御

　上述したように，生涯発達過程における情動制御の役割に改めて注目が集まる中，再確認しておく必要があるのが，「制御されるべきもの」（regulate）として在る情動それ自体の性質である。実のところ，何よりも情動そのものが，本来，私たち人間の生物学的あるいは社会的な適応性を高く実現すべく，心身状態を整合的に「制御するもの」（regulator）として在ることを決して忘れてはならないはずである。

　確かに，たとえば私たちが何ものかを前にして恐れ，不安に苛まれている状態あるいは怒りに駆り立てられている状態などは，心身の安寧がひどく脅かされた不幸な状態と言い得るものである。しかし，だからといって，私たちの日常から，恐れや不安や怒りが消えてなくなることが，人にとって決して至高の状態とはいえないだろう。なぜならば，私たちは，恐れがあるからこそ，現実に遭遇した様々な危険に対して迅速に身構え，その状況からとっさに退避することができる。また，不安があるからこそ，これから先，潜在的に降りかかり得る様々な不利な事態に対して，予防的に対処することができる。さらに，怒りがあるからこそ，自身の利益や安寧を不当に脅かすものに対して，抗議的な言行を起こし，時に自他の利害バランスを正し，時に自らの心身状態を護ることができるのである。まさに，長く堅実に生き延びていくために，それらは必須不可欠のものとして在るはずである。それらは，そのただ中にいる「今，ここ」では，人にとって主観的には多分に嫌忌的なものであっても，それらが

「結果的に」もたらすものは，人の生存可能性や繁殖可能性などの維持・向上であり，その意味で，高度に適応的かつ合理的な働きをなしているといえるのである（遠藤，2013，2015）。

　進化生物学，特に遺伝子の論理で人の心や行為の傾向を読み解こうとする進化心理学の視座からすれば，正の情動のみならず負の情動も，基本的に，生物個体としてのヒトの生存や成長，および配偶・繁殖・子育てなどにおける成功に寄与すべく，その時々の個体の心身状態を適応的に「制御するもの」として，遺伝的に仕組まれるに至った進化の産物にほかならない（Tooby & Cosmides, 2008）。そして，この見方に従えば，私たち人間が人生の早期段階から経験し表出することになる種々の情動はそれぞれ異なる合理性や機能性をもって，その生涯にわたる心身の発達を適応的に支え導くものであるとも解せることになる（遠藤，2013）。

　こうしたことからいえるのは，情動制御が，（少なくとも進化生物学的には）元来，機能的な制御器（regulator）として在る情動の制御であるということである。もっとも，情動の制御器としての機能性は，あくまでもヒトという生物種の進化の舞台になった少なくとも数万年前のいわゆる進化的適応環境（EEA）において発揮されていたものであり，それが，現代の人間における日常生活にそのままの形で益をもたらすとは考えがたい。そこには当然，大なり小なり，様々な機能性の齟齬が生じているとみなすべきであり，今を生きる私たちにとって情動はまさに「両刃の剣」と言って然るべきものである（遠藤，2015，2016）。そして，だからこそ，制御器をあえて制御する必要があるのだといえる。

　しかし，ここで留意すべきことは，元来，制御器として在る情動を完全に抑え込むこと，別の言い方をすれば，「情動的でなくなること」が，情動制御発達の望むべき究極の到達点であると錯認されてはならないということである。近年の情動研究が，「情動的でないこと」，逆に言えば高度に「理性的であること」を人間にとっての至高状態とする，ある意味，プラトン以来の反機能的情動観および理性信仰を見直し，否定する中で飛躍的に進展してきている（遠藤，

2020）ことからすれば，半ば自明のことといえるが，むしろ，個々人が情動に潜在する種々の機能性をうまく引き出し，最適化し得るような制御の形を身につけることが，情動制御発達の適応的到達点とみなされるべきなのだろう。言い方を換えれば，情動が「両刃の剣」であるならば，「豊かに情動的である」中で，徐々に，その負の側面に対する自覚的意識を高め，積極的に正の側面を利していけるように，情動制御の発達は進行して然るべきものと考えられるのである（遠藤，2013）。

　無論，現今の情動制御研究が，理論的な意味で，情動の抑止，すなわち下方制御（down-regulation）のみならず，情動の増進，すなわち上方制御（up-regulation）をも視野に入れていることは確かであろう。ただし，少なくとも乳幼児期から青年期に至る発達過程の中で実証的に圧倒的に多く問われているのは，とりわけネガティブな情動の抑止や低減といった下方制御であることは否めないところである。上方制御が問われることがあっても，それはほとんどの場合，喜びや共感などのポジティブな意味合いをもった情動に関してであり，ネガティブな情動に関して，その適応的な増進が問題にされることはきわめて稀少だといえよう。その意味では，今後，ポジティブな情動のみならず，ネガティブな情動も含め，適応的な情動の上方制御が発達過程の中でいかになされるようになるのかに関して，実証的な検討が行われる必要があるものといえる。子どもは，時機や状況に応じて，どのように，またどの程度，恐れ，不安，悲しみ，怒り，嫌悪，あるいはより高次の恥や罪悪感などの情動を経験および表出することが自身の適応性につながることを習得するに至るのか，さらには情動の下方制御と上方制御，そして場合によってはあえての非制御（non-regulation）のバランスを発達過程の中でいかにうまくとり得るようになるのかという問いは，未だ明確な答が示されていないきわめて魅力的かつ意義あるものと考えられる。

4 「適度さ」「ほどほどさ」からみる情動制御 ─────────

　上述した情動の上方制御と下方制御，そしてまた（意図の介在した）非制御およびそれらのバランスに関わる問いは，私たちのより日常的な生活文脈を意識して言えば，正負両面の情動表出の「適度さ」に関わる問いに置き換えて考えた方が，理解しやすいのかもしれない。情動の本源的な意味での厄介さは，それが元来，制御器（regulator）として在りながら，同時に，制御されなければならないもの（regulatee）としても在るという，逆説的な二重性を抱えていることである。情動が私の日常生活において真に機能的なものであるためには，ある程度，制御されなくてはならないが，決して制御され過ぎてもならず，いわば「ほどほど」に表出される必要があるといえるのである（遠藤，2013，2015）。

　古代ギリシアにおいて，プラトンは，情動は制御・抑制されればされるほど望ましいという見方を提示していたのに対し，アリストテレスは，ネガティブな情動も含め，情動の経験にしても表出にしてもほどよく適度なることが究極的な善や幸福に通じ得ること，すなわち情動の発動に関しても中庸（mesotes）の徳を説いていたのだといえる（遠藤，2013）。彼は，とりわけ怒りに関して，その表出が時機や対象や方法などを間違えない正当なものであれば，そして，それが苛烈に過ぎない限り，概して人の日常に有効に機能するという旨を述している（アリストテレス，1971，1973）。そして，これに関しては，現に，現代の実証心理学においても，ある程度，その妥当性が示されているといえるかもしれない。たとえば，シェラーは，自身のデータに基づきながら，日々の怒りやいらだちの多さと，主観的幸福感や生活への満足度との間に逆U字型の関連性があることを見出し，怒りやいらだちの経験や表出が中程度であることの心理社会的適応性への寄与を認めている（Scherer，2004）。そのうえで，情動が徹底的に抑制されるような事態は，個人内の心身の安定や健康という視座からしても，個人間の関係性の構築や維持あるいは時に分断という視座からしても，

決して適応的とは言い得ないという見解を示している（Scherer, 2007）。

　無論，この情動の経験や表出における「適度さ」や「ほどほどさ」をいかに実証的検討の俎上に載せ得るかということに関しては，かなり容易ならざるものがあるといえる。たとえば，データの収集のうえでは，下方制御のみならず上方制御に関してもバランスよく回答を求めたり，情動制御の程度とともに同時に情動経験や表出の豊かさに関しても問うたりすること，またデータの分析のうえでは，制御と適応性の間に必ずしも線形ではなく非線形の関連性を想定した分析法を適用したりすることなど，様々な工夫が必要になるものと考えられる。確かに，そうした実証的検討の実現にはそれなりの時を要するものといえるが，少なくとも理論的な意味では，情動制御が情動の抑止や低減ではなく，情動の最適化，すなわち時機や状況に応じた適度で適切な情動の経験や表出に関わる調整，を意味する，あるいは意味しなければならないということを再確認しておいて然るべきであろう。

　そして，これに関連してもう1つ付言しておくべきことは，「適度さ」や「ほどほどさ」に関しては，ポジティブな意味合いをもった情動にも等しく当てはまるということである。確かに，たとえば敗者の前で勝者が過度に喜びを表すことや，誇りの情動が過ぎて驕慢の表出になることが非とされることは現今の私たちの社会では半ば常識とされ，これまでの発達心理学の研究でも，子どもにおけるこうしたことの理解の萌芽と発達については，それなりに実証的に問われてきたのだといえる（e.g. Denham et al, 2015 ; Saarni, 1999）。しかし，一般的に向社会的行動につながるとされる共感や同情に関してはどうだろうか。近年，注目度の高い感情史研究の代表的論者であるフレーフェルトは近世から現代にかけて，名誉や恥辱およびそれらが生み出す怒りの情動が，人の日常生活から徐々に失われつつあるのに対し，逆に共感や同情が社会的に是とされる情動として勢いを増してきていることを説得的に論じている（Frevert, 2011）。しかし，こうした共感や同情を暗黙裡に良き情動とみなす思潮が優勢化する中，これまで，少なくとも発達研究の文脈で，共感や同情の適応的な意味での制御や抑制が実証的に問われたことはどれだけあっただろうか。

実のところ，共感や同情が度を超した場合には，時にいわゆる病的な利他性が生み出され，共感疲労やバーン・アウトあるいは共依存という形で個人の心身の健康がひどく害されてしまったり，場合によっては集団自死のような悲劇が招来されてしまったりする危険性もあることが指摘されている（Oakley et al., 2012）。また，ブルームのように，反共感論を唱え，共感性が，自身の眼前にいる困窮者ばかりに対する「えこひいき」状況を作り出し，目には見えないところにいるもっと多くのもっと困窮の度合いの高い他者に対する意識を薄れさせ，結果的に社会全体の公利を著しく損なわせかねないことを問題視する向きもある（Bloom, 2016）。それこそ時機と状況によっては，自身の心身の健康を護り，また社会の全体としての福利を増進させるために，共感や同情あるいはそれらに駆られた向社会的行動も適度に制御される必要があるといえるのである。これからの情動制御の発達研究においては，こうした一般的に「良きもの」とされる情動に関しても，正当に，その制御の萌芽と発達の道筋およびそこに絡む心理学的機序を問うていくことが求められよう。

5　適応的な情動制御の「それぞれの形」

　情動制御の発達に関してもう1つ忘れてはならない視点は，制御の対象たる情動に，私たち一人ひとりが異なる固有の特性を有しているということである。事象や刺激に対してどれだけ敏感に反応し，情動的に賦活されやすいか（emotional sensitivity）（Baumann et al., 2007），またネガティブな情動がどれだけ頻繁に，強く経験されやすいか（emotionality）（Eisenberg & Fabes, 1992），あるいはまた共感性なども含めたポジティブな情動がどれだけ発動されやすいか（emotionateness）（Thompson, 2011）といったところに，元来，広範な個人差が存在しているのである。
　こうした個人差に注意を向ける必要があるのは，仮に2人の人間が同じ状況でほぼ同質の情動的反応をみせたとしても，その背後で生じている心理学的プロセスまで同じとは限らないからである。たとえば，2人が同じ脅威的な事象

に遭遇し，同じようにそれに特に動じない反応をみせたとしても，それぞれが，そこに働かせている制御はきわめて異種のものである可能性も否めないのである。元来，脅威刺激に対して情動的敏感性が高く，容易に恐れの情動を経験しやすい個人は，たとえば再評価（reappraisal）方略の使用，すなわちその刺激に対する評価を変える試みから始まり，自身の恐れの表出を意識的に抑制する試みに至るまで，様々な制御をそこで働かせなくてはならないかもしれない。一方で，元来，脅威刺激に対する情動的反応の閾値が高く，容易には恐れの情動を経験しない個人は，さしてそこで制御を働かせる必要はないのだろう。それどころか，もし，その個人がいわゆる感覚刺激希求型パーソナリティ傾向（sensation-seeking personality）（Zuckerman, 2009）が強いような場合には，脅威やリスクに対して時に，それこそある種，特別な愉悦や興奮を経験してしまうこともあるため，そこで事故回避や自己保全のために必要となる適応的な制御は，恐れの抑制ではなく，むしろ，そうしたポジティブ情動の抑制ということもあり得るものと考えられる。

　これに関わる理論的枠組みを提示している研究者にアイゼンバーグらがいる（Eisenberg et al., 1997）。彼女らは，ネガティブな情動的特性の程度（相対的高低の2群）と制御の強さ（高制御・中制御・低制御の3群）の組み合わせからなる全6タイプを理論的に想定したうえで，現に，乳幼児期から成人期前期までの，様々な発達期を扱った縦断的研究を通して，制御の強さが，社会的に適切な行動や向社会性，あるいはいわゆる外在化型（非行や攻撃性など）および内在化型（不安，抑うつ，ひきこもりなど）といった種々の問題行動などに対して，正負いかなる影響を及ぼすかは，それぞれの個人におけるネガティブな情動的特性や衝動性の高低によってかなり大きく異なり得るということを実証的に示してきている（e.g. Eisenberg et al., 2009）。逆に言えば，個々人がもともと有している情動的特性の差異によって，心理社会的適応のために必要となる有効な制御の形が違うというのである。

　通常，一連の情動反応は，瞬時に生起し，また素速く終結するものである。そのため，一般的に，どの段階で情動が終わり，どの段階から制御が始まるの

かを峻別することは困難である（Davidson, 1998）。結果的に，私たちは実際に生じた情動反応全体の結果のみから，ある意味，一次元的に，ただ情動が制御されているか否かを，あるいは情動を制御できる人か否かを安易に判じがちなのかもしれない。しかし，その背景には，アイゼンバーグが仮定するように，情動そのものの個人差と情動制御そのものの個人差という，異種独立した2つの要素が介在しており，本来，情動に絡む心理社会的適応性は，一次元性のものとしてではなく，少なくとも二次元的なものとして把捉される必要があるはずなのである（Kuhl, 2000）。

　これらのことが示唆するのは，情動制御には，本来，すべての人間において等しく適応的に働く絶対的な形があるわけではないということである。それは，本源的に個別的なものとして問われなくてはならないものといえる。私たち一人ひとりが，元来，それぞれ異なる情動特性のベースラインを有しているとすれば，在るべき情動の制御の程度や質は，そのベースラインとの絡みで，大きく変じ得るものであるということである。別の言い方をすれば，私たち一人ひとりがいかに適応的であるかは，基本的に，個々の情動特性のベースラインに適った，それぞれの情動制御の形を具現し得ているか否かという視点から判じられなくてはならないはずである（遠藤, 2013）。

　私たちの日常からして半ば自明のことなのではあるが，先にみた下方制御と上方制御という見方からすれば，たとえば怒りの情動を積極的に抑制（下方制御）できた方がその個人の適応性を引き上げるだろうケースがある一方で，むしろ，それを積極的に表出し，抗議的な自己主張（上方制御）ができた方がより適応性に通じ得るケースもあるのである。しかし，情動制御発達に関わる実証研究に，こうしたある意味，当たり前の視座をもったものがこれまでどれだけあったといえるだろうか。繰り返しになるが，情動制御は，原理的な意味で本来，絶対的な基準に従ってその善し悪しが問われるようなものではない。ましてや，そうした絶対的基準から，個々人がそのどこまでを獲得できているかということに従って，情動制御発達の遅早や好悪などの個人差が判定されてはならないものといえる。連綿と連なる発達過程の中で，個々人が，いかに自身

にとって有効に作用する情動制御の「それぞれの形」を獲得し得るのか，その
ことの解明に向けた研究が今後，大いに望まれよう。

6　情動制御の生涯発達研究に向けて ─────────────

　ここまでは主に，情動の抑止ではなく最適化としての情動制御あるいはその
適度さという視点から，また個々人に固有のものとして在る情動制御の適応的
な「それぞれの形」という視点から，情動制御の発達を問い直す必要性がある
ことについて考察を行ってきた。ここでは，これからのあり得べき情動制御の
生涯発達研究に向けて，思念しておくべきことについて 1 つ簡単にふれておく
ことにしたい。
　それは，情動制御発達の全体像に関わることである。あまり自覚的に意識す
ることはないかもしれないが，実のところ，研究のターゲットとする発達期に
よって，情動制御のどの部分に焦点化がなされているかが，かなり異なってい
るという現実がある。クールなどによれば，人の情動の制御には大きく，欲
求（need）志向的なもの，目標（goal）志向的なもの，全人（person）志向的な
ものという 3 種を仮定することができるのだという（Koole, 2009）。欲求志向
的な情動制御とは，現時現空間で発生している不快情動を低減させ，逆に快情
動を増進させようとする制御のことである。一方，目標志向的な情動制御とは，
自身にとって今というよりは中長期的な意味で重要となる目標の達成に向けて，
または自身によって，あるいは社会によって価値づけられた課題（task）の遂
行や規範（norm）の遵守などに向けて，それらに阻害的に作用する情動の介
在を抑制しながら，動機づけを維持させようとする制御のことである。さらに，
全人志向的な情動制御とは，それこそ，全人（whole person）としての心身の
健康や幸福感を最大化し，また安定化することに向けて，様々な欲求の充足お
よび目標・課題等の遂行に関わる制御ということになる。
　おそらく，乳幼児期の情動制御に関して専ら問われてきたのは，欲求志向的
な情動制御であるといえよう。それは，自覚的意識を必ずしも明確に伴わない

ものも含めて考えるならば，発達早期段階からすでに，探索反射や吸啜反射，注視活動や頭部回転による注意のコントロール，身体運動，指しゃぶりなどの身体に対する自己刺激，毛布などの身近なものを使った自己慰撫などの中に，豊かに認めることができる（Ekas et al., 2018）。子どもは早くから，苦痛の状態あるいは不快な刺激に対して，多くの場合，いわゆる気晴らしや気分転換などの方略をもって，対処し得るようになることが示されてきたのである（Kopp, 1989）。

しかし，幼児期後期から児童期・思春期くらいになると，実証研究の中心は，目標志向的な情動制御に関するものに置き換わることになる。殊に教育・学校心理学の文脈などでは，児童・生徒における学業の達成あるいは問題行動の抑止などとの関わりの中で，自ずと望ましいとされる目標・課題・規範の遂行において妨害的に作用する情動を適切に抑止，低減させ得ることが是とされ，それがいかにうまく実現されるかということが，実質的に情動制御の発達とみなされてきたといえるだろう（e.g. Harley et al., 2019）。そこでは，それこそ先にふれた長期的目標の達成に向けた異時点間の選択のジレンマ解決や，他者との望ましい協働や秩序ある集団生活の具現に向けた自他間の選択のジレンマ解決，に関わる情動制御のあり方が実質的に多く，問われてきたといえるのだろう。

さらに年齢が上がり，青年期の後期くらいから成人期に至ると，今度は，全人志向的な情動制御を扱う研究が一気に増大することになる。そこでは心理的健康のウェルビーイングの維持・向上あるいは低下との関わりにおいて，日常生活全般における個人の認知的情動制御方略のあり方などが，実証研究の中で問われてきたといえるだろう（Gross, 2014）。主に老年期を中心に研究が展開されている，いわゆる社会情動的選択性理論（Carstensen et al., 2000）なども，自身が有する限られたリソースや時間を，心理的に満足し得る目標や活動に注ぎ込むように情動制御することを主題としていることから，実質的にはまさに全人志向的情動制御を扱っているのだとみなし得る。

このように，発達期によって情動制御としてどのような種類のものが多く問われているかには大きな違いがあるわけであるが，これは，それぞれの発達期

ごとに，適応に関わる中心課題が異なることからすれば，半ば無理からぬことであろう。しかし，ここでみた3種の情動制御は，揺りかごから墓場まで，どの発達期にも大なり小なり同時並行的に存在しているものである。だとすれば，それぞれの情動制御が，他の情動制御といかに絡み合いながら，生涯過程においていかに萌芽し変質していくのか，その標準的な発達の様相やそこに現れる個人差などに関しては相応の実証的知見が得られるべきであろう。そして，生涯にわたる情動制御発達の統合的全体像に関して一定の理論モデルが構築されて然るべきものと考えられる。

　私たちは，すでにこの世に生を受けた段階から多少とも，全生活レベルでは，あるいは時間軸上の異時点では，競合する複数の欲求や目標・課題・規範などの圧力下に在るのだといえる（Koole, 2009）。全人志向的な視座からすれば，時には，そこで何かを優先し，何かを犠牲にするトレード・オフも必要になるはずである。たとえば，児童期において，同じく教室場面で情動制御にすぐれ，結果的に学業成績の高い子どもたちが，等しく精神的に健康であるとは限らない。もしかすると，このうち，精神的健康の度合いの高い子どもは，教室では異時点間の選択のジレンマ解決を満足遅延によってなし得ても，家庭では，好きなお菓子を食べたいタイミングですぐに食べてしまう子なのかもしれない。無論，これはあくまで可能性の話ではあるが，私たちはこうしたことに関わる実証的な答を未だ明確にはもってはいないはずである。

　また，これに関連して付言しておきたいのは，3種のうち少なくとも欲求志向的および目標志向的な情動制御に関わる研究が，多くの場合，予め定められた欲求なり目標なり課題等に対してどのような情動および情動制御をみせるのか，いわば初発の一回性の反応に刮目してきたということである。しかし，私たちの日常生活に目を転じれば，多くの場合は，情動制御は一回なして，終わりではない。たとえば，何らかのフラストレーション状況で，頭に血が上り，怒りのあまり声を荒げてしまったときに，実はそこで話は終わりではなく，私たちは，その直後から，そこで持続すべきだった活動を中断してしまったことを反省したり，あるいは自身の様子を目にした他者の反応から自らの大人げな

い行動を後悔したりする中で，そこから情動の制御や行動の修復を起こすということも少なからずあるはずである。こうしたことを踏まえると，本来，情動制御とは，何らかの事象に接した際の一回性の反応の中にではなく，むしろそこから始まる一連の行為の連鎖の中にみて然るべきなのかもしれない。殊に全人志向的な情動制御の視座をとるならば，初発の一回性の反応の成功や失敗ではなく，むしろ失敗の後の修復のプロセスにこそ，真の情動制御の有効性がみて取れるのだとも考えられる。

　さらにもう1つ加えて言えば，私たちの情動制御は，かなりのところ，他者との関係性の文脈で必要となるものといえる。ここで確認しておくべきことは，近くにいる他者もまた自分と同じく，何らかの情動を経験，表出し，またその制御を試みたり，それに失敗したりする存在であるということである。つまり，私たち自身の適応的な情動制御の成否は，専ら私たち個人の中に閉じて在るのではなく，多分に他者の出方に左右される可能性があるのである。そして，時に私たちは，自身の情動制御のために，他者の情動を何らかの形で制御する必要に迫られることもあるはずである。たとえば，他者の激しい怒りにさらされ，ひどく困惑を覚えた場合，おそらくそこでより有効なのは，個人内に閉じて認知的再評価を行うことなどよりも，実は他者の怒りそのものをなだめ，低減させることかもしれないのである。言ってみれば「対他的」な情動制御が，そのまま「対自的」な情動制御にも通じ得るということである。

　これまでの情動制御に関する研究は，多くの場合，自身の情動の安定性の回復や維持などに関わる「対自的」な情動制御ばかりを問題にし，他者の情動の制御や調整といった「対他的」な情動制御に対する注視を相対的に怠ってきたといえるのかもしれない。無論，幼少期の親子関係の文脈においては，アタッチメントも含め，養育者の子どもの情動への関わりは実質的に「対他的」な情動制御の典型といえるわけで，それが子どもの社会情動的発達にいかに影響するかについては実に多くの研究がなされてきているといえる（Thompson, 2016）。しかし，「対他的」な情動制御が問題になるのは何も親子関係の文脈ばかりではなかろう。とりわけ親密な関係性においては，私たちは生涯にわたっ

て，様々な他者との間で「対自的」な情動制御のみならず「対他的」な情動
制御も同時に色濃く経験せざるを得ないはずである。「対他的」な情動制御と
「対自的」な情動制御が生涯発達過程の中で，いかに絡み合い，相互に影響を
及ぼすことになるのか，その実証的解明も大いに俟たれるところといえよう。

　本章は，情動制御発達研究の今後の行方を，多分に私的な願望を交えて，漠
漠と占ったにすぎない。当然のことながら，未だ手つかずに在る重要な課題は
ほかにも複数存在するものと考えられる。殊に，情動制御およびその発達に関
わる問題は，たとえば情動知性やセルフ・コントロールあるいは実行機能と
いった異なる術語のもとでも，潜在的にきわめて多く扱われており，こうした
類似概念間の理論的な整理と統合が，ある意味，喫緊の課題になっているとい
えるのかもしれない。もっとも，今回は紙数の都合もあるため，それはまた別
の機会に試論することとし，ここでこの拙き小論を結ぶことにしたい。

引 用 文 献

■序　章

Abelson, J. L., Liberzon, I., Young, E. A., & Khan, S. (2005). Cognitive modulation of the endocrine stress response to a pharmacological challenge in normal and panic disorder subjects. *Archives of General Psychiatry*, **62**, 668-675.

Bargh, J. A. (2004). Being here now: Is consciousness necessary for human freedom? In J. Greenberg, S. L. Koole & T. Pyszczynski (Eds.), *Handbook of experimental existential psychology*. New York: Guilford Press, pp. 385-397.

Bargh, J. A., Chen , M., & Burrows, L. (1996). Automaticity of social behavior: Direct effects of trait construct and stereotype activation on action. *Journal of Personality and Social Psychology*, **71**, 230-244.

Bargh, J. A., Gollwitzer, P. M., Lee-Chai, A., Barndollar, K., & Trotschel, R. (2001). The automated will: Nonconscious activation and pursuit of behavioral goals. *Journal of Personality and Social Psychology*, **81**, 1014-1027.

Bargh, J. A., & Williams, L. E. (2007). The nonconscious regulation of emotion. In J. J. Gross (Ed.), *Handbook of emotion regulation*. New York: Guilford Press, pp. 429-445.

Barrett, L. S. (2017). *How emotions are made: The Secret life of the brain*. Houghton Mifflin Harcourt.（高橋洋（2019）.　情動はこうしてつくられる：脳の隠れた働きと構成主義的情動理論. 紀伊國屋書店.）

Bushman, B. J. (2002). Does venting anger feed or extinguish the flame?: Catharsis, rumination, distraction, anger and aggressive responding. *Personality and Social Psychology Bulletin*, **28**, 724-731.

Butler, E. A., Egloff, B., Wilhelm, F. W., Smith, N. C., Erickson, E. A., & Gross, J. J. (2003). The social consequences of expressive suppression. *Emotion*, **3**, 48-67.

Campos, J. J., Campos, R. G., & Barrett, K. C. (1989). Emergent themes in the study of emotional development and emotion regulation. *Developmental Psychology*, **25**, 394-402.

Campos, J. J., Frankel, C. B., & Camras, L. (2004). On the nature of emotion regulation. *Child Development*, **75**, 377-394.

Cole, P., Martin, S., & Dennis, T. (2004). Emotion regulation as a scientific construct: Methodological challenges and directions for child development research. *Child Development*, **75**, 317-333.

Cramer, P. (2000). Defense mechanisms in psychology today: Further processes for adaptation. *American Psychologist*, **55**, 637-646.

Dandoy, A. C., & Goldstein, A. G. (1990). The use of cognitive appraisal to reduce stress reactions: A replication. *Journal of Social Behavior and Personality*, **5**, 275-285.

Dillon, D. G., & LaBar, K. S. (2005). Startle modulation during conscious emotion regulation is arousal dependent. *Behavioral Neuroscience,* **119**, 1118-1124.

Ekman, P. (1993). Facial expression and emotion. *American Psychologist,* **48**, 384-392.

遠藤利彦（1996）．喜怒哀楽の起源：情動の進化論・文化論．岩波書店．

Garnefski, N., & Kraaij, V. (2007). The Cognitive Emotion Regulation Questionnaire: Psychometric features and prospective relationships with depression and anxiety in adults. *European Journal of Psychological Assessment,* **23**, 141-149.

Garnefski, N., Kraaij, V., & Spinhoven, P. (2001). Negative life events, cognitive emotion regulation and emotional problems. *Personality and Individual Differences,* **30**, 1311-1327.

Goldin, P. R., McRae, K., Ramel, W., & Gross, J. J. (2008). The neural bases of emotion regulation during reappraisal and suppression of negative emotion. *Biological Psychiatry,* **63**, 577-586.

Gottman, J. M., & Katz, L. F. (1989). Effects of marital discord on young children's peer interaction and health. *Developmental Psychology,* **25** (3), 373-381.

Gross, J. J. (1998a). Antecedent- and response-focused emotion regulation: Divergent consequences for experience, expression, and physiology. *Journal of Personality and Social Psychology,* **74**, 224-237.

Gross, J. J. (1998b). The emerging field of emotion regulation: An integrative review. *Review of General Psychology,* **2**, 271-299.

Gross, J. J. (2002). Emotion regulation: Affective, cognitive, and social consequences. *Psychophysiology,* **39**, 281-291.

Gross, J. J. (2008). Emotion regulation. In M. Lewis, J. M. Haviland-Jones & L. F. Barrett (Eds.), *Handbook of emotions.* New York: Guilford Press, pp. 497-512.

Gross, J. J. (2014). Emotion regulation: Conceptual and empirical foundations. In J. J. Gross (Ed.), *Handbook of emotion regulation.* Guilford Press, pp. 3-20.

Gross, J. J., & Munoz, R. F. (1995). Emotion regulation and mental health. *Clinical Psychology: Science and Practice,* **2**, 151-164.

Gross, J. J., & Thompson, R. A. (2007). Emotion Regulation: Conceptual Foundations. In J. J. Gross (Ed.), *Handbook of emotion regulation.* New York: Guilford Press, pp. 3-24.

Jackson, D. C., Malmstadt, J. R., Larson, C. L., & Davidson, R. J. (2000). Suppression and enhancement of emotional responses to unpleasant pictures. *Psychophysiology,* **37**, 515-522.

Kopp, C. B. (1989). Regulation of distress and negative emotions: A developmental view. *Developmental Psychology,* **25** (3), 343-354.

Kraaij, V., & Garnefski, N. (2019). The Behavioral Emotion Regulation Questionnaire: Development, psychometric properties and relationships with emotional problems and the Cognitive Emotion Regulation Questionnaire. *Personality and Individual Differences,* **137**, 56-61.

Larsen, R. J. (2000). Toward a science of mood regulation. *Psychological Inquiry,* **11**, 129-141.

Lazarus, R. S., & Folkman, S. (1984). *Stress, appraisal, and coping.* New York: Springer.

Levesque, J., Fanny, E., Joanette, Y., Paquette, V., Mensour, B., Beaudoin, G., et al. (2003). Neural circuitry underlying voluntary suppression of sadness. *Biological Psychiatry,* **53**, 502-510.

Malivoire, B. L., Kuo, J. R., & Antony, M. M. (2019). An examination of emotion dysregulation in maladaptive perfectionism. *Clinical Psychology Review*, **71**, 39-50.

Mauss, I. B., Bunge, S. A., & Gross, J. J. (2007). Automatic emotion regulation. *Socil and Personality Psychology Compass*, **1**, 146-167.

Mauss, I. B., Cook, C. L., & Gross, J. J. (2007). Automatic emotion regulation during an anger provocation. *Journal of Experimental Social Psychology*, **43**, 698-711.

Mauss, I. B., Evers, C., Wilhelm, F. H., & Gross, J. J. (2006). How to bite your tongue without blowing your top: Implicit evaluation of emotion regulation predicts affective responding to anger provocation. *Personality and Social Psychology Bulletin*, **32**, 589-602.

Mischel, W., Shoda, Y., & Rodriguez, M. L . (1989). Delay of gratification in children. *Science*, **244**, 933-938.

Morrow, J., & Nolen-Hoeksema, S. (1990). Effects of responses to depression on the remediation of depressive affect. *Journal of Personality and Social Psychology*, **58**, 519-527.

Nolen-Hoeksema, S., Morrow, J., & Fredrickson, B. L. (1993). Response styles and the duration of episodes of depressed mood. *Journal of Abnormal Psychology*, **102**, 20-28.

Ochsner, K. N., Bunge, S. A., Gross, J. J., & Gabrieli, J. D. E. (2002). Rethinking feelings: An fMRI study of the cognitive regulation of emotion. *Journal of Cognitive Neuroscience*, **14**, 1215-1229.

Ochsner, K. N., & Gross, J. J. (2004). Thinking makes it so: A social cognitive neuroscience approach to emotion regulation. In R. F. Baumeister & K. D. Vohs (Eds.), *Handbook of self-regulation: Research, theory, and applications*. New York: Guilford Press, pp. 229-255.

Ochsner, K. N., & Gross, J. J. (2005). The cognitive control of emotion. *Trends in Cognitive Sciences*, **9**, 242-249.

Parkinson, B., Totterdell, P., Briner, R. B., & Reynolds, S. (1996). *Changing moods: The psychology of mood and mood regulation*. London: Longman.

Ray, R. D., Wilhelm, F. H., & Gross, J. J. (2008). All in the mind's eye?: Anger rumination and reappraisal. *Journal of Personality and Social Psychology*, **94**, 133-145.

Richards, J. M., & Gross, J. J. (1999). Composure at any cost?: The cognitive consequences of emotion suppression. *Personality and Social Psychology Bulletin*, **25**, 1033-1044.

Richards, J. M., & Gross, J. J. (2000). Emotion regulation and memory: The cognitive costs of keeping one's cool. *Journal of Personality and Social Psychology*, **79**, 410-424.

Richards, J. M., & Gross, J. J. (2006). Personality and emotional memory: How regulating emotion impairs memory for emotional events. *Journal of Research in Personality*, **40**, 631-651.

Rothbart, M. K., Ziaie, H., & O'Boyle, C. G. (1992). Self-regulation and emotion in infancy. In N. Eisenberg & R. A. Fabes (Eds.), *Emotion and its regulation in early development*. San Francisco: Jossey-Bass, pp. 7-23.

Rothbaum, F., Weisz, J. R., & Snyder, S. S. (1982). Changing the world and changing the self: A two process model of perceived control. *Journal of Personality and Social Psychology*, **42**, 5-37.

Russell, J. A. (2003). Core affect and the psychological construction of emotion. *Psychological Review*, **110**, 145-172.

榊原良太 (2017). 感情のコントロールと心の健康. 晃洋書房.

Schaefer, S. M., Jackson, D. C., Davidson, R. J., Aguirre, G. K., Kimberg, ll. Y, & Thompson-Schill, S. L. (2002). Modulation of amygdalar activity by the conscious regulation of negative emotion. *Journal of Cognitive Neuroscience*, **14**, 913-921.

Scherer, K. R., Schorr, A., & Johnstone, T. (Eds.) (2001). *Appraisal processes in emotion: Theory, methods, research*. New York: Oxford University Press.

Shiffrin, R. M., & Schneider, W. (1977). Controlled and automatic human information processing: II. Perceptual learning, automatic attending, and a general theory. *Psychological Review*, **84**, 127-190.

Spasojević, J., & Alloy, L. B. (2001). Rumination as a common mechanism relating depressive risk factors to depression. *Emotion*, **1**, 25-37.

Srull, T. K., & Wyer, R. S. (1979). The role of category, accessibility in the interpretation or information about persons: Some determinants and implications. *Journal of Personality and Social Psychology*, **37**, 1660-1672.

Stemmler, G. (1997). Selective activation of traits: Boundary conditions of the activation of anger. *Personality and Individual Differences*, **22**, 213-233.

Stifter, C., & Augustine, M. (2019). Emotion regulation. In V. LoBue, K. Perez-Edgar & K. A. Buss (Eds.), *Handbook of Emotional Development*. Cham, Switzerland: Springer, pp. 405-430.

Stifter, C. A., & Moyer, D. (1991). The regulation of positive affect: Gaze aversion activity during mother infant interaction. *Infant Behavior and Development*, **14**, 111-123.

Strack, F., & Deutsch, R. (2004). Reflective and impulsive determinants of social behavior. *Personality and Social Psychology Review*, **8**, 220-247.

Thompson, R. A. (1990). Emotion and self-regulation. In R. A. Thompson (Ed.), *Socioemotional development: Nebraska symposium on motivation* (Vol. 36). Lincoln: University of Nebraska Press, pp. 383-483.

Thompson, R. A. (1994). Emotion regulation: A theme in search of definition. *Monographs of the Society for Research in Child Development*, **59** (2-3), 25-52, 250-283.

Thompson, R. A. (2011). Emotion and emotion regulation: Two sides of the developing coin. *Emotion Review*, **3**, 53-61.

上淵寿（編）(2008). 感情と動機づけの発達心理学. ナカニシヤ出版.

上淵寿 (2012). 企画趣旨. 上淵寿・遠藤利彦・久保ゆかり・平林秀美・森口佑介・森岡正芳 シンポジウム 情動制御の発達：多面的な視座から. 日本発達心理学会第23回大会発表論文集, 18-19.

Westen, D., & Blagov, P. S. (2007). A Clinical-Empirical Model of Emotion Regulation: From Defense and Motivated Reasoning to Emotional Constraint Satisfaction. In J. J. Gross (Ed.), *Handbook of emotion regulation*. New York, NY, US: The Guilford Press, pp. 373-392.

Young, E. (2012). Nobel laureate challenges psychologists to clean up their act. *Nature News*, Oct, 3, 2012.

■第 1 章

Baldwin, D. A., & Moses, L. J. (1996). The ontogeny of social information gathering. *Child Develop-*

ment, **67** (5), 1915-1939.

Biringen, Z., Derscheid, D., Vliegen, N., et al. (2014). Emotional availability (EA): Theoretical background, empirical research using the EA Scales, and clinical applications. *Developmental Review*, **34**, 114-167.

Bowlby, J. (1969/1982). *Attachment and Loss. Vol. 1. Attachment*. New York: Basic Books.

Bretherton, I., & Beeghly, M. (1982). Talking about internal states: The acquisition of an explicit theory of mind. *Developmental psychology*, **18** (6), 906.

Buss, K. A., & Goldsmith, H. H. (1998). Fear and anger regulation in infancy: Effects on the temporal dynamics of affective expression. *Child Development*, **69**, 359-374.

Calkins, S. D., & Hill, A. (2007). Caregiver influences on emerging emotion regulation: Biological and environmental transactions in early development. In J. J. Gross (Ed.), *Handbook of emotion regulation*. New York: Guilford press, pp. 229-248.

Calkins, S. D., & Johnson, M. C. (1998). Toddler regulation of distress to frustrating events: Temperamental and maternal correlates. *Infant Behavior and Development*, **21** (3), 379-395.

Calkins, S. D., Fox, N. A., & Marshall, T. R. (1996). Behavioral and physiological antecedents of inhibited and uninhibited behavior. *Child Development*, **67**, 523-540.

Campos, J. J., Bertenthal, B. I., & Kermoian, R. (1992). Early experience and emotional development: The emergence of wariness of heights. *Psychological Science*, **3** (1), 61-64.

Campos, J. J., Hiatt, S., Ramsay, D., et al. (1978). The emergence of fear on the visual cliff. In M. Lewis & L. A. Rosenblum (Eds.), *The development of affect*. Springer, Boston, MA, pp. 149-182.

Campos, J. J., & Stenberg, C. (1981). Perception, appraisal, and emotion: The onset of social referencing. In M. E. Lamb & L. R. Sherrod (Eds.), *Infant social cognition: Empirical and theoretical considerations*. Hillsdale, NJ: Erlbaum, pp. 273-314.

Cole, P. M., Martin, S. E., & Dennis, T. (2004). Emotion regulation as a scientific construct: Methodological challenges and directions for child development research. *Child Development*, **75**, 317-333.

Crockenberg, S. C., & Leerkes, E. M. (2004). Infant and maternal behaviors regulate infant reactivity to novelty at 6 months. *Developmental Psychology*, **40**, 1123-1132.

Dunn, J., Bretherton, I., & Munn, P. (1987). Conversations about feeling states between mothers and their young children. *Developmental psychology*, **23** (1), 132.

遠藤利彦（1990）．移行対象の発生因的解明：移行対象と母性的関わり．発達心理学研究，**1**（1），59-69.

遠藤利彦（1991）．移行対象と母子間ストレス．教育心理学研究，**39**（3），243-252.

遠藤利彦（2007）．アタッチメント理論とその実証研究を俯瞰する．数井みゆき・遠藤利彦（編著），アタッチメントと臨床領域．ミネルヴァ書房，pp. 1-58.

遠藤利彦・小沢哲史（2001）．乳幼児期における社会的参照の発達的意味およびその発達プロセスに関する理論的検討．心理学評論，**71**（6），498-514.

Fonagy, P., & Target, M. (1997). Attachment and reflective function: Their role in self-organization. *Development and Psychopathology*, **9**, 679-700.

Fonagy, P., Gergely, G., Jurist, E. L., et al. (2002). *Affect regulation, mentalization, and the develop-ment of the self.* New York: Other Press.

Fonagy, P., Gergely, G., & Target, M. (2007). The parent-infant dyad and the construction of the subjective self. *Journal of Child Psychology and Psychiatry,* **48**, 288-328.

Fox, N. A. (1994). Dynamic cerebral processes underlying emotion regulation. In N. A. Fox (Ed.), The development of emotion regulation: Biological and behavioral considerations. *Monographs of the Society for Research in Child Development,* **59** (2-3, Serial No. 240).

Gallese, V., Eagle, M. N., & Migone, P. (2007). Intentional attunement: Mirror neurons and the neural underpinnings of interpersonal relations. *Journal of the American psychoanalytic Association,* **55** (1), 131-175.

Gartstein, M. A., & Rothbart, M. K. (2003). Studying infant temperament via the Revised Infant Behavior Questionnaire. *Infant Behavior & Development,* **26**, 64-86.

Gergely, G., & Watson, J. S. (1999). Early social-emotional development: Contingency perception and the social biofeedback model. In P. Rochat (Ed.), *Early social cognition.* Mahwah, NJ: Erlbaum, pp. 101-136.

Goldsmith, H. H., Buss, A. H., Plomin, R., et al. (1987). Roundtable: What is temperament? Four approaches. *Child development,* 505-529.

Gross, J. J. (2014). Emotion regulation: conceptual and empirical foundations. In J. J. Gross (Ed.), *Handbook of emotion regulation* (2nd ed). The Guilford Press, pp. 3-20.

Gross, J. J., & Thompson, R. A. (2007). Emotion Regulation: Conceptual Foundations. In J. J. Gross (Ed.), *Handbook of emotion regulation.* The Guilford Press, pp. 3-24.

Grolnick, W. S., Bridges, L. J., & Connell, J. P. (1996). Emotion regulation in two-year-olds: Strategies and emotional expression in four contexts. *Child development,* **67** (3), 928-941.

蒲谷慎介（2013）．前言語期乳児のネガティブ情動表出に対する母親の調律的応答．発達心理学研究，**24**（4），507-517.

Kagan, J. (1999). The concept of behavioral inhibition. In L. A. Schmidt & J. Schulkin (Eds.), *Extreme fear, shyness, and social phobia: Origins, biological mechanisms, and clinical outcomes.* Series in affective science. New York: Oxford University Press, pp. 3-13.

海保博之・松原望（監修）北村英哉・竹村和久・住吉チカ（編）（2010）．感情と思考の科学事典．朝倉書店，p. 42.

金丸智美（2014）．情動調整（制御）とは何か．遠藤利彦・石井佑可子・佐久間路子（2014）．よくわかる情動発達．ミネルヴァ書房，pp. 80-81.

金丸智美（2017）．乳幼児期における情動調整の発達．淑徳大学研究紀要 総合福祉学部・コミュニティ政策学部，**51**，51-66.

金丸智美・無藤隆（2004）．母子相互作用場面における2歳児の情動調整プロセスの個人差．発達心理学研究，**15**（2），183-194.

Kopp, C. P. (1982). Antecedents of self-regulation: A developmental perspective. *Developmental Psychology,* **18**, 199-214.

Kopp, C. B., & Neufeld, S. J. (2003). Emotional development during infancy. In R. J. Davidson, K. R.

Scherer & H. H. Goldsmith (Eds.), *Handbook of affective sciences*. New York: Oxford University Pres, pp. 347-374.

Lazarus, R. S., & Folkman, S. (1984). *Stress, Appraisal and Coping*. Springer pubrishing campany Inc.（本明寛・春木豊・織田正美（監訳）(1991). ストレスの心理学：認知的評価と対処の研究. 実務教育出版, pp. 154-177.）

Lewis, M. (2000). The emergence of human emotions. In M. Lewis & J. M. Haviland-Jones. (Eds.), *Handbook of emotions* (2nd ed). New York. Guillford Press, pp. 265-280.

Mangelsdorf, S. C., Shapiro, J. R., & Marzolf, D. (1995). Developmental and temperamental differences in emotional regulation in infancy. *Child Development*, **66**, 1817-1828.

Meins, E. (1998). The effects of security of attachment and maternal attribution of meaning on children's linguistic acquisitional style. *Infant Behavior and Development*, **21**, 237-252.

Meins, E., Fernyhough, C., Fradley, E., et al. (2001). Rethinking maternal sensitivity: Mothers' comments on infants' mental processes predict security of attachment at 12 months. *Journal of Child Psychology and Psychiatry and Allied Disciplines*, **42**, 637-648.

Moriguchi, Y., & Shinohara, I. (2012). My neighbor: children's perception of agency in interaction with an imaginary agent. *PLoS One*, **7** (9), e44463.

中川敦子・鋤柄増根（2005). 乳児の行動の解釈における文化差は IBQ-R 日本版にどのように反映されるか. 教育心理学研究, **53**（4). 491-503.

Neisser, U. (1988). Five kinds of self-knowledge. *Philosophical psychology*, **1** (1), 35-59.

小沢哲史・遠藤利彦（2001). 養育者の観点から社会的参照を再考する. 心理学評論, **44**（3), 271-288.

Rothbart, M. K. (1981). Measurement of temperament in infancy. *Child Development*, **52**, 569-578.

Rothbart, M. K., & Bates, J. E. (1998). Temperament. In W. damon & R. M. Lerner (Series Ed.), N. Eisenberg (Vol. Ed.), *Handbook of child psychology. Vol. 3. Social, emotional and personality development*. New York: Wiley, pp. 105-176.

Rothbart, M. K., & Derryberry, D. (1981). Development of individual differences in temperament. In M. E. Lamb & A. L. Brown (Eds.), *Advances in developmental psychology*. Hillsdale, NJ: Erlbau, Vol. 1, pp. 37-86.

Rothbart, M. K., Ahadi, S. A., & Evans, D. E. (2000). Temperament and personality: Origins and outcomes. *Journal of Personality and Social Psychology*, **78**, 122-135.

Rothbart, M. K., Ahadi, S. A., Hershey, K. L., et al. (2001). Investigations of temperament at three to seven years: The children's behavior questionnaire. *Child Development*, **72**, 1394-1408.

坂上裕子（2010). 歩行開始期における自律性と情動の発達：怒りならびに罪悪感, 恥を中心に. 心理学評論, **53**, 38-55.

Sameroff, A. (2010). A unified theory of development: A dialectic integration of nature and nurture. *Child Development*, **81** (1), 6-22.

Schore, A. N. (2001). Effects of a secure attachment relationship on right brain development, affect regulation, and infant mental health. *Infant Mental Health Journal*, **22** (1-2), 7-66.

Sharp, C., & Fonagy, C. (2008). The parent's capacity to treat the child as a psychological agent:

Constructs, measures and implications for developmental psychopathology. *Social Development*, **17**, 737-754.

Shiner, R. L., Buss, K. A., McClowry, S. G., Putnam, S. P., Saudino, K. J., & Zentner, M. (2012). What is temperament now? Assessing progress in temperament research on the Twenty-Fifth Anniversary of Goldsmith et al. *Child Development Perspectives*, **6** (4), 436-444.

篠原郁子（2006）．乳児を持つ母親における mind-mindedness 測定方法の開発：母子相互作用との関連を含めて．心理学研究，**77**（3），244-252.

篠原郁子（2011）．母親の mind-mindedness と子どもの信念・感情理解の発達：生後5年間の縦断調査．発達心理学研究，**22**（3），240-250.

篠原郁子（2013）．心を紡ぐ心：親による乳児の心の想像と心を理解する子どもの発達．ナカニシヤ出版．

Sorce, J. F., Emde, R. N., Campos, J. J., et al. (1985). Maternal emotional signaling: its effect on the visual cliff behavior of 1-year-olds. *Developmental psychology*, **21** (1), 195.

スターン，D. N. 小此木啓吾・丸田俊彦（監訳）神庭靖子・神庭重信（訳）（1989）．乳児の対人世界：理論編．岩崎学術出版社．(Stern, D. N. (1985). *The interpersonal world of the infant: A View from Psychoanalysis and Developmental Psychology*. New York: Basic Books.)

Taumoepeau, M., & Ruffman, T. (2006). Mother and infant talk about mental states relates to desire language and emotion understanding. *Child development*, **77** (2), 465-481.

Thompson, R. A. (2014). Socialization of emotion and emotion regulation in the family. In J. J. Gross. (Ed.), *Handbook of emotion regulation* (2nd ed). The Guilford Press, pp. 173-186.

Tomasello, M., Kruger, A. C., & Ratner, H. H. (1993). Cultural learning. *Behavioral and brain sciences*, **16** (3), 495-511.

Trevarthen, C. (1979). Communication and cooperation in early infancy: A description of primary intersubjectivity. In M. Bullowa (Ed.), *Before speech*. New York: Cambridge University Press, pp. 321-347.

Tronick, E. Z., Als, H., Adamson, L., et al. (1978). The infant's response to entrapment between contradictory messages in face-to-face interaction. *Journal of the American Academy of Child Psychiatry*, **17**, 1-13.

Walk, R. D. (1966). The development of depth perception in animals and human infants. *Monographs of the Society for Research in Child Development*, **31** (5), 82-108.

Winnicott, D. W. (1953). Transitional objects and transitional phenomena: a study of the first not-me possession. *International Journal of Psycho-Analysis*, **34**, 89-97. (ウィニコット，D. W. 橋本雅雄・大矢泰士（訳）（2015）．改訳　遊ぶことと現実．岩崎学術出版社．)

■第2章

Ahadi, S. A., Rothbart, M. K., & Ye, R. (1993). Children's temperament in the US and China: Similarities and differences. *European Journal of Personality*, **7**, 359-377.

Blair, C., & Diamond, A. (2008). Biological processes in prevention and intervention: The promotion of self-regulation as a means of preventing school failure. *Development and Psychopathology*, **20**,

899-911.

Carlson, S. M. (2005). Developmentally sensitive measures of executive function in preschool children. *Developmental Neuropsychology*, **28**, 595-616.

Carlson, S. M., & Wang, T. S. (2007). Inhibitory control and emotion regulation in preschool children. *Cognitive Development*, **22**, 489-510.

Cole, P. M. (1986). Children's spontaneous control of facial expression. *Child Development*, **57**, 1309-1321.

Cole, P. M., Dennis, T. A., Smith-Simon, K. E., & Cohen, L. H. (2008). Preschoolers' emotion regulation strategy understanding: Relations with emotion socialization and child self-regulation. *Social Development*, **18**, 324-352.

Cole, P. M., Martin, S. E., & Dennis, T. A. (2004). Emotion regulation as a scientific construct: Methodological challenges and directions for child development research. *Child Development*, **75**, 317-333.

Cole, P. M., Tan, P. Z., Hall, S. E., Zhang, Y., Crnic, K. A., Blair, C. B., et al. (2011). Developmental changes in anger expression and attention focus: Learning to wait. *Developmental Psychology*, **47**, 1078-1089.

Cole, P. M., Zahn-Waxler, C., Fox, N. A., Usher, B. A., & Welsh, J. D. (1996). Individual differences in emotion regulation and behavior problems in preschool children. *Journal of Abnormal Psychology*, **105**, 518-529.

Cole, P. M., Zahn-Waxler, C., & Smith, K. D. (1994). Expressive control during a disappointment: Variations related to preschoolers' behavior problems. *Developmental Psychology*, **30**, 835-846.

Crick, N. R., & Dodge, K. A. (1994). A review and reformulation of social information-processing mechanisms in children's social adjustment. *Psychological Bulletin*, **115**, 74-101.

Davis, E. L., Levine, L. J., Lench, H. C., & Quas, J. A. (2010). Metacognitive emotion regulation: Children's awareness that changing thoughts and goals can alleviate negative emotions. *Emotion*, **10**, 498-510.

Denham, S. A. (1986). Social cognition, prosocial behavior, and emotion in preschoolers: Contextual validation. *Child Development*, **57**, 194-201.

Denham, S. A., McKinley, M., Couchoud, E. A., & Holt, R. (1990). Emotional and behavioral predictors of preschool peer ratings. *Child Development*, **61**, 1145-1152.

Denham, S. A., Blair, K. A., DeMulder, E., Levitas, J., Sawyer, K., Auerbach-Major, S., et al. (2003). Preschool emotional competence: Pathway to social competence. *Child Development*, **74**, 238-256.

Diamond, A. (2012). Activities and programs that improve children's executive functions. *Current Directions in Psychological Science*, **21**, 335-341.

Diamond, A., & Lee, K. (2011). Interventions shown to aid executive function development in children 4 to 12 years old. *Science*, **333**, 959-964.

Dodge, K. A., & Somberg, D. R. (1987). Hostile attributional biases among aggressive boys are exacerbated under conditions of threats to the self. *Child Development*, **58**, 213-224.

Eisenberg, N., Cumberland, A., Spinrad, T. L., Fabes, R. A., Shepard, S. A., Reiser, M., et al. (2001). The relations of regulation and emotionality to children's externalizing and internalizing problem behavior. *Child Development*, **72**, 1112-1134.

Eisenberg, N., Fabes, R. A., Shepard, S. A., Murphy, B. C., Guthrie, I. K., Jones, S., et al. (1997). Contemporaneous and longitudinal prediction of children's social functioning from regulation and emotionality. *Child Development*, **68**, 642-664.

Eisenberg, N., Gershoff, E. T., Fabes, R. A., Shepard, S. A., Cumberland, A. J., Losoya, S. H., et al. (2001). Mothers' emotional expressivity and children's behavior problems social competence: Mediation through children's regulation. *Developmental Psychology*, **37**, 475-490.

Eisenberg, N., Hofer, C., Sulik, M. J., & Spinrad, T. L. (2014). Self-regulation, effortful control, and their socioemotional correlates. In J. J. Gross (Ed.), *Handbook of emotion regulation* (2nd ed). New York, NY: The Guilford Press, pp. 157-172.

Eisenberg, N., Sadovsky, A., Spinrad, T. L., Fabes, R. A., Losoya, S. H., Valiente, C., et al. (2005). The relations of problem behavior status to children's negative emotionality, effortful control, and impulsivity: Concurrent relations and prediction of change. *Developmental Psychology*, **41**, 193-211.

Eisenberg, N., & Spinrad, T. L. (2004). Emotion-related regulation: Sharpening the definition. *Child Development*, **75**, 334-339.

Eisenberg, N., Spinrad, T. L., Fabes, R. A., Reiser, M., Cumberland, A., Shepard, S. A., et al. (2004). The relations of effortful control and impulsivity to children's resiliency and adjustment. *Child Development*, **75**, 25-46.

Eisenberg, N., & Zhou, Q. (2016). Conceptions of executive function and regulation: When and to what degree do they overlap? In J. A. Griffin, P. McCardle & L. S. Freund (Eds.), *Executive function in preschool-age children: Integrating measurement, neurodevelopment, and translational research*. Washington, DC: American Psychological Association, pp. 115-136.

Fabes, R. A., & Eisenberg, N. (1992). Young children's coping with interpersonal anger. *Child Development*, **63**, 116-128.

Forslund, T., Brocki, K. C., Bohlin, G., Granqvist, P., & Eninger, L. (2016). The heterogeneity of attention-deficit/hyperactivity disorder symptoms and conduct problems: Cognitive inhibition, emotion regulation emotionality, and disorganized attachment. *British Journal of Developmental Psychology*, **34**, 371-387.

Gerstadt, C. L., Hong, Y. J., & Diamond, A. (1994). The relationship between cognition and action: Performance of children $3\frac{1}{2}$-7 years old on a Stroop-like day-night test. *Cognition*, **53**, 129-153.

Gross, J. J. (1998). The emerging field of emotion regulation: An integrative review. *Review of General Psychology*, **2**, 271-299.

Gross, J. J. (2014). Emotion regulation: Conceptual and empirical foundations. In J. J. Gross (Ed.), *Handbook of emotion regulation* (2nd ed). New York, NY: The Guilford Press, pp. 3-20.

Gosselin, P., Maassarani, R., Younger, A., & Perron, M. (2011). Children's deliberate control of facial action units involved in sad and happy expressions. *Journal of Nonverbal Behavior*, **35**, 225-242.

Graziano, P. A., Calkins, S. D., & Keane, S. P. (2011). Sustained attention development during the toddlerhood to preschool period: Associations with Toddlers' emotion regulation strategies and maternal behavior. *Infant and Child Development*, **20**, 389-408.

Hudson, A., & Jacques, S. (2014). Put on a happy face! Inhibitory control and socioemotional knowledge predict emotion regulation in 5- to 7-year-olds. *Journal of Experimental Child Psychology*, **123**, 36-52.

伊藤順子・丸山愛子・山崎晃 (1999). 幼児の自己制御認知タイプと向社会的行動の関連. 教育心理学研究, **47**, 160-169.

Ip, K. I., Miller, A. L., Karasawa, M., Hirabayashi, H., Kazama, M., Wang, L., et al. (2021). Emotion expression and regulation in three cultures: Chinese, Japanese, and American preschoolers' reactions to disappointment. *Journal of Experimental Child Psychology*, **201**.

Josephs, I. E. (1994). Display rule behavior and understanding in preschool children. *Journal of Nonverbal Behavior*, **18**, 301-326.

Kagan, J. (1989). Temperamental contributions to social behavior. *American Psychologist*, **44**, 668-674.

Kagan, J., Reznick, J. S., & Snidman, N. (1987). The physiology and psychology of behavioral inhibition in children. *Child Development*, **58**, 1459-1473.

Kagan, J., Snidman, N., Kahn, V., & Towsley, S. (2007). The preservation of two infant temperaments into adolescence. *Monographs of the Society for Research in Child Development*, **72** (2).

金丸智美・無藤隆 (2004). 母子相互作用場面における2歳児の情動調整プロセスの個人差. 発達心理学研究, **15**, 183-194.

金丸智美・無藤隆 (2006). 情動調整プロセスの個人差に関する2歳から3歳への発達的変化. 発達心理学研究, **17**, 219-229.

柏木惠子 (1988). 幼児期における「自己」の発達：行動の自己制御機能を中心に. 東京大学出版会.

風間みどり・平林秀美・唐澤真弓・Tardif, T.・Olson, S. (2013). 日本の母親のあいまいな養育態度と4歳の子どもの他者理解：日米比較からの検討. 発達心理学研究, **24**, 126-138.

菊池哲平 (2004). 幼児における自分自身の表情に対する理解の発達的変化. 発達心理学研究, **15**, 207-216.

菊池哲平 (2006). 幼児における状況手がかりからの自己情動と他者情動の理解. 教育心理学研究, **54**, 90-100.

Kochanska, G., Coy, K. C., & Murray, K. T. (2001). The development of self-regulation in the first four years of life. *Child Development*, **72**, 1091-1111.

Kochanska, G., Murray, K., Jacques, T. Y., Koening, A. L., & Vandegeest, K. A. (1996). Inhibitory control in young children and its role in emerging internalization. *Child Development*, **67**, 490-507.

Kopp, C. B. (1982). Antecedents of self-regulation: A developmental perspective. *Developmental Psychology*, **18**, 199-214.

久保ゆかり (2010). 幼児期における情動調整の発達：変化, 個人差, および発達の現場を捉える. 心理学評論, **53**, 6-19.

Kusanagi, E. (1993). A psychometric examination of the children's behavior questionnaire. *Annual Report of the Research and Clinical Center for Child Development*, **15**, 25-33.

草薙恵美子・星信子（2017）．幼児用気質質問紙日本語短縮版の改訂．國學院大學北海道短期大学部紀要，**34**，39-53.

Lemerise, E. A., & Arsenio, W. F. (2000). An integrated model of emotion processes and cognition in social information processing. *Child Development*, **71**, 107-118.

Lewis, M. (2016). The emergence of human emotions. In L. F. Barrett, M. Lewis & J. M. Haviland-Jones (Eds.), *Handbook of emotions* (4th ed). New York, NY: Guilford Press, pp. 272-292.

Lewis, M., Stanger, C., & Sullivan, M. W. (1989). Deception in 3-year-olds. *Developmental Psychology*, **25**, 439-443.

Lewis, M., Sullivan, M. W., & Vasen, A. (1987). Making faces: Age and emotion differences in the posing of emotional expressions. *Developmental Psychology*, **23**, 690-697.

Lewis, M. D., Todd, R. M., & Honsberger, M. J. M. (2007). Event-related potential measures of emotion regulation in early childhood. *Cognitive Neuroscience and Neuropsychology*, **18**, 61-65.

Liew, J., Eisenberg, N., & Reiser, M. (2004). Preschoolers' effortful control and negative emotionality, immediate reactions to disappointment, and quality of social functioning. *Journal of Experimental Child Psychology*, **89**, 298-319.

Luria, A. R. (1961). *The role of speech in the regulation of normal and abnormal behavior*. Oxford: Pergamon.（松野豊・関口昇（訳）（1969）．言語と精神発達．明治図書.）

枡田恵（2014）．幼児期における感情の理解と表情表現の発達．発達心理学研究，**25**，151-161.

Mischel, W. (2014). *The marshmallow test: Understanding self-control and how to master it*. Great Britain: Bantam Press.（柴田裕之（訳）（2015）．マシュマロ・テスト：成功する子・しない子．早川書房.）

光富隆（1991）．4歳児の誘惑抵抗に及ぼす自己統制方略の効果．心理学研究，**62**，50-53.

文部科学省（2017）．幼稚園教育要領〈平成29年告示〉．フレーベル館.

森口佑介（2015）．実行機能の初期発達，脳内機構およびその支援．心理学評論，**58**，77-88.

Moriguchi, Y., Evans, A. D., Hiraki, K., Itakura, S., & Lee, K. (2012). Cultural differences in the development of cognitive shifting: East-West comparison. *Journal of Experimental Child Psychology*, **111**, 156-163.

Moriguchi, Y., Shinohara, I., & Yanaoka, K. (2018). Neural correlates of delay of gratification choice in young children: Near-infrared spectroscopy studies. *Developmental Psychobiology*, **60**, 989-998.

長濱成未・高井直美（2011）．物の取り合い場面における幼児の自己調整機能の発達．発達心理学研究，**22**，251-260.

中道圭人（2013）．父親・母親の養育態度が幼児の自己制御に及ぼす影響．静岡大学教育学部研究報告（人文・社会・自然科学篇），**63**，109-121.

Nakamichi, K. (2017). Differences in young children's peer preference by inhibitory control and emotion regulation. *Psychological Reports*, **120**, 805-823.

中道圭人（2019）．幼児における他者の感情推測のための表情と身体的手がかりの利用．千葉大学教

育学部研究紀要, **67**, 285-292.

Nakamichi, K., Nakamichi, N., & Nakazawa, J. (2021a). Preschool social-emotional competencies predict school adjustment in Grade 1. *Early Child Development and Care*, **191**, 159-172.

Nakamichi, N., Nakamichi, K., & Nakazawa, J. (2021b). Examining the indirect effects of kindergarteners' executive functions on their academic achievement in the middle grades of elementary school. *Early Child Development and Care*.

中道直子・佐藤佳奈（2016）．幼児の情動制御と出生順位．日本女子体育大学紀要, **46**, 35-40.

中澤潤（2010）．幼児における情動制御の社会的要因と文化的要因：情動の表出制御の状況比較および日米比較．千葉大学教育学部研究紀要, **58**, 37-42.

中澤潤・竹内由布子（2012）．幼児におけるネガティブ情動の表出制御と仲間関係．千葉大学教育学部研究紀要, **60**, 109-114.

Nelson, N. L., & Russell, J. A. (2011). Preschoolers' use of dynamic facial bodily, and vocal cues to emotion. *Journal of Experimental Child Psychology*, **110**, 52-61.

西野泰広（1990）．幼児の自己制御機能と母親のしつけタイプ．発達心理学研究, **1**, 49-58.

OECD (2015). *Skills for social progress: The power of social and emotional skills*. OECD Publishing.

大内晶子・長尾仁美・櫻井茂男（2008）．幼児の自己制御機能尺度の検討：社会的スキル・問題行動との関係を中心に．教育心理学研究, **56**, 414-425.

Parsafar, P., Fontanilla, F. L., & Davis, E. L. (2019). Emotion regulation strategy flexibility in childhood: When do children switch between different strategies? *Journal of Experimental Child Psychology*, **183**, 1-18.

Pons, F., Harris, P. L., & De Rosnay M. (2004). Emotion comprehension between 3 and 11 years: Developmental periods and hierarchical organization. *European Journal of Developmental Psychology*, **1**, 127-152.

Posner, M. I., & Rothbart, M. K. (2007). *Educating the human brain*. Washington, DC: American Psychological Association.（ポズナー, M. I., & ロスバート, M. K. 無藤隆（監修）近藤隆文（訳）(2012)．脳を教育する．青灯社.）

Rothbart, M. K., Ahadi, S. A., Hershey, K. L., & Fisher, P. (2001). Investigations of temperament at three to seven years: The children's behavior questionnaire. *Child Development*, **72**, 1394-1408.

Rothbart, M. K., & Bates, J. E. (2006). Temperament in children's development. In W. Damon & R. Lerner (Series Eds.) & N. Eisenberg (Vol. Ed.), *Handbook of child psychology: Vol. 3. Social, emotional, and personality development* (6th ed). New York: Wiley, pp. 99-166.

Rothbart, M. K., Ellis, L. K., Rueda, M. R., & Posner, M. I. (2003). Developing mechanisms of effortful control. *Journal of Personality*, **71**, 1113-1143.

Rueda, M. R., Fan, J., Halparin, J., Gruber, D., Lercari, L. P., McCandliss, B. D., et al. (2004). Development of attention during childhood. *Neuropsychologia*, **42**, 1029-1040.

Rueda, M. R., Posner, M. I., Rothbart, M. K., & Davis-Stober, C. P. (2004). Development of the time course for processing conflict: An event related potentials study with 4 year olds and adults. *BMC Neuroscience*, **5**, 39.

Saarni, C. (1979). Children's understanding of display rules for expressive behavior. *Developmental*

Psychology, **15**, 424-429.

Saarni, C. (1999). *The development of emotional competence*. The Guilford Press. (サーニ, C. 佐藤香 (監訳)(2005). 感情コンピテンスの発達. ナカニシヤ出版.)

櫻庭京子・今泉敏(2001). 2〜4歳児における情動語の理解力と表情認知能力の発達的比較. 発達心理学研究, **12**, 36-45.

Sala, M. N., Pons, F., & Molina, P. (2014). Emotion regulation strategies in preschool children. *British Journal of Developmental Psychology*, **32**, 440-453.

笹屋里絵(1997). 表情および状況手掛りからの他者感情推測. 教育心理学研究, **45**, 312-319.

Stansbury, K., & Sigman, M. (2000). Responses of preschoolers in two frustrating episodes: Emergence of complex strategies for emotion regulation. *The Journal of Genetic Psychology*, **161**, 182-202.

鈴木亜由美(2005). 幼児の対人場面における自己調整機能の発達：実験課題と仮想課題を用いた自己抑制行動と自己主張行動の検討. 発達心理学研究, **16**, 193-202.

田中あかり(2013). 幼児の自律的な情動の調整を助ける幼稚園教師の行動：幼稚園3歳児学年のつまずき場面に注目して. 発達心理学研究, **24**, 42-54.

Thompson, R. A. (1994). Emotional regulation: A theme in search of definition. *Monographs of the Society for Research in Child Development*, **59** (2-3), 25-52.

氏家達夫(1980). 誘惑に対する抵抗に及ぼす統制方略の効果の発達的検討. 教育心理学研究, **28**, 284-292.

Valiente, C., Eisenberg, N., Haugen, R., Spinrad, T. L., Hofer, C., Liew, J., et al. (2011). Children's effortful control and academic achievement: Mediation through social functioning. *Early Education and Development*, **22**, 411-433.

Webster-Stratton, C. (2005). *The Incredible Years: A trouble-shooting guide for parents of children aged 2-8 years*. Seattle, WA: Incredible Years Inc. (北村俊則(監訳)大橋優紀子・竹形みずき・土谷朋子・松長麻美(訳)(2014). すばらしい子どもたち：成功する育児プログラム. 星和書店.)

Widen, S. C. (2013). Children's interpretation of facial expressions: The long path from valence-based to specific discrete categories. *Emotion Review*, **5**, 72-77.

Zahn-Waxler, C., Cole, P. M., Welsh, J. D., & Fox, N. A. (1995). Psychophysiological correlates of empathy and prosocial behaviors in preschool children with behavior problems. *Development and Psychopathology*, **7**, 27-48.

Zelazo, P. D., Anderson, J. E., Richler, J., Wallner-Allen, K., Beaumont, J. L., & Weintraub, S. (2013). NIH Toolbox Cognition Battery (CB): Measuring executive function and attention. *Monographs of the Society for Research in Child Development*, **78** (4), 16-33.

Zelazo, P. D., & Carlson, S. M. (2012). Hot and cool executive function in childhood and adolescence: Development and plasticity. *Child Development Perspectives*, **6**, 354-360.

Zelazo, P. D., Frye, D., & Rapus, T. (1996). An age-related dissociation between knowing rules and using them. *Cognitive Development*, **11**, 37-63.

Zelazo, P. D., & Müller, U. (2002). Executive function in typical and atypical development. In U.

Goswami (Ed.), *Handbook of childhood cognitive development*. Oxford, UK: Blackwell, pp. 445-469.

Zimmer-Gembeck, M. J., & Skinner, E. A. (2011). The development of coping across childhood and adolescence: An integrative review and critique of research. *International Journal of Behavioral Development*, **35**, 1-17.

■第3章

Aldao, A., Nolen-Hoeksema, S., & Schweizer, S. (2010). Emotion-regulation strategies across psychopathology: A meta-analytic review. *Clinical Psychology Review*, **30**, 217-237.

Brackett, M. A., Elbertson, N. A., & Rivers, S. E. (2015). Applying theory to the development of approaches to SEL. In J. A. Durlak, C. E. Domitrovich, R. P. Weissberg & T. P. Gullotta (Eds.), *Handbook of social and emotional learning: Research and practice*. New York: The Guilford Press, pp. 20-32.

Cole, P. M. (1986). Children's spontaneous control of facial expression. *Child Development*, **57**, 1309-1321.

Ekman, P., & Friesen, W. V. (1975). *Unmasking the face : A guide to recognizing emotions from facial clues*. Englewood Cliffs, N. J.: Prentice Hall.

江村早紀・大久保智生 (2012). 小学校における児童の学級への適応感と学校生活との関連：小学生用学級適応感尺度の作成と学級別の検討. 発達心理学研究, **23**, 241-251.

Garnefski, N., & Kraaij, V. (2006). Cognitive emotion regulation questionnaire: Development of a short 18-item version (CERQ-short). *Personality and Individual Differences*, **41**, 1045-1053.

Gnepp, J., & Hess, D. L. R. (1986). Children's understanding of verbal and facial display rules. *Developmental Psychology*, **22**, 103-108.

Gosselin, P., Warren, M., & Diotte, M. (2002). Motivation to hide emotion and children's understanding of the distinction between real and apparent emotions. *The Journal of Genetic Psychology*, **163**, 479-495.

Gottman, J. M., Katz, L. F., & Hooven, C. (1996). Parental meta-emotion philosophy and the emotion life of families; Theoretical models and preliminary data. *Journal of Family Psychology*, **10**, 243-268.

Gross, J. J. (1998). The emerging field of emotion regulation: An integrative review. *Review of General Psychology*, **2**, 271-299.

Gross, J. J., & John, O. P. (2003). Individual differences in two emotion regulation processes: Implications for affect, relationships, and well-being. *Journal of Personality and Social Psychology*, **85**, 348-362.

塙朋子 (1999). 関係性に応じた情動表出：児童期における発達的変化. 教育心理学研究, **47**, 273-282.

Harris, P. L., Donnelly, K., Guz, G. R., & Pitt-Watson, R. (1986). Children's understanding of the distinction between real and apparent emotion. *Child Development*, **57**, 895-909.

林創 (2002). 児童期における再帰的な心的状態の理解. 教育心理学研究, **50**, 43-53.

平林秀美・柏木惠子（1993）．情動表出の制御と対人関係に関する発達的研究．発達研究，**9**，25-39.

平川久美子（2014）．幼児期から児童期にかけての情動の主張的表出の発達：怒りの表情表出の検討．発達心理学研究，**25**，12-22.

Houltberg, B. J., Morris, A. S., Cui, L., Henry, C. S., & Criss, M. M. (2016). The role of youth anger in explaining links between parenting and early adolescent prosocial and antisocial behavior. *The Journal of Early Adolescence*, **36**, 297-318.

怒りやわらかレッスン作成委員会（2017）．いかりやわらかレッスン：自分の気持ちと上手につきあうためのアンガーマネジメント．イングラムジャパン．

イライアス，M. J. 他　小泉令三（編訳）（1999）．社会性と感情の教育：教育者のためのガイドライン39．北大路書房．（Elias, M. J. et al., (1997). *Promoting Social and Emotional Learning: Guidelines for Education*. Association for Supervision and Curriculum Development.）

稲田尚子・寺坂明子・下田芳幸（2019）．小学生に対するアンガーマネジメント・プログラムの開発：1次的支援教育としての『いかりやわらかレッスン』とその実施可能性に関する実態調査．帝京大学心理学紀要，**23**，15-25.

伊藤拓・上里一郎（2001）．ネガティブな反すう尺度の作成およびうつ状態との関連性の検討．カウンセリング研究，**34**，31-42.

伊藤理絵（2012）．幼児の笑いを考える：笑いの攻撃性の観点から．チャイルド・サイエンス，**8**，62-65.

Josephs, I. E. (1994). Display rule behavior and understanding in preschool children. *Journal of Nonverbal Behavior*, **18**, 301-326.

小泉令三（2011）．社会性と情動の学習（SEL-8S）の導入と実践（子どもの人間関係能力を育てるSEL-8S①）．ミネルヴァ書房．

久保ゆかり（2018）．感情の発達．河合優年・内藤美加（編）児童心理学の進歩，**57**，77-100.

松本麻友子（2008）．反すうに関する心理学的研究の展望：反すうの軽減に関連する要因の検討．名古屋大学大学院教育発達科学研究科紀要　心理発達科学，**55**，145-158.

松村京子（編）（2006）．情動知能を育む教育：「人間発達科」の試み．ナカニシヤ出版．

松村京子（編著）（2008）．子どもを伸ばす情動知能の育成．明治図書．

Mayor, J. D., & Salovey, P. (1997). What is emotional intelligence? In P. Salovey & D. J. Sluyter (Eds.), *Emotional development and emotional intelligence: Educational implications*. New York: Basic Books, pp. 3-31.

溝川藍・子安増生（2008）．児童期における見かけの泣きの理解の発達：二次的誤信念の理解との関連の検討．発達心理学研究，**19**，209-220.

水野里恵（2018）．学齢期の子どもの対人場面での自己制御行動：情動反応性・情動制御性における気質的個人差との関連．日本心理学会第82回大会，765.

村山恭朗・伊藤大幸・高柳伸哉・上宮愛・中島俊思・片桐正敏・浜田恵・明翫光宣・辻井正次（2017）．小学高学年児童および中学生における情動調整方略と抑うつ・攻撃性との関連．教育心理学研究，**65**，64-76.

Morris, A. S., Criss, M. M., Silk, J. S., & Houltberg, B. J. (2017). The impact of parenting on emotion regulation during childhood and adolescence. *Child Development Perspectives*, **11**, 233-238.

Myruski, S., Birk, S., Karasawa, M., Kamikubo, A., Kazama, M., Hirabayashi, H., & Dennis-Tiwary, T. (2019). Neural signatures of child cognitive emotion regulation are bolstered by parental social regulation in two cultures. *Social Cognitive and Affective Neuroscience*, **14**, 947-956.

Pons, F., Harris, P. L., & de Rosnay, M. (2004). Emotion comprehension between 3 and 11 years: Developmental periods and hierarchical organization. *European Journal of Developmental Psychology*, **1**, 127-152.

Saarni, C. (1979). Children's understanding of display rules for expressive behavior. *Developmental Psychology*, **15**, 424-429.

Saarni, C. (1984). An observational study of children's attempts to monitor their expressive behavior. *Child Development*, **55**, 1504-1513.

Saarni, C. (1999). *The development of emotional competence*. New York: The Guilford Press.

坂本貢孝（2006）．第5学年の学習指導「感情のひみつを探ろう」．松村京子（編）情動知能を育む教育：「人間発達科」の試み．ナカニシヤ出版，pp. 99-119.

Shields, A., & Cicchetti, D. (1997). Emotion regulation among school-age children: The development and validation of a new criterion Q-sort scale. *Developmental Psychology*, **33**, 906-916.

菅井康祐（2013）．ERP（事象関連電位）データを読み解くための基礎知識．外国語教育メディア学会（LET）関西支部メソドロジー研究部会2012年度報告論集，75-82.

Tobin, R. M., & Graziano, W. G. (2011). The disappointing gift: Dispositional and situational moderators of emotional expressions. *Journal of Experimental Child Psychology*, **110**, 227-240.

利根川明子（2016）．教室における児童の感情表出と学級適応感の関連．教育心理学研究，**64**（4），569-582.

渡辺弥生（2019）．感情の正体：発達心理学で気持ちをマネジメントする．筑摩書房.

渡辺弥生（2020）．子どもの社会性や感情の発達と支援．「社会性と感情教育」研究部会　社会性と感情の理論および実践．野間教育研究所紀要，**63**，67-145.

吉津潤・関口理久子・雨宮俊彦（2013）．感情調節尺度（Emotion Regulation Questionnaire）日本語版の作成．感情心理学研究，**20**，56-62.

Zeman, J., & Garber, J. (1996). Display rules for anger, sadness, and pain: It depends on who is watching. *Child Development*, **67**, 957-973.

■第4章

Adrian, M., Zeman, J., & Veits, G. (2011). Methodological implications of the affect revolution: A 35-year review of emotion regulation assessment in children. *Journal of experimental child psychology*, **110**(2), 171-197.

青木豊（2017）．愛着形成の問題と情動調節．奥山眞紀子・三村將（編）情動とトラウマ：制御の仕組みと治療・対応．朝倉書店，pp. 51-59.

Arnett, J. J. (1999). Adolescent storm and stress, reconsidered. *American psychologist*, **54**(5), 317.

Bailen, N. H., Green, L. M., & Thompson, R. J. (2019). Understanding Emotion in Adolescents: A Review of Emotional Frequency, Intensity, Instability, and Clarity. *Emotion Review*, **11**(1), 63-73.

Brackett, M. A., & Rivers, S. E. (2014). Transforming students' lives with social and emotional learning. *International handbook of emotions in education*, 368-388.

Carver, K., Joyner, K., & Udry, J. R. (2003). National estimates of adolescent romantic relationships. In P. Florsheim (Ed.), *Adolescent romantic relations and sexual behavior*. Psychology Press, pp. 37-70.

Chung, G. H., Flook, L., & Fuligni, A. J. (2009). Daily family conflict and emotional distress among adolescents from Latin American, Asian, and European backgrounds. *Developmental psychology*, **45** (5), 1406-1415.

Coleman, J. C. (2011). *The nature of adolescence* (4th ed). Routledge.

Coleman, J. C., & Hendry, L. B. (1999). *The nature of adolescence* (3rd ed). Routledge.

Collins, W. A. (2003). More than myth: The developmental significance of romantic relationships during adolescence. *Journal of Research on Adolescence*, **13** (1), 1-24.

Cracco, E., Goossens, L., & Braet, C. (2017). Emotion regulation across childhood and adolescence: evidence for a maladaptive shift in adolescence. *European child & adolescent psychiatry*, **26** (8), 909-921.

Elias, M. J., Zins, J. E., Weissberg, R. P., Frey, K. S., Greenberg, M. T., Haynes, N. M., et al. (1997). *Promoting social and emotional learning: Guidelines for educators*. Alexandria, VA: Association for Supervision and Curriculum Development.（イライアス，M. J.　小泉令三（編訳）(1999)．社会性と感情の教育：教育者のためのガイドライン39．北大路書房．）

Elkind, D. (1967). Egocentrism in adolescence. *Child development*, **38** (4) , 1025-1034.

Forbes, E. E., & Dahl, R. E. (2010). Pubertal development and behavior: hormonal activation of social and motivational tendencies. *Brain and cognition*, **72** (1), 66-72.

Furman, W. (2002). The emerging field of adolescent romantic relationships. *Current directions in psychological science*, **11** (5), 177-180.

Ge, X., Lorenz, F. O., Conger, R. D., Elder, G. H., & Simons, R. L. (1994). Trajectories of stressful life events and depressive symptoms during adolescence. *Developmental psychology*, **30** (4), 467-483.

後藤宗理（2014）．青年心理学研究の歴史的展開．後藤宗理・二宮克美・高木秀明・大野久・白井利明・平石賢二・佐藤有耕・若松養亮（編）新・青年心理学ハンドブック．福村出版，pp. 2-13.

Hall, G. S. (1904). *Adolescence: Its psychology and its relations to physiology, anthropology, sociology, sex, crime, religion and education*. New York: Appleton and Company.

Hare, T. A., Tottenham, N., Galvan, A., Voss, H. U., Glover, G. H., & Casey, B. J. (2008). Biological substrates of emotional reactivity and regulation in adolescence during an emotional go-nogo task. *Biological psychiatry*, **63** (10), 927-934.

平岩幹男（2008）．思春期と身体成熟．日本小児科学会（編）思春期医学臨床テキスト．診断と治療社，pp. 6-15.

Hollenstein, T., & Lanteigne, D. M. (2018). Emotion Regulation Dynamics in Adolescence. In P. M. Cole & T. Hollenstein (Eds.), *Emotion Regulation*. Routledge, pp. 158-176.

Kappas, A. (2011). Emotion and regulation are one!. *Emotion Review*, **3** (1), 17-25.

小池進介（2015）．脳の思春期発達．長谷川寿一（監修）笠井清登・藤井直敬・福田正人・長谷川眞

理子（編）思春期学．東京大学出版会，pp. 131-144.

Klimes-Dougan, B., Pearson, T. E., Jappe, L., Mathieson, L., Simard, M. R., Hastings, P., et al. (2014). Adolescent emotion socialization: A longitudinal study of friends' responses to negative emotions. *Social Development*, **23** (2), 395-412.

Kuepper, Y., Alexander, N., Osinsky, R., Mueller, E., Schmitz, A., Netter, P., et al. (2010). Aggression—interactions of serotonin and testosterone in healthy men and women. *Behavioural brain research*, **206** (1), 93-100.

Lamb, M. E., & Lewis, C. (2011). The Role of Parent-Child Relationships in Child Development. In M. E. Lamb & M. H. Bornstein (Eds.), *Social and Personality Development: An Advanced Textbook*. Psychology Press, pp. 259-308.

Larson, R., & Asmussen, L. (1991). Anger, worry, and hurt in early adolescence: An enlarging world of negative emotions. In M. E. Colten & S. Gore (Eds.), *Adolescent stress: Causes and consequences*. New York; Aldine De Gruyter, pp. 21-41.

Larson, R., & Ham, M. (1993). Stress and "storm and stress" in early adolescence: The relationship of negative events with dysphoric affect. *Developmental psychology*, **29** (1), 130-140.

Larson, R., & Richards, M. H. (1994). *Divergent realities: The emotional lives of mothers, fathers, and adolescents*. BasicBooks New York.

Lougheed, J. P., & Hollenstein, T. (2012). A limited repertoire of emotion regulation strategies is associated with internalizing problems in adolescence. *Social Development*, **21** (4), 704-721.

Maciejewski, D. F., van Lier, P. A., Branje, S. J., Meeus, W. H., & Koot, H. M. (2015). A 5-year longitudinal study on mood variability across adolescence using daily diaries. *Child development*, **86** (6), 1908-1921.

Moreira, J. F. G., & Silvers, J. A. (2018). In due time: Neurodevelopmental considerations in the study of emotion regulation. In P. M. Cole & T. Hollenstein (Eds.), *Emotion Regulation*. Routledge, pp. 111-134.

内閣府（2019）．我が国と諸外国の若者の意識に関する調査（平成30年度）

Nathanson, L., Rivers, S. E., Flynn,, L. M., & Brackett, M. A. (2016). Creating emotionally intelligent schools with RULER. *Emotion Review*, **8** (4), 305-310.

Paikoff, R. L., & Brooks-Gunn, J. (1991). Do parent-child relationships change during puberty?. *Psychological bulletin*, **110** (1), 47-66.

Piaget, J. (1970). Piaget's theory. In P. H. Mussen (Ed.), *Carmichael's manual of child psychology* (3rd ed.): vol. 1. New York; John Wiley & Sons.（中垣啓（訳）（2007）．ピアジェに学ぶ認知発達の科学．北大路書房．）

Riediger, M., & Klipker, K. (2014). Emotion regulation in adolescence. In J. J. Gross (Ed.), *Handbook of emotion regulation*. New York, NY, US: Guilford Press, pp. 187-202.

Riediger, M., Schmiedek, F., Wagner, G. G., & Lindenberger, U. (2009). Seeking pleasure and seeking pain: Differences in prohedonic and contra-hedonic motivation from adolescence to old age. *Psychological Science*, **20** (12), 1529-1535.

Riva, F., Triscoli, C., Lamm, C., Carnaghi, A., & Silani, G. (2016). Emotional egocentricity bias across

the life-span. *Frontiers in aging neuroscience*, **8** (74), 1-7.

Sawyer, S. M., Azzopardi, P. S., Wickremarathne, D., & Patton, G. C. (2018). The age of adolescence. *The Lancet Child & Adolescent Health*, **2** (3), 223-228.

Seidman, S. N., Orr, G., Raviv, G., Levi, R., Roose, S. P., Kravitz, E., et al. (2009). Effects of testosterone replacement in middle-aged men with dysthymia: a randomized, placebo-controlled clinical trial. *Journal of clinical psychopharmacology*, **29** (3), 216-221.

Sheppes, G., & Gross, J. J. (2012). Emotion regulation effectiveness: What works when. In H. A. Tennen & J. M. Suls (Eds.), *Handbook of psychology: Personality and social psychology*. New York, NY: Wiley, pp. 391-406.

Shiota, M., & Kalat, J. (2011). *Emotion*. Nelson Education.

Simmons, R. G., Burgeson, R., Carlton-Ford, S., & Blyth, D. A. (1987). The impact of cumulative change in early adolescence. *Child development*, **58** (5), 1220-1234.

Smetana, J. G., Robinson, J., & Rote, W. M. (2015). Socialization in adolescence. *Handbook of socialization: Theory and research*, pp. 60-84.

Somerville, L. H., Jones, R. M., & Casey, B. J. (2010). A time of change: behavioral and neural correlates of adolescent sensitivity to appetitive and aversive environmental cues. *Brain and cognition*, **72**, 124-133.

Steinberg, L. (2007). Risk taking in adolescence: New perspectives from brain and behavioral science. *Current directions in psychological science*, **16** (2), 55-59.

Steinberg, L., Cauffman, E., Woolard, J., Graham, S., & Banich, M. (2009). Are adolescents less mature than adults? : Minors'access to abortion, the juvenile death penalty, and the alleged APA "flip-flop.". *American Psychologist*, **64**, 583.

Swearer, S. M., Martin, M., Brackett, M., & Palacios, R. A. (2017). Bullying intervention in adolescence: The intersection of legislation, policies, and behavioral change. *Adolescent research review*, **2**, 23-35.

Zimmermann, P., & Iwanski, A. (2014). Emotion regulation from early adolescence to emerging adulthood and middle adulthood: Age differences, gender differences, and emotion-specific developmental variations. *International journal of behavioral development*, **38** (2), 182-194.

Zimmermann, P., & Iwanski, A. (2018). Development and timing of developmental changes in emotional reactivity and emotion regulation during adolescence. In P. M. Cole & T. Hollenstein (Eds.), *Emotion regulation: A matter of time*. New York: Routledge, pp. 117-139.

Walf, A. A., & Frye, C. A. (2006). A review and update of mechanisms of estrogen in the hippocampus and amygdala for anxiety and depression behavior. *Neuropsychopharmacology*, **31** (6), 1097-1111.

Wang, Y., & Hawk, S. T. (2019). Expressive enhancement, suppression, and flexibility in childhood and adolescence: Longitudinal links with peer relations. *Emotion*. Advance online publication.

山田良一 (1994). 青年期以降の発達研究の現状と問題点. 教育心理学年報, **33**, 62-72.

■第 5 章

Allen, V. C., & Windsor, T. D. (2019). Age differences in the use of emotion regulation strategies derived from the process model of emotion regulation: A systematic review. *Aging & Mental Health*, **23**, 1-14.

Appleton, A. A., Loucks, E. B., Buka S. L., & Kubzansky, L. D. (2014). Divergent associations of antecedent- and response-focused emotion regulation strategies with midlife cardiovascular disease risk. *Annual Behavioral Medicine*, **48**, 246-255.

Baltes, P. B., & Baltes, M. M. (1990). Psychological perspectives on successful aging: The model of selective optimization with compensation. In P. B. Baltes & M. M. Baltes (Eds.), *Successful aging: Perspectives from the behavioral sciences*. New York: Cambridge University Press, pp. 1-34.

Baltes, P. B., & Mayer, K. U. (Eds.) (1998). *The Berlin aging study: Aging from 70 to 100*. Cambridge University Press.

Brummer, L., Stopa, L., & Bucks, R. (2014). The influence of age on emotion regulation strategies and psychological distress. *Behavioural and Cognitive Psychotherapy*, **42**, 668-681.

Carstensen, L. L. (1992). Social and emotional patterns in adulthood: Support for socioemotional selectivity theory. *Psychology and Aging*, **7** (3), 331-338.

Carstensen, L. L. (1993). Motivation for social contact across the life span: A theory of socioemotional selectivity. *Nebraska Symposium on Motivation*, **40**, 209-254.

Carstensen, L. L., Pasupathi, M., Mayr, U., & Nesselroade, J. R. (2000). Emotional experience in everyday life across the adult life span. *Journal of Personality and Social Psychology*, **79** (4), 644-655.

Carstensen, L. L., Turan, B., Scheibe, S., Ram, N., Ersner-Hershfield, H., Samanez-Larkin, G. R., et al. (2011). Emotional experience improves with age: Evidence based on over 10 years of experience sampling. *Psychology and Aging*, **26** (1), 21-33.

Chang, M.-L. (2013). Toward a theoretical model to understand teacher emotions and teacher burnout in the context of student misbehavior: Appraisal, regulation and coping. *Motivation and Emotion*, **37** (4), 799-817.

Charles, S. T., Mather, M., & Carstensen, L. L. (2003). Aging and emotional memory: The forgettable nature of negative images for older adults. *Journal of Experimental Psychology: General*, **132** (2), 310-324.

Charles, S. T., Piazza, J. R., Luong, G., & Almeida, D. M. (2009). Now you see it, now you don't: Age differences in affective reactivity to social tensions. *Psychology and Aging*, **24**, 645-653.

Charles, S. T., Reynolds, C. A., & Gatz, M. (2001). Age-related differences and change in positive and negative affect over 23 years. *Journal of Personality and Social Psychology*, **80** (1), 136-151.

Coats, A. H., & Blanchard-Fields, F. (2008). Emotion regulation in interpersonal problems: The role of cognitive-emotional complexity, emotion regulation goals, and expressivity. *Psychology and Aging*, **23**, 39-51.

Di Domenico, A., Palumbo, R., Mammarella, N., & Fairfield, B. (2015). Aging and emotional expressions: Is there a positivity bias during dynamic emotion recognition? *Frontiers in Psychology*, **6**, 1130-1134.

Diener, E., Sandvik, E., & Larsen, R. J. (1985). Age and sex effects for emotional intensity. *Developmental Psychology*, **21** (3), 542-546.

Erikson, E. H. (1982). *Identity and the life cycle*. Norton.

Fung, H. H., Carstensen, L. L., & Lang, F. R. (2001). Age-related patterns in social networks among European Americans and African Americans: Implications for socioemotional selectivity across the life span. *International Journal of Aging and Human Development*, **52** (3), 185-206.

Gerolimatos, L. A., & Edelstein, B. A. (2012). Predictors of health anxiety among older and young adults. *International Psychogeriatrics*, **24**, 1998-2008.

Gross, J. J., Carstensen, L. L., Pasupathi, M., Tsai, J., Gotestam Skorpen, C., & Hsu, A. Y. (1997). Emotion and aging: Experience, expression, and control. *Psychology and Aging*, **12**, 590-599.

Gross, J. J., & Thompson, R. A. (2007). Emotion Regulation: Conceptual Foundations. In J. J. Gross (Ed.), *Handbook of emotion regulation*. New York: Guilford Press, pp. 3-24.

Havighurst, R. J. (1953). *Developmental tasks and education*. Addison-Wesley Longman.

Hawkley, L. C., Thisted, R. A., & Cacioppo, J. T. (2009). Loneliness predicts reduced physical activity: Cross-sectional & longitudinal analyses. *Health Psychology*, **28** (3), 354-363.

Helson, R., & Soto, C. J. (2005). Up and Down in Middle Age: Monotonic and Nonmonotonic Changes in Roles, Status, and Personality. *Journal of Personality and Social Psychology*, **89** (2), 194-204.

Hess, T. M., Beale, K. S., & Miles, A. (2010). The impact of experienced emotion on evaluative judgments: The effects of age and emotion regulation style. *Aging, Neuropsychology, and Cognition*, **17**, 648-672.

Hofer, M., Burkhard, L., & Allemand, M. (2015). Age differences in emotion regulation during a distressing film scene. *Journal of Media Psychology: Theories, Methods, and Applications*, **1**, 1-6.

Isaacowitz, D. M. (2006). Motivated gaze: The view from the gazer. *Current Directions in Psychological Science*, **15** (2), 68-72.

Isaacowitz, D. M., & Blanchard-Fields, F. (2012). Linking process and outcome in the study of emotion and aging. *Perspectives on Psychological Science*, **7** (1), 3-17.

Isaacowitz, D. M., Livingstone, K. M., Harris, J. A., & Marcotte, S. L. (2015). Mobile eye tracking reveals little evidence for age differences in attentional selection for mood regulation. *Emotion*, **15** (2), 151-161.

Isaacowitz, D. M., & Smith, J. (2003). Positive and negative affect in very old age. *Journals of Gerontology, Series B: Psychological Sciences and Social Sciences*, **58** (3), 143-152.

Isaacowitz, D. M., Toner, K., Goren, D., & Wilson, H. R. (2008). Looking while unhappy: Mood-congruent gaze in young adults, positive gaze in older adults. *Psychological Science*, **19** (9), 848-853.

Isaacowitz, D. M., Toner, K., & Neupert, S. D. (2009). Use of gaze for real-time mood regulation: Effects of age and attentional functioning. *Psychology and Aging*, **24** (4), 989-994.

Isaacowitz, D. M., Wadlinger, H. A., Goren, D., & Wilson, H. R. (2006). Selective preference in visual fixation away from negative images in old age? : An eye-tracking study. *Psychology and Aging*,

21 (1), 40-48.

Javaras, K. N., Schaefer, S. M., van Reekum, C. M., Lapate, R. C., Greischar, L. L., Bachhuber, D. R., et al. (2012). Conscientiousness predicts greater recovery from negative emotion. *Emotion*, **12** (5), 875-881.

Kelley, N. J., & Hughes, M. L. (2019). Resting frontal EEG asymmetry and emotion regulation in older adults: The midlife in the United States (MIDUS) study. *Psychology and Aging*, **34** (3), 341-347.

健康日本21企画検討会・健康日本21計画策定検討会（2000）．21世紀における国民健康づくり運動（健康日本21）について　報告書　https://www.mhlw.go.jp/www1/topics/kenko21_11/pdf/all.pdf（2019.7.19）

Kennedy, Q., Mather, M., & Carstensen, L. L. (2004). The role of motivation in the age-related positivity effect in autobiographical memory. *Psychological Science*, **15** (3), 208-214.

Kunzmann, U., & Gruhn, D. (2005). Age differences in emotional reactivity: The sample case of sadness. *Psychology and Aging*, **20**, 47-59.

Kunzmann, U., Little, T. D., & Smith, J. (2000). Is age-related stability of subjective well-being a paradox? : Cross-sectional and longitudinal evidence from the Berlin Aging Study. *Psychology and Aging*, **15** (3), 511-526.

Labouvie-Vief, G., Diehl, M., Jain, E., & Zhang, F. (2007). Six-year change in affect optimization and affect complexity across the adult life span: A further examination. *Psychology and Aging*, **22** (4), 738-751.

Leipold, B., & Loepthien, T. (2015). Music reception and emotional regulation in adolescence and adulthood. *Musicae Scientiae*, **19**, 111-128.

Levinson, D. J. (1978). *The seasons of a man's life*. Knopf.

Li, T., Fung, H. H., & Isaacowitz, D. M. (2011). The role of dispositional reappraisal in the age-related positivity effect. *Journals of Gerontology Series B: Psychological Sciences and Social Sciences*, **66B**, 56-60.

Livingstone, K. M., & Isaacowitz, D. M. (2015). Situation selection and modification for emotion regulation in younger and older adults. *Social Psychological and Personality Science*, **6**, 904-910.

Luong, G., & Charles, S. T. (2014). Age differences in affective and cardiovascular responses to a negative social interaction: The role of goals, appraisals, and emotion regulation. *Developmental Psychology*, **50**, 1919-1930.

Mather, M., & Carstensen, L. L. (2005). Aging and motivated cognition: The positivity effect in attention and memory. *Trends in Cognitive Sciences*, **9**, 496-502.

Nakagawa, T., Gondo, Y., Ishioka, Y., & Masui, Y. (2017). Age, emotion regulation, and affect in adulthood: The mediating role of cognitive reappraisal. *Japanese Psychological Research*, **59**, 301-308.

中川威・権藤恭之・増井幸恵・石岡良子（2018）．成人期にわたる感情調整の発達に関する横断的研究：改訂版感情調整尺度を用いて．パーソナリティ研究，**26**，205-216.

Noh, S. R., Lohani, M., & Isaacowitz, D. M. (2011). Deliberate real-time mood regulation in adulthood: The importance of age, fixation and attentional functioning. *Cognition and Emotion*, **25** (6), 998-

1013.

Nolen-Hoeksema, S., & Aldao, A. (2011). Gender and age differences in emotion regulation strategies and their relationship to depressive symptoms. *Personality and Individual Differences*, **51**, 704-708.

Otto, L. R., Sin, N. L., Almeida, D. M., & Sloan, R. P. (2018). Trait emotion regulation strategies and diurnal cortisol profiles in healthy adults. *Health Psychology*, **37** (3), 301-305.

Orgeta, V. (2011). Avoiding threat in late adulthood: Testing two life span theories of emotion. *Experimental Aging Research*, **37**, 449-472.

Ouellet, C., Langlois, F., Provencher, M. D., & Gosselin, P. (2019). Intolerance of uncertainty and difficulties in emotion regulation: Proposal for an integrative model of generalized anxiety disorder. *Revue européenne de psychologie appliquée*, **69**, 9-18.

Phillips, L., Henry, J., Hosie, J., & Milne, A. (2006). Age, anger regulation and well-being. *Aging & Mental Health*, **10**, 250-256.

Popham, L. E., & Hess, T. M. (2013). Age differences in the underlying mechanisms of stereotype threat effects. *Journal of Gerontology Series B: Psychological Sciences and Social Sciences*, **70** (2), 225-234.

Prakash, R. S., Hussain, M. A., & Schirda, B. (2015). The role of emotion regulation and cognitive control in the association between mindfulness disposition and stress. *Psychology and Aging*, **30**, 160-171.

Ready, R. E., Carvalho, J. O., & Åkerstedt, A. M. (2012). Evaluative organization of the self-concept in younger, midlife, and older Adults. *Research on Aging*, **34** (1), 56-79.

Rovenpor, D. R., Skogsberg, N. J., & Isaacowitz, D. M. (2013). The choices we make: An examination of situation selection in younger and older adults. *Psychology and Aging*, **28**, 365-376.

Sands, M., Ngo, N., & Isaacowitz, D. M. (2016). The Interplay of Motivation and Emotion: View from Adulthood and Old Age. In L. F. Barrett, M. Lewis & J. M. Haviland-Jones (Eds.), *Handbook of emotions* (4th ed). New York: Guilford Press, pp. 336-349.

Scheibe, S., & Blanchard-Fields, F. (2009). Effects of regulating emotions on cognitive performance: What is costly for young adults is not so costly for older adults. *Psychology and Aging*, **24** (1), 217-223.

Schirda, B., Valentine, T. R., Aldao, A., & Prakash, R. S. (2016). Age-related differences in emotion regulation strategies: Examining the role of contextual factors. *Developmental Psychology*, **52**, 1370-1380.

Shiota, M. N., & Levenson, R. W. (2009). Effects of aging on experimentally instructed detached reappraisal, positive reappraisal, and emotional behavior suppression. *Psychology and Aging*, **24** (4), 890-900.

Sloan, R. P., Schwarz, E., McKinley, P. S., Weinstein, M., Love, G., Ryff, C., et al. (2017). Vagally-mediated heart rate variability and indices of well-being: Results of a nationally representative study. *Health Psychology*, **36** (1), 73-81.

Stacey, C. A., & Gatz, M. (1991). Cross-sectional age differences and longitudinal change on the

Bradburn Affect Balance Scale. *Journal of Gerontology*, **46** (2), 76–78.

Tucker, A. M., Feuerstein, R., Mende-Siedlecki, P., Ochsner, K. N., & Stern, Y. (2012). Double dissociation: Circadian off-peak times increase emotional reactivity; aging impairs emotion regulation via reappraisal. *Emotion*, **12**, 869–874.

Urry, H. L., & Gross, J. J. (2010). Emotion regulation in older age. *Current Directions in Psychological Science*, **19**, 352–357.

Waldinger, R. J., & Schulz, M. S. (2016). The long reach of nurturing family environments: Links with midlife emotion-regulatory styles and late-life security in intimate relationships. *Psychological Science*, **27**, 1443–1450.

Xiao, T., Zhang, S., Lee, L.-E., Chao, H. H., van Dyck, C., & Li, C.-S. R. (2018). Exploring age-related changes in resting state functional connectivity of the amygdala: From young to middle adulthood. *Frontiers in Aging Neuroscience*, **10**, Article ID 209.

Yeung, D. Y., Fung, H. H., & Kam, C. (2012). Age differences in problem solving strategies: The mediating role of future time perspective. *Personality and Individual Differences*, **53**, 38–43.

Zimmermann, P., & Iwanski, A. (2014). Emotion regulation from early adolescence to emerging adulthood and middle adulthood: Age differences, gender differences, and emotion-specific developmental variations. *International Journal of Behavioral Development*, **38**, 182–194.

■第6章

Allen, V. C., & Windsor, T. D. (2019). Age differences in the use of emotion regulation strategies derived from the process model of emotion regulation: A systematic review. *Aging and Mental Health*, **23** (1), 1–14.

Baltes, M. M., & Carstensen, L. L. (1996). The process of successful ageing. *Ageing and Society*, **16** (4), 397–422.

Baltes, P. B. (1987). Theoretical propositions of life-span developmental psychology: On the dynamics between growth and decline. *Developmental Psychology*, **23** (5), 611–626.

Baltes, P. B., & Baltes, M. M. (1990). Psychological perspectives on successful aging: The model of selective optimization with compensation. In P. B. Baltes & M. M. Baltes (Eds.), *Successful aging: Perspectives from behavioral sciences.* New York: Cambridge University Press, pp. 1–34.

Baltes, P. B., Baltes, M. M., Freund, A. M., & Lang, F. R. (1995). *Measurement of selective optimization with compensation by questionnaire.* Berlin, Germany: Max Planck Institute for Human Development and Education.

Baltes, P. B., Dittmann-Kohli, F., & Dixon, R. A. (1984). New perspectives on the development of intelligence in adulthood: Toward a dual-process conception and a model of selective optimization with compensation. In P. B. Baltes & J. O. G. Brim (Eds.), *Life-span development and behavior* (Vol. 6). New York: Academic Press, pp. 33–76.

Baltes, P. B., & Nesselroade, J. R. (1979). *Longitudinal research in the study of behavior and development.* New York: Academic Press.

Baltes, P. B., & Smith, J. (2003). New frontiers in the future of aging: From successful aging of the young old to the dilemmas of the fourth age. *Gerontology,* **49** (2), 123–135.

Banham, K. M. (1951). Senescence and the emotions: A genetic theory. *Journal of Genetic Psychology,* **78** (2), 175–183.

Blanchard-Fields, F., Stein, R., & Watson, T. L. (2004). Age differences in emotion-regulation strategies in handling everyday problems. *The Journals of Gerontology Series B: Psychological Sciences and Social Sciences,* **59** (6), P261–P269.

Cacioppo, J. T., Berntson, G. G., Bechara, A., Tranel, D., & Hawkley, L. C. (2011). Could an aging brain contribute to subjective well-being? The value added by a social neuroscience perspective. In A. Todorov , S. T. Fiske & D. A. Prentice (Eds.), *Social Neuroscience: Toward Understanding the Underpinnings of the Social Mind.* New York: Oxford University Press, USA, pp. 249–262.

Carstensen, L. L. (1993). Motivation for social contact across the life span: A theory of socioemotional selectivity. *Nebraska Symposium on Motivation,* **40**, 209–254.

Carstensen, L. L. (2006). The influence of a sense of time on human development. *Science,* **312** (5782), 1913–1915.

Carstensen, L. L., Isaacowitz, D. M., & Charles, S. T. (1999). Taking time seriously: A theory of socioemotional selectivity. *American Psychologist,* **54** (3), 165–181.

Charles, S. T. (2010). Strength and vulnerability integration: A model of emotional well-being across adulthood. *Psychological Bulletin,* **136** (6), 1068–1091.

Charles, S. T., & Carstensen, L. L. (2007). Emotion regulation and aging. In J. J. Gross (Ed.), *Handbook of Emotion Regulation.* New York: Guildford Press, pp. 307–327.

Charles, S. T., & Carstensen, L. L. (2010). Social and emotional aging. *Annual Review of Psychology,* **61** (1), 383–409.

Charles, S. T., & Luong, G. (2013). Emotional experience across adulthood: The theoretical model of strength and vulnerability integration. *Current Directions in Psychological Science,* **22** (6), 443–448.

Charles, S. T., Mather, M., & Carstensen, L. L. (2003). Aging and emotional memory: The forgettable nature of negative images for older adults. *Journal of Experimental Psychology: General,* **132** (2), 310–324.

Charles, S. T., & Piazza, J. R. (2009). Age differences in affective well-being: Context matters. *Social and Personality Psychology Compass,* **3** (5), 711–724.

Charles, S. T., Piazza, J. R., Luong, G., & Almeida, D. M. (2009). Now you see it, now you don't: Age differences in affective reactivity to social tensions. *Psychology and Aging,* **24** (3), 645–653.

Coats, A. H., & Blanchard-Fields, F. (2008). Emotion regulation in interpersonal problems: The role of cognitive-emotional complexity, emotion regulation goals, and expressivity. *Psychology and Aging,* **23** (1), 39–51.

Diener, E., Lucas, R. E., & Scollon, C. N. (2006). Beyond the hedonic treadmill: Revising the adaptation theory of well-being. *American Psychologist,* **61** (4), 305–314.

Eldesouky, L., & English, T. (2018). Another year older, another year wiser? Emotion regulation strategy selection and flexibility across adulthood. *Psychology and Aging*, **33** (4), 572-585.

Freund, A. M. (2006). Age-differential motivational consequences of optimization versus compensation focus in younger and older adults. *Psychology and Aging*, **21** (2), 240-252.

Freund, A. M., & Baltes, P. B. (1998). Selection, optimization, and compensation as strategies of life management: Correlations with subjective indicators of successful aging. *Psychology and Aging*, **13** (4), 531-543.

Garnefski, N., & Kraaij, V. (2006). Relationships between cognitive emotion regulation strategies and depressive symptoms: A comparative study of five specific samples. *Personality and Individual Differences*, **40** (8), 1659-1669.

Gross, J. J. (1998). The emerging field of emotion regulation: An integrative review. *Review of General Psychology*, **2** (3), 271-299.

Gross, J. J. (2015). Emotion regulation: Current status and future prospects. *Psychological Inquiry*, **26** (1), 1-26.

Gross, J. J., Carstensen, L. L., Pasupathi, M., Tsai, J., Skorpen, C. G., & Hsu, A. Y. (1997). Emotion and aging: Experience, expression, and control. *Psychology and Aging*, **12** (4), 590-599.

Gross, J. J., & John, O. P. (2003). Individual differences in two emotion regulation processes: Implications for affect, relationships, and well-being. *Journal of Personality and Social Psychology*, **85** (2), 348-362.

Heckhausen, J., Dixon, R. A., & Baltes, P. B. (1989). Gains and losses in development throughout adulthood as perceived by different adult age groups. *Developmental Psychology*, **25** (1), 109-121.

Hofer, M., Burkhard, L., & Allemand, M. (2015). Age differences in emotion regulation during a distressing film scene. *Journal of Media Psychology*, **27** (2), 47-52.

池内朋子・長田久雄 (2015). 高齢期の未来時間展望，感情調整，感情的 well-being の関連. 応用老年学，**9** (1)，113-121.

Isaacowitz, D. M. (2012). Mood regulation in real time: Age differences in the role of looking. *Current Directions in Psychological Science*, **21** (4), 237-242.

Isaacowitz, D. M., & Blanchard-Fields, F. (2012). Linking process and outcome in the study of emotion and aging. *Perspectives on Psychological Science*, **7** (1), 3-17.

Isaacowitz, D. M., Livingstone, K. M., & Castro, V. L. (2017). Aging and emotions: experience, regulation, and perception. *Current Opinion in Psychology*, **17**, 79-83.

Isaacowitz, D. M., Livingstone, K. M., Harris, J. A., & Marcotte, S. L. (2015). Mobile eye tracking reveals little evidence for age differences in attentional selection for mood regulation. *Emotion*, **15** (2), 151-161.

Isaacowitz, D. M., Wadlinger, H. A., Goren, D., & Wilson, H. R. (2006). Selective preference in visual fixation away from negative images in old age? An eye-tracking study. *Psychology and Aging*, **21** (1), 40-48.

John, O. P., & Gross, J. J. (2004). Healthy and unhealthy emotion regulation: Personality processes, individual differences, and life span development. *Journal of Personality*, **72** (6), 1301-1334.

Kalenzaga, S., Lamidey, V., Ergis, A., Clarys, D., & Piolino, P. (2016). The positivity bias in aging: Motivation or degradation? *Emotion*, **16** (5), 602-610.

Kennedy, Q., Mather, M., & Carstensen, L. L. (2004). The role of motivation in the age-related positivity effect in autobiographical memory. *Psychological Science*, **15** (3), 208-214.

Knight, M., Seymour, T. L., Gaunt, J. T., Baker, C., Nesmith, K., & Mather, M. (2007). Aging and goal-directed emotional attention: Distraction reverses emotional biases. *Emotion*, **7** (4), 705-714.

Labouvie-Vief, G. (2003). Dynamic integration: Affect, cognition, and the self in adulthood. *Current Directions in Psychological Science*, **12** (6), 201-206.

Lawton, M. P., Kleban, M. H., Rajagopal, D., & Dean, J. (1992). Dimensions of affective experience in three age groups. *Psychology and Aging*, **7** (2), 171-184.

Levenson, R. W., Carstensen, L. L., Friesen, W. V., & Ekman, P. (1991). Emotion, physiology, and expression in old age. *Psychology and Aging*, **6** (1), 28-35.

Livingstone, K. M., & Isaacowitz, D. M. (2015). Situation selection and modification for emotion regulation in younger and older adults. *Social Psychological and Personality Science*, **6** (8), 904-910.

Livingstone, K. M., & Isaacowitz, D. M. (2019). Age similarities and differences in spontaneous use of emotion regulation tactics across five laboratory tasks. *Journal of Experimental Psychology: General*, **148** (11), 1972-1992.

Löckenhoff, C. E., & Carstensen, L. L. (2007). Aging, emotion, and health-related decision strategies: Motivational manipulations can reduce age differences. *Psychology and Aging*, **22** (1), 134-146.

Lohani, M., & Isaacowitz, D. M. (2014). Age differences in managing response to sadness elicitors using attentional deployment, positive reappraisal and suppression. *Cognition and Emotion*, **28** (4), 678-697.

Luong, G., & Charles, S. T. (2014). Age differences in affective and cardiovascular responses to a negative social interaction: The role of goals, appraisals, and emotion regulation. *Developmental Psychology*, **50** (7), 1919-1930.

Mantantzis, K., Maylor, E. A., & Schlaghecken, F. (2018). Gain without pain: Glucose promotes cognitive engagement and protects positive affect in older adults. *Psychology and Aging*, **33** (5), 789-797.

Masumoto, K., Taishi, N., & Shiozaki, M. (2016). Age and gender differences in relationships among emotion regulation, mood, and mental health. *Gerontology and Geriatric Medicine*, **2** (0), 2333721416637022.

増本康平・上野大介 (2009). 認知加齢と情動. 心理学評論, **52** (3), 326-339.

Mather, M. (2012). The emotion paradox in the aging brain. *Annals of the New York Academy of Sciences*, **1251** (1), 33-49.

Mather, M., & Carstensen, L. L. (2003). Aging and attentional biases for emotional faces. *Psychological Science*, **14** (5), 409-415.

Mather, M., & Carstensen, L. L. (2005). Aging and motivated cognition: The positivity effect in attention and memory. *Trends in Cognitive Sciences*, **9** (10), 496-502.

Mather, M., & Knight, M. (2005). Goal-directed memory: The role of cognitive control in older adults' emotional memory. *Psychology and Aging*, **20** (4), 554-570.

Mikels, J. A., Larkin, G. R., Reuter-Lorenz, P. A., & Carstensen, L. L. (2005). Divergent trajectories in the aging mind: Changes in working memory for affective versus visual information with age. *Psychology and Aging*, **20** (4), 542-553.

Mroczek, D. K., & Kolarz, C. M. (1998). The effect of age on positive and negative affect: A developmental perspective on happiness. *Journal of Personality and Social Psychology*, **75** (5), 1333-1349.

Nakagawa, T., Gondo, Y., Ishioka, Y., & Masui, Y. (2017). Age, emotion regulation, and affect in adulthood: The mediating role of cognitive reappraisal. *Japanese Psychological Research*, **59** (4), 301-308.

中川威・権藤恭之・増井幸恵・石岡良子（2018）．成人期にわたる感情調整の発達に関する横断的研究：改訂版感情調整尺度を用いて．パーソナリティ研究，**26**（3），205-216.

Neugarten, B. L. (1975). The future and the young-old. *The Gerontologist*, **15** (1 Part 2), 4-9.

Nikitin, J., & Freund, A. M. (2011). Age and motivation predict gaze behavior for facial expressions. *Psychology and Aging*, **26** (3), 695-700.

Nolen-Hoeksema, S., & Aldao, A. (2011). Gender and age differences in emotion regulation strategies and their relationship to depressive symptoms. *Personality and Individual Differences*, **51** (6), 704-708.

Opitz, P. C., Rauch, L. C., Terry, D. P., & Urry, H. L. (2012). Prefrontal mediation of age differences in cognitive reappraisal. *Neurobiology of Aging*, **33** (4), 645-655.

Orgeta, V. (2009). Specificity of age differences in emotion regulation. *Aging and Mental Health*, **13** (6), 818-826.

Reed, A. E., & Carstensen, L. L. (2012). The theory behind the age-related positivity effect. *Frontiers in Psychology*, **3**, 339.

Reed, A. E., Chan, L., & Mikels, J. A. (2014). Meta-analysis of the age-related positivity effect: Age differences in preferences for positive over negative information. *Psychology and Aging*, **29** (1), 1-15.

Rovenpor, D. R., Skogsberg, N. J., & Isaacowitz, D. M. (2013). The choices we make: An examination of situation selection in younger and older adults. *Psychology and Aging*, **28** (2), 365-376.

榊原良太（2018）．高齢者の幸福感の上昇はいかにもたらされるのか．ジェロントロジー研究報告，**13**，92-99.

Sakakibara, R., & Endo, T. (2016). Cognitive appraisal as a predictor of cognitive emotion regulation choice. *Japanese Psychological Research*, **58** (2), 175-185.

Sands, M., Livingstone, K. M., & Isaacowitz, D. M. (2018). Characterizing age-related positivity effects in situation selection. *International Journal of Behavioral Development*, **42** (4), 396-404.

Scheibe, S., & Carstensen, L. L. (2010). Emotional aging: Recent findings and future trends. *The Journals of Gerontology Series B: Psychological Sciences and Social Sciences*, **65B** (2), 135-144.

Scheibe, S., Sheppes, G., & Staudinger, U. M. (2015). Distract or reappraise? Age-related differences in emotion-regulation choice. *Emotion*, **15** (6), 677-681.

Schutte, N. S., Manes, R. R., & Malouff, J. M. (2009). Antecedent-focused emotion regulation, response modulation and well-being. *Current Psychology*, **28** (1), 21-31.

Segerstrom, S. C., Combs, H. L., Winning, A., Boehm, J. K., & Kubzansky, L. D. (2016). The happy survivor? Effects of differential mortality on life satisfaction in older age. *Psychology and Aging*, **31** (4), 340-345.

Shiota, M. N., & Levenson, R. W. (2009). Effects of aging on experimentally instructed detached reappraisal, positive reappraisal, and emotional behavior suppression. *Psychology and Aging*, **24** (4), 890-900.

Stanley, J. T., & Blanchard-Fields, F. (2008). Challenges older adults face in detecting deceit: The role of emotion recognition. *Psychology and Aging*, **23** (1), 24-32.

Sutin, A. R., Terracciano, A., Milaneschi, Y., An, Y., Ferrucci, L., & Zonderman, A. B. (2013). The effect of birth cohort on well-being: The legacy of economic hard times. *Psychological Science*, **24** (3), 379-385.

上野大介・権藤恭之・佐藤眞一・増本康平（2014）．顕在記憶指標・潜在記憶指標を用いたポジティヴ優位性に関する研究．認知心理学研究，**11**（2），71-80.

Urry, H. L., & Gross, J. J. (2010). Emotion regulation in older age. *Current Directions in Psychological Science*, **19** (6), 352-357.

Winecoff, A., LaBar, K. S., Madden, D. J., Cabeza, R., & Huettel, S. A. (2011). Cognitive and neural contributors to emotion regulation in aging. *Social Cognitive and Affective Neuroscience*, **6** (2), 165-176.

Yeung, D. Y., Wong, C. K. M., & Lok, D. P. P. (2011). Emotion regulation mediates age differences in emotions. *Aging and Mental Health*, **15** (3), 414-418.

吉津潤（2010）．感情調節のプロセスモデルに関する検討．心理学叢紙，**4**，139-147.

吉津潤・関口理久子・雨宮俊彦（2013）．感情調節尺度（Emotion Regulation Questionnaire）日本語版の作成．感情心理学研究，**20**（2），56-62.

■第7章

Allan, N. P., & Lonigan, C. J. (2011). Examining the dimensionality of effortful control in preschool children and its relation to academic and socioemotional indicators. *Developmental Psychology*, **47** (4), 905-915. doi: 10. 1037/a0023748

Baddeley, A. D., & Hitch, G. (1974). Working memory. In G. A. Bower (Ed.), *The Psychology of Learning and Motivation*. New York: Academic Press, pp. 48-79.

Burnett, S., Bault, N., Coricelli, G., & Blakemore, S.-J. (2010). Adolescents' heightened risk-seeking in a probabilistic gambling task. *Cognitive Development*, **25** (2), 183-196.

Carlson, S. M., Davis, A. C., & Leach, J. G. (2005). Less is more - Executive function and symbolic representation in preschool children. *Psychological Science*, **16** (8), 609-616. doi: 10.1111/j.1467-9280.2005.01583.x

Doebel, S. (2019). *Good Things Come to Those Who Wait: Delaying Gratification Likely Does Matter for Later Achievement*. PsyArXiv.

Evans, G. W., & Schamberg, M. A. (2009). Childhood poverty, chronic stress, and adult working memory. *Proceedings of the National Academy of Sciences*, **106** (16), 6545–6549.

Frye, D., Zelazo, P. D., & Palfai, T. (1995). Theory of mind and rule-based reasoning. *Cognitive Development*, **10** (4), 483–527.

Fuster, J. M. (2008). *The prefrontal cortex* (4th ed). San Diego, CA: Academic Press.

Hackman, D. A., Gallop, R., Evans, G. W., & Farah, M. J. (2015). *Socioeconomic status and executive function: developmental trajectories and mediation*. Developmental Science.

Huizinga, M., Dolan, C. V., & van der Molen, M. W. (2006). Age-related change in executive function: Developmental trends and a latent variable analysis. *Neuropsychologia*, **44** (11), 2017–2036. doi: DOI 10.1016/j.neuropsychologia.2006.01.010

Jurado, M. B., & Rosselli, M. (2007). The elusive nature of executive functions: a review of our current understanding. *Neuropsychology Review*, **17** (3), 213–233.

Lehto, J. E., Juujarvi, P., Kooistra, L., & Pulkkinen, L. (2003). Dimensions of executive functioning: Eviidence from children. *British Journal of Developmental Psychology*, **21**, 59–80.

Luria, A. R. (1966). *Higher cortical functions in man*. New York, NY: Basic Books.

Mischel, W. (2014). *The Marshmallow Test: Mastering selfcontrol*. New York, NY: Little, Brown.

Miyake, A., & Friedman, N. P. (2012). The nature and organization of individual differences in executive functions: Four general conclusions. *Current Directions in Psychological Science*, **21** (1), 8–14. doi: 10.1177/0963721411429458

Miyake, A., Friedman, N. P., Emerson, M. J., Witzki, A. H., Howerter, A., & Wager, T. D. (2000). The unity and diversity of executive functions and their contributions to complex "frontal lobe" tasks: A latent variable analysis. *Cognitive Psychology*, **41** (1), 49–100. doi: DOI 10.1006/cogp.1999.0734

Moffitt, T. E., Arseneault, L., Belsky, D., Dickson, N., Hancox, R. J., Harrington, H., et al. (2011). A gradient of childhood self-control predicts health, wealth, and public safety. *Proceedings of the National Academy of Sciences of the United States of America*, **108** (7), 2693–2698. doi: 10.1073/pnas.1010076108

森口佑介（2012）．わたしを律するわたし：子どもの抑制機能の発達．京都大学学術出版会．

森口佑介（2014）．おさなごころを科学する：進化する乳幼児観．新曜社．

Moriguchi, Y. (2014). The early development of executive function and its relation to social interaction: a brief review. *Frontiers in Psychology*, **5**, 388. doi: 10.3389/fpsyg.2014.00388

Moriguchi, Y., Chevalier, N., & Zelazo, P. D. (2016). Development of executive function during childhood. *Frontiers in Psychology*, **7**, 6.

Moriguchi, Y., & Shinohara, I. (2018). Effect of the COMT Val158 Met genotype on lateral prefrontal activations in young children. *Developmental Science*. doi: 10.1111/desc.12649

Moriguchi, Y., & Shinohara, I. (2019a). Less Is More Activation: The Involvement of the Lateral Prefrontal Regions in a "Less Is More" Task. *Developmental Neuropsychology*, 1–9.

Moriguchi, Y., & Shinohara, I. (2019b). Socioeconomic disparity in prefrontal development during early childhood. *Scientific Reports*, **9** (1), 2585. doi: 10.1038/s41598-019-39255-6

Noble, K. G., Norman, M. F., & Farah, M. J. (2005). Neurocognitive correlates of socioeconomic status in kindergarten children. *Developmental Science*, **8** (1), 74-87. doi: 10.1111/j.1467-7687.2005.00394. x

Norman, D. A., & Shallice, T. (1986). Attention to action: Willed and automatic control of behavior. In R. J. Davidson, G. E. Schwartz & D. Shapiro (Eds.), *Consciousness and self-regulation* (Vol. 4). New York, NY: Plenum , pp. 1-18.

Pribram, K. H. (1973). The primate frontal cortex: Executive of the brain. In K. H. Pribram & A. R. Luria (Eds.), *Psychophysiology of the frontal lobes*. New York, NY: Academic Press, pp. 293-314.

Quinones-Camacho, L. E., Fishburn, F. A., Catalina Camacho, M., Wakschlag, L. S., & Perlman, S. B. (2019). Cognitive Flexibility-Related Prefrontal Activation in Preschoolers: A Biological Approach to Temperamental Effortful Control. *Developmental Cognitive Neuroscience*, **38**, 100651. doi: https://doi.org/10.1016/j.dcn.2019.100651

Rothbart, M. K., Ellis, L. K., Rosario Rueda, M., & Posner, M. I. (2003). Developing Mechanisms of Temperamental Effortful Control. *Journal of Personality*, **71** (6), 1113-1144. doi: 10.1111/1467-6494.7106009

Rothbart, M. K., & Bates, J. E. (2006). Temperament. In N. Eisenberg & W. Damon (Eds.), *Handbook of child psychology: Vol. 3. Social, emotional, and personality development* (6th ed). New York: Wiley, pp. 99-166.

Steelandt, S., Thierry, B., Broihanne, M.-H., & Dufour, V. (2012). The ability of children to delay gratification in an exchange task. *Cognition*, **122** (3), 416-425.

Van Leijenhorst, L., Moor, B. G., de Macks, Z. A. O., Rombouts, S. A., Westenberg, P. M., & Crone, E. A. (2010). Adolescent risky decision-making: neurocognitive development of reward and control regions. *NeuroImage*, **51** (1), 345-355.

Watts, T. W., Duncan, G. J., & Quan, H. (2018). Revisiting the Marshmallow Test: A Conceptual Replication Investigating Links Between Early Delay of Gratification and Later Outcomes. *Psychological Science*, **29** (7), 1159-1177. doi: 10.1177/0956797618761661

Wiebe, S. A., Espy, K. A., & Charak, D. (2008). Using confirmatory factor analysis to understand executive control in preschool children: I. Latent structure. *Developmental Psychology*, **44** (2), 575-587. doi: 10.1037/0012-1649.44.2.575

Willoughby, M., Kupersmidt, J., Voegler-Lee, M., & Bryant, D. (2011). Contributions of Hot and Cool Self-Regulation to Preschool Disruptive Behavior and Academic Achievement. *Developmental Neuropsychology*, **36** (2), 162-180. doi: 10.1080/87565641.2010.549980

Zelazo, P. D., Anderson, J. E., Richler, J., Wallner-Allen, K., Beaumont, J. L., & Weintraub, S. (2013). NIH Toolbox Cognition Battery (NIHTB-CB): Measuring executive function and attention. *Monographs of the Society for Research in Child Development*, **78** (4), 16-33. doi: 10.1111/mono.12032

Zelazo, P. D., & Carlson, S. M. (2012). Hot and cool executive function in childhood and adolescence: Development and plasticity. *Child Development Perspectives*, **6** (4), 354-360. doi: 10.1111/j.1750-8606.2012.00246.x

Zelazo, P. D., Frye, D., & Rapus, T. (1996). An age-related dissociation between knowing rules and using them. *Cognitive Development*, **11** (1), 37–63. doi: 10.1016/S0885-2014(96)90027-1

Zhou, Q., Chen, S. H., & Main, A. (2012). Commonalities and Differences in the Research on Children's Effortful Control and Executive Function: A Call for an Integrated Model of Self-Regulation. *Child Development Perspectives*, **6** (2), 112–121. doi: 10.1111/j.1750-8606.2011.00176.x

■第8章

Ainsworth, M. D. S., Blehar, M. C., Waters, E., & Wall, S. (1978). *Patterns of attachment: A psychological study of the Strange Situation.* Hillsdale, NJ: Erlbaum.

Bowlby, J. (1973). *Attachment and loss. Vol 2. Separation: Anxiety and anger.* New York: Basic Books.（ボウルビィ，J. 黒田実郎・岡田洋子・吉田恒子（訳）(1991). 母子関係の理論Ⅱ 新版 分離不安. 岩崎学術出版社.）

Bowlby, J. (1979). *The making and breaking of affectional bonds.* London: Tavistock.（ボウルビィ，J. 作田勉（監訳）(1981). ボウルビイ 母子関係入門. 星和書店.）

Bowlby, J. (1980). *Attachment and loss: Vol. 3. Loss: Sadness and depression.* New York: Basic Books.（ボウルビィ，J. 黒田実郎・横浜恵三子・吉田恒子（訳）(1991). 母子関係の理論Ⅲ 対象喪失. 岩崎学術出版社.）

Bowlby, J. (1982). *Attachment and loss. Vol. 1. Attachment.* New York: Basic Books. (Original work published 1969)（ボウルビィ，J. 黒田実郎・大羽蓁・岡田洋子・黒田聖一（訳）(1991). 母子関係の理論Ⅰ 新版 愛着行動. 岩崎学術出版社.）

Bowlby, J. (1988). *A secure base.* New York: Basic Books.（ボウルビィ，J. 二木武（監訳）(1993). ボウルビィ 母と子のアタッチメント：心の安全基地. 医歯薬出版.）

Chun, D. S., Shaver, P. R., Gillath, O., Mathews, A., & Jorgensen, T. D. (2015). Testing a dual-process model of avoidant defenses. *Journal of Research in Personality*, **55**, 75–83.

Cohen, J. (1992). A power primer. *Psychological Bulletin*, **112**, 155–159.

Cooke, J. E., Kochendorfer, L. B., Stuart-Parrigon, K. L., Koehn, A. J., & Kerns, K. A. (2019). Parent-child attachment and children's experience and regulation of emotion: A meta-analytic review. *Emotion*, **19**, 1103–1126.

Cooke, J. E., Stuart-Parrigon, K. L., Movahed-Abtahi, M., Koehn, A. J., & Kerns, K. A. (2016). Children's emotion understanding and mother-child attachment: A meta-analysis. *Emotion*, **16**, 1102–1106.

Crowell, J. A., Fraley, R. C., & Roisman, G. I. (2016). Measurement of individual differences in adult attachment. In J. Cassidy & P. R. Shaver (Eds.), *Handbook of attachment: Theory, research, and clinical applications* (3rd ed). New York: Guilford Press, pp. 598–635.

DeWall, C. N., Masten, C. L., Powell, C., Combs, D., Schurtz, D. R., & Eisenberger, N. I. (2012). Do neural responses to rejection depend on attachment style? : An fMRI study. *Social Cognitive and Affective Neuroscience*, **7**, 184–192.

Ein-Dor, T., Mikulincer, M., & Shaver, P. R. (2011). Attachment insecurities and the processing of threat-related information: Studying the schemas involved in insecure people's coping strategies. *Journal of Personality and Social Psychology, 101*, 78-93.

遠藤利彦（2013）.「情の理」論：情動の合理性をめぐる心理学的考究. 東京大学出版会.

遠藤利彦（2017）. 生涯にわたるアタッチメント. 北川恵・工藤晋平（編）アタッチメントに基づく
    評価と支援. 誠信書房, pp. 2-27.

遠藤利彦（2018）. アタッチメントが拓く生涯発達. 発達, **153**, 2-9.

Fearon, R. P., Bakermans-Kranenburg, M. J., van IJzendoorn, M. H., Lapsley, A.-M., & Roisman, G.
    I. (2010). The significance of insecure attachment and disorganization in the development of
    children's externalizing behavior: A meta-analytic study. *Child Development, 81*, 435-456.

Field, N. P., & Sundin, E. C. (2001). Attachment style in adjustment to conjugal bereavement. *Journal
    of Social and Personal Relationships, 18*, 347-361.

Fraley, R. C., & Bonanno, G. A. (2004). Attachment and loss: A test of three competing models
    on the association between attachment-related avoidance and adaptation to bereavement.
    Personality and Social Psychology Bulletin, 30, 878-890.

Fraley, R. C., Garner, J. P., & Shaver, P. R. (2000). Adult attachment and the defensive regulation of
    attention and memory: Examining the role of preemptive and postemptive defensive processes.
    Journal of Personality and Social Psychology, 79, 816-826.

Fraley, R. C., & Shaver, P. R. (2016). Attachment, loss, and grief: Bowlby's views, new developments,
    and current controversies. In J. Cassidy & P. R. Shaver (Eds.), *Handbook of attachment: Theory,
    research, and clinical applications* (3rd ed). New York: Guilford Press, pp. 40-62.

Fredrickson, B. L. (2001). The role of positive emotions in positive psychology: The broaden-and
    build theory of positive emotions. *American Psychologist, 56*, 218-226.

George, C., Kaplan, N., & Main, M. (1996). *Adult Attachment Interview protocol* (3rd ed). Unpublished
    manuscript. University of California at Berkley, Berkeley, CA.

Gillath, O., Bunge, S. A., Shaver, P. R., Wendelken, C., & Mikulincer, M. (2005). Attachment-style
    differences in the ability to suppress negative thoughts: Exploring the neural correlates. *Neuro-
    Image, 28*, 835-847.

Goldberg, S. (2000). *Attachment and development*. London: Arnold.

Goldberg, S., Grusec, J. E., & Jenkins, J. M. (1999). Confidence in protection: Arguments for a narrow
    definition of attachment. *Journal of Family Psychology, 13*, 475-483.

Granqvist, P., Sroufe, L. A., Dozier, M., Hesse, E., Steele, M., van IJzendoorn, M., et al. (2017). Disor-
    ganized attachment in infancy: A review of the phenomenon and its implications for clinicians
    and policy-makers. *Attachment and Human Development, 19*, 534-558.

Groh, A. M., Roisman, G. I., van IJzendoorn, M. J., Bakermans-Kranenburg, M. J., & Fearon, R. P.
    (2012). The significance of insecure and disorganized attachment for children's internalizing
    symptoms: A meta-analytic study. *Child Development, 83*, 591-610.

繁多進（1987）. 愛着の発達：母と子の心の結びつき. 大日本図書.

星野崇宏・吉田寿夫・山田剛史（2014）. メタ分析：心理・教育研究の系統的レビューのために. 教
    育心理学年報, **53**, 232-236.

姜英愛（2016）. Strange Situation Trainingに参加して：Ainsworth のオリジナルを再現するために

標準化された方法を学びに．思春期青年期精神医学, **26**, 78-84.

Karremans, J. C., Heslenfeld, D. J., van Dillen, L. F., & Van Lange, P. A. M. (2011). Secure attachment partners attenuate neural responses to social exclusion: An fMRI investigation. *International Journal of Psychophysiology*, **81**, 44-50.

数井みゆき (2005)．「母子関係」を超えた親子・家族関係研究．遠藤利彦（編著）発達心理学の新しいかたち．誠信書房, pp. 189-214.

数井みゆき (2012)．アタッチメント理論の概要．数井みゆき（編著）アタッチメントの実践と応用：医療・福祉・教育・司法現場からの報告．誠信書房, pp. 1-22.

Kerns, K. A. (2018). *The role of attachment for mental health in school age children*. Public lecture 2018 conducted from Japan Society of Developmental Psychology, Tokyo, Japan.

Kerns, K. A., & Brumariu, L. E. (2014). Is insecure parent-child attachment a risk factor for the development of anxiety in childhood or adolescence? *Child Development Perspectives*, **8**, 12-17.

Lazarus, R. S., & Folkman, S. (1984). *Stress, appraisal, and coping*. New York: Springer.

Madigan, S., Atkinson, L., Laurin, K., & Benoit, D. (2013). Attachment and internalizing behavior in early childhood: A meta-analysis. *Developmental Psychology*, **49**, 672-689.

Madigan, S., Brumariu, L. E., Villani, V., Atkinson, L., & Lyons-Ruth, K. (2016). Representational and questionnaire measures of attachment: A meta-analysis of relations to child internalizing and externalizing problems. *Psychological Bulletin*, **142**, 367-399.

Main, M. (1990). Cross-cultural studies of attachment organization: Recent studies, changing methodologies, and the concept of conditional strategies. *Human Development*, **33**, 48-61.

Main, M., & Solomon, J. (1990). Procedures for identifying infants as disorganized/disoriented during the Ainsworth Strange Situation. In M. T. Greenberg, D. Cicchetti, & E. M. Cummings (Eds.), *Attachment in the preschool years*. Chicago: University of Chicago Press, pp. 121-160.

Mayer, J. D., & Salovey, P. (1997). What is emotional intelligence? In P. Salovey & D. Sluyter (Eds.), *Emotional development and emotional intelligence: Implications for educators*. New York: Basic Books, pp. 3-31.

Mikulincer, M. (1998). Adult attachment style and individual differences in functional versus dysfunctional experiences of anger. *Journal of Personality and Social Psychology*, **74**, 513-524.

Mikulincer, M., Gillath, O., & Shaver, P. R. (2002). Activation of the attachment system in adulthood: Threat-related primes increase the accessibility of mental representations of attachment figures. *Journal of Personality and Social Psychology*, **83**, 881-895.

Mikulincer, M., & Shaver, P. R. (2008). An attachment perspective on bereavement. In M. S. Stroebe, R. O. Hansson, H. Schut & W. Stroebe (Eds.), *Handbook of bereavement research and practice: Advances in theory and intervention*. Washington, DC: American Psychological Association, pp. 87-112.

Mikulincer, M., & Shaver, P. R. (2013). Attachment insecurities and disordered patterns of grief. In M. Stroebe, H. Schut & J. van den Bout (Eds.), *Complicated grief: Scientific foundations for health care professionals*. New York: Routledge, pp. 190-203.

Mikulincer, M., & Shaver, P. R. (2016a). *Attachment in adulthood: Structure, dynamics, and change*

(2nd ed). New York: Guilford Press.

Mikulincer, M., & Shaver, P. R. (2016b). Adult attachment and emotion regulation. In J. Cassidy & P. R. Shaver (Eds.), *Handbook of attachment: Theory, research, and clinical applications* (3rd ed). New York: Guilford Press, pp. 507-533.

中尾達馬（2017）．質問紙法．北川恵・工藤晋平（編著）アタッチメントに基づく評価と支援．誠信書房，pp. 117-134.

中島義明・安藤清志・子安増生ほか（編著）（1999）．心理学辞典．有斐閣．

Obeldobel, C. A., & Kerns, K. A. (2020). Attachment security is associated with the experience of specific positive emotions in middle childhood. *Attachment and Human Development*, **22**, 555-567.

Puig, J., Englund, M. M., Simpson, J. A., & Collins, W. A. (2013). Predicting adult physical illness from infant attachment: A prospective longitudinal study. *Health Psychology*, **32**, 409-417.

Rholes, W. S., Simpson, J. A., & Oriña, M. M. (1999). Attachment and anger in an anxiety-provoking situation. *Journal of Personality and Social Psychology*, **76**, 940-957.

Roisman, G. I., Holland, A., Fortuna, K., Fraley, R. C., Clausell, E., & Clarke, A. (2007). The Adult Attachment Interview and self-reports of attachment style: An empirical rapprochement. *Journal of Personality and Social Psychology*, **92**, 678-697.

Schore, A. N. (2001). Effects of a secure attachment relationship on right brain development, affect regulation, and infant mental health. *Infant Mental Health Journal*, **22**, 7-66.

Sroufe, L. A., & Waters, E. (1977). Attachment as an organizational construct. *Child Development*, **48**, 1184-1199.

Stroebe, M., Schut, H., & Stroebe, W. (2005). Attachment in coping with bereavement: A theoretical integration. *Review of General Psychology*, **9**, 48-66.

梅村比丘（2017）．ストレンジ・シチュエーション法．北川恵・工藤晋平（編著）アタッチメントに基づく評価と支援．誠信書房，pp. 68-86.

van IJzendoorn, M. H., Schuengel, C., & Bakermans-Kranenburg, M. J. (1999). Disorganized attachment in early childhood: Meta-analysis of precursors, concomitants, and sequelae. *Development and Psychopathology*, **11**, 225-249.

Vrtička, P., Andersson, F., Grandjean, D., Sander, D., & Vuilleumier, P. (2008). Individual attachment style modulates human amygdala and striatum activation during social appraisal. *PLoS One*, **3**, 1-11.

Waters, H. S., & Waters, E. (2006). The attachment working models concept: Among other things, we build script-like representations of secure base experiences. *Attachment and Human Development*, **8**, 185-197.

Weinfield, N. S., Sroufe L. A., Egeland, B., & Carlson, E. (2008). Individual differences in infant-caregiver attachment: Conceptual and empirical aspects of security. In J. Cassidy & P. R. Shaver (Eds.), *Handbook of attachment: Theory, research, and clinical applications.* (2nd ed). New York: Guilford Press, pp. 78-101.

Zimmermann, P., Maier, M. A., Winter, M., & Grossman, K. E. (2001). Attachment and adolescents' emotion regulation during a joint problem-solving task with a friend. *International Journal of Behavioral Development*, **25**, 331-343.

■終 章

アリストテレス（Aristotle）高田三郎（訳）（1971）．ニコマコス倫理学（上）．岩波文庫.

アリストテレス（Aristotle）高田三郎（訳）（1973）．ニコマコス倫理学（下）．岩波文庫.

Baumann, N., Kaschel, R., & Kuhl, J. (2007). Affect sensitivity and affect regulation in dealing with positive and negative affect. *Journal of Research in Personality*, **41**, 239-248.

Bloom, P. (2016). *Against Empathy: The Case for Rational Compassion*. New York: Ecco.

Carstensen, L. L., Mayr, U., Pasupathi, M., & Nesselroade, J. R. (2000). Emotional experience in everyday life across the adult life span. *Journal of Personality and Social Psychology*, **79**, 644-655.

Davidson, R. J. (1998). Affective style and affective disorders: Perspectives from affective neuroscience. *Cognition and Emotion*, **12**, 307-330.

Denham, S. A., Bassett, H. H., & Wyatt, T. (2015). The socialization of emotional competence. In J. E. Grusec & P. D. Hastings (Eds.), *Handbook of Socialization* (2nd ed). New York: Guilford Press, pp. 590-613.

Eisenberg, N., & Fabes, R. A. (1992). Emotion, regulation, and the development of social competence. In M. S. Clark (Ed.), *Review of personality and social psychology, Vol. 14. Emotion and social behavior*. Newbury Park, CA: Sage, pp. 119-150.

Eisenberg, N., Fabes, R. A., & Guthrie, I. K. (1997). Coping with stress: The roles of regulation and development. In S. A. Wolchik & I. N. Sandler (Eds.), *Handbook of children's coping: Linking theory and intervention*. New York: Plenum Press, pp. 41-70.

Eisenberg, N., Valiente, C., Spinrad, T. L., Cumberland, A., Liew, J., Reiser, M., et al. (2009). Longitudinal relations of children's effortful control, impulsivity, and negative emotionality to their externalizing, internalizing, and co-occurring behavior problems. *Developmental Psychology*, **45**, 988-1008.

Ekas, N. V., Braungart-Rieker, J. M., & Messinger, D. S. (2018). The development of infant emotion regulation. In P. M. Cole & T. Hollenstein (Eds.), *Emotion regulation: A matter of time*. New York: Routledge, pp. 31-51.

遠藤利彦（2013）．「情の理」論：情動の合理性をめぐる心理学的考究．東京大学出版会.

遠藤利彦（2015）．両刃なる情動：合理性と非合理性のあわいに在るもの．渡邊正孝・船橋新太郎（編）情動と意識決定：感情と理性の統合．朝倉書店，pp. 93-131.

遠藤利彦（2016）．利己と利他のあわい：社会性を支える感情の仕組み．エモーション・スタディーズ（日本感情心理学会誌），**2**，1-6.

遠藤利彦（2020）．「情の理」論：感情の中に潜む合理なるもの．臨床心理学，**20**（3），262-265.

Frevert, U. (2011). *Emotions in history: Lost and found*. Budapest, Hungary: The Central European University Press.

Gardner, M., & Steinberg, L. (2005). Peer influence on risk taking, risk preference, and risky decision making in adolescence and adulthood: An experimental study. *Developmental Psychology*, **41** (4),

625–635.

Gross, J. J. (2014). Emotion regulation: Conceptual and empirical foundations. In J. J. Gross (Ed.), *Handbook of emotion regulation*. The Guilford Press, pp. 3–20.

Harley, J. M., Pekrun, R., Taxer, J. L., & Gross, J. J. (2019). Emotion regulation in achievement situations: An integrated model. *Educational Psychologist*, **54** (2), 106–126.

Heckman, J. (2013). *Giving kids a fair chance*. Cambridge, MA: MIT Press.

Koole, S. L. (2009). The psychology of emotion regulation: An integrative review. *Cognition and Emotion*, **23**, 4–41.

Kopp, C. B. (1989). Regulation of distress and negative emotions: A developmental view. *Developmental Psychology*, **25** (3), 343–354.

Kuhl, J. (2000). A functional-design approach to motivation and self-regulation: The dynamics of personality systems interactions. In M. Boekaerts, P. R. Pintrich, & M. Zeidner (Eds.), *Handbook of self-regulation*. San Diego, CA: Academic Press, pp. 111–169.

Oakley, B., Knafo, A., Madhavan, G., & Wilson, D. S. (Eds.) (2012). *Pathological altruism*. New York: Oxford University Press.

OECD (2015). *Skills for Social Progress: The Power of Social and Emotional Skills*. OECD Publishing.

Saarni, C. (1999). *The development of emotional competence*. New York: Guilford press.

Scherer, K. R. (2004). Feelings integrate the central representation of appraisal-driven response organization in emotion. In A. Manstead, N. Frijda, & A. Fischer (Eds.), *Feelings and emotions: The Amsterdam Symposium*. New York: Cambridge University Press, pp. 136–157.

Scherer, K. R. (2007). Componential emotion theory can inform models of emotional competence. In G. Matthews, M. Zeidner, & R. Roberts (Eds.), *The science of emotional intelligence: Knowns and unknowns*. New York: Oxford University Press, pp. 101–126.

Shiota, M. N., & Kalat, J. W. (2017). *Emotion* (3rd ed). New York: Wadworth.

Steinberg, L. (2015). *Age of opportunity: Lessons from new science of adolescence*. New York: Mariner Books.

Thompson, R. A. (2011). The emotionate child. In D. Cicchetti & G. I. Roisman (Eds.), *The origins and organization of adaptation and maladaptation*. Hoboken, NJ: John Wiley & Sons, pp. 13–53.

Thompson, R. A. (2016). Early attachment and later development: Reframing the questions. In J. Cassidy & P. R. Shaver (Eds.), *Handbook of attachment: Theory, research, and clinical applications* (3rd ed.) New York: Guilford Press, pp. 330–348.

Tooby, J., & Cosmides, L. (2008). The evolutionary psychology of the emotions and their relationship to internal regulatory variables. In M. Lewis, J. M. Haviland-Jones, & L. F. Barrett (Eds.), *Handbook of Emotions* (3rd ed). New York: Guilford Press, pp. 114–137.

Zuckerman, M. (2009). Sensation seeking. In M. R. Leary & R. H. Hoyle (Eds.), *Handbook of individual differences in social behavior*. New York: Guilford Press, pp. 455–465.

索　引

(＊印は人名)

《執筆者紹介》（＊は編者，執筆順）

＊上淵　寿（うえぶち　ひさし）**まえがき・序章・第5章**
　　編著者紹介参照

　篠原郁子（しのはら　いくこ）**第1章**
　　現　在：関西外国語大学外国語学部教授
　　主　著：『心を紡ぐ心』（単著，ナカニシヤ出版，2013年）
　　　　　　『発達科学ハンドブック9　社会的認知の発達科学』（共著，新曜社，2018年）

　中道圭人（なかみち　けいと）**第2章**
　　現　在：千葉大学教育学部准教授
　　主　著：『幼児の演繹推論とその発達的変化』（単著，風間書房，2009年）
　　　　　　『教育職・心理職のための発達心理学』（共編著，ナカニシヤ出版，2021年）

＊平林秀美（ひらばやし　ひでみ）**第3章**
　　編著者紹介参照

　石井佑可子（いしい　ゆかこ）**第4章**
　　現　在：藤女子大学文学部准教授
　　主　著：『パーソナリティと感情の心理学』（共著，サイエンス社，2017年）
　　　　　　『本当のかしこさとは何か──感情知性（EI）を育む心理学』（共著，誠信書房，2015年）

　中川　威（なかがわ　たけし）**第6章**
　　現　在：国立長寿医療研究センター研究所主任研究員
　　主　著："Stability and change in well-being among middle-aged and older Japanese"（共著，*International Journal of Behavioral Development*, 2021年）
　　　　　　"Age, Emotion Regulation, and Affect in Adulthood"（共著，*Japanese Psychological Research*, 2017年）

　森口佑介（もりぐち　ゆうすけ）**第7章**
　　現　在：京都大学大学院文学研究科准教授
　　主　著：『自分をコントロールする力』（単著，講談社現代新書，2019年）
　　　　　　『子どもの発達格差──将来を左右する要因は何か』（単著，PHP新書，2021年）

中尾達馬 (なかお　たつま) **第 8 章**
　現　　在：琉球大学教育学部准教授
　主　　著：『養育者としての男性――父親の役割とは何か』（共著，ミネルヴァ書房，2021年）
　　　　　　『成人のアタッチメント――愛着スタイルと行動パターン』（単著，ナカニシヤ出版，
　　　　　　2012年）

遠藤利彦 (えんどう　としひこ) **終章**
　現　　在：東京大学大学院教育学研究科教授
　主　　著：『「情の理」論――情動の合理性をめぐる心理学的考究』（単著，東京大学出版会，
　　　　　　2013年）
　　　　　　『情動発達の理論と支援』（編著，金子書房，2021年）

《編著者紹介》

上淵　寿（うえぶち　ひさし）
　東京大学大学院教育学研究科博士後期課程単位取得退学
　現　在：早稲田大学教育・総合科学学術院教授
　主　著：『新・動機づけ研究の最前線』（共編著，北大路書房，2019年）
　　　　　『教育心理学』（共編著，学文社，2020年）

平林秀美（ひらばやし　ひでみ）
　東京大学大学院教育学研究科博士課程単位取得退学
　現　在：東京女子大学現代教養学部准教授
　主　著：『よくわかる情動発達』（共著，ミネルヴァ書房，2014年）
　　　　　『心理学をつかむ』（共著，有斐閣，2009年）

情動制御の発達心理学

2021年10月30日　初版第1刷発行　　　　　　　　〈検印省略〉

定価はカバーに
表示しています

編　著　者	上　淵　　　寿
	平　林　秀　美
発　行　者	杉　田　啓　三
印　刷　者	坂　本　喜　杏

発行所　株式会社　ミネルヴァ書房
〒607-8494　京都市山科区日ノ岡堤谷町1
電話代表　（075）581-5191
振替口座　01020-0-8076

©上淵・平林ほか，2021　冨山房インターナショナル・新生製本

ISBN 978-4-623-09161-4

Printed in Japan

よくわかる情動発達　　　　　　　　　　　　　　　　B5判・228頁
遠藤利彦・石井佑可子・佐久間路子／編著　　　　　　本体　2500円

講座・臨床発達心理学
社会・情動発達とその支援　　　　　　　　　　　　　A5判・338頁
臨床発達心理士認定運営機構／監修　　　　　　　　　本体　2800円
近藤清美・尾崎康子／編著

公認心理師の基本を学ぶテキスト
感情・人格心理学　　　　　　　　　　　　　　　　　A5判・216頁
　　──「その人らしさ」をかたちづくるもの　　　　本体　2200円
川畑直人・大島　剛・郷式　徹／監修
中間玲子／編著

発達科学の最前線　　　　　　　　　　　　　　　　　A5判・228頁
板倉昭二／編著　　　　　　　　　　　　　　　　　　本体　2500円

季刊誌「発達」163
特集：子どもの感情と発達　　　　　　　　　　　　　B5判・120頁
執筆者：遠藤利彦・板倉昭二・松井智子・渡辺弥生・伊藤理　本体　1500円
　　　　絵・平林秀美・大河原美以・井桁容子・坂上裕子・
　　　　岩田美保・田中あかり・林　安希子・別府　哲

──────── ミネルヴァ書房 ────────
https://www.minervashobo.co.jp/